2009年度国家社会科学基金项目（09XZX017）

课题结项证书号：20121237

课题组组成人员

负责人： 符晓波

成　员： 李育红　　张林祥　　马　莉

　　　　 王宏英　　张　哲　　何　瀚

调查员： 于维才　　田杜国　　王　辉

　　　　 侯江伟　　马得明　　马　媛

　　　　 王　婧　　张月中　　崔亚军

　　　　 刘　萍　　雷　清　　丁　艳

　　　　 冯万禄　　黎元元　　杨继祖

西北农村道德观察书

XIBEI NONGCUN DAODE GUANCHASHU

符晓波/等著

人民出版社

目　录

绪　　论

　　道德是社会人的本质属性之一,作为一种社会意识形态,道德是人们共同生活及其行为的准则与规范。族群历史、生态环境、言语模式、家庭结构、社区结构、政治经济体制、宗教信仰等社会和文化的差异,往往导致不同社会和文化中人们的道德标准、道德元素及其优先性的不同。道德的变迁与人类社会始终息息相关——社会变迁推动着道德的演变;反过来,人类社会发展的每时每刻都要受到道德的制约,无论是人们自觉地追求道德进步还是被动地遵守道德律令,道德在人心和社会肌理中普遍存活着,是推动人类社会向前发展的"人文力"。① 从这种视角看,道德显现出一种植物性,有根须、有枝叶,像植被似的养护着社会生活的土壤,自然而然地形成道德生态。中华民族的伦理道德,渗透着文明的精神,在历史的沉浮中不断地进行自我否定,又在不断的否定、反思与批判中自我更新,绵延于新的历史程途。

一、本课题国内外研究现状述评

　　在国际学术界,对道德问题的研究从多角度展开,有些学者探索

---

　　① 参见樊浩:《中国伦理精神的现代建构》,江苏人民出版社1997年版,第438页。

1

社会结构的合理性、社会制度正义等,如美国思想家罗尔斯 1971 年出版的《正义论》一书,提出社会正义的两个基本原则,把"正义看作社会制度的第一美德",这成为西方社会 30 多年来一直讨论的热门话题。也有学者批评罗尔斯的《正义论》,认为重要的是个人德性价值的建构,如麦金太尔在《追求美德》一书中,提出要恢复到亚里士多德那里去。我们认为这两个方面都不可偏废,但如何将两者结合起来,却是一个理论与实践的难题。查尔斯·拉莫尔赞成启蒙运动的重要遗产是将道德规范的根源归结于人的本性而不再是上帝之手。他指出,拯救道德危机的唯一希望就是让道德思考与现代条件保持联系。① 在市场经济与传统伦理的关系问题上,马克斯·韦伯的《新教伦理与资本主义精神》认为,新教伦理中"赚钱为每个人的天职"的思想,为资本主义提供了伦理精神。② 同时,他在《中国的宗教:儒教与道教》一书中,却认为中国传统的儒教和道教都没有孕育出与市场经济相适应的伦理精神。③ 那么,在中国经济发展过程中,现代伦理精神究竟如何建构,这也是一个理论难题。在全球化的今天,人们面临越来越多的道德难题与道德悖论,伦理学与各门自然科学和社会科学相互结合,形成应用伦理学,如环境伦理、经济伦理、政治伦理、法律伦理、宗教伦理、生命伦理、网络伦理等,对复杂的社会伦理道德问题从多角度、全方位加以考量。

自 20 世纪 90 年代开始,国内学术界对伦理道德问题的关注一直保持着热度,如何怀宏的《良心论》、赵汀阳的《论可能生活》、王海

① 参见[美]查尔斯·拉莫尔:《现代性的教训》,刘擎、应奇译,东方出版社 2010 年版,第 89 页。
② 参见[德]马克斯·韦伯:《新教伦理与资本主义精神》,广西师范大学出版社 2007 年版。
③ 参见[德]马克斯·韦伯:《中国的宗教:儒教与道教》,洪天富译,江苏人民出版社 2003 年版。

明的《寻求新道德》、万俊人的《伦理学新论》、吴灿新的《辩证道德论——道德流变的立体图式》等。韦政通、李存山、王节庆、景海峰、王立新等学人近年来也提出了许多颇有建树的观点。个体德性价值的研究一直有着比较丰富的儒家伦理资源，而对制度伦理的研究却比较薄弱，主要有施惠玲的《制度伦理学》等，对制度公平、公正、正义追求的同时，体现出对弱势群体的关注。在市场经济发展与伦理道德建构的关系问题上，有人认为作为"地方性知识"的儒家伦理已经过时，也有人认为儒家伦理有许多精华可以继承，还有人主张创造性地建构与市场经济相适应的新型伦理关系与道德规范。如厉以宁、万俊人等在经济伦理方面提出了许多有价值的观点。总体来说，"规则伦理学"和"道德伦理学"是现代社会生活不同层次上的伦理，既不能因过分强调后者而走向泛道德主义，也不能因强调前者走向泛法律主义。一个不争的事实是：千百年来中国人赖以安身立命的传统伦理道德，在现代遭遇了强劲的挑战，工业文明、城市化、信息化的急遽发展，改变着传统道德生存的土壤和环境，道德评价标准也发生着变异，现代的政治批判和曲折的意识形态解构，加剧了这一变化所引带的效应，使得传统道德伦理与我们的社会现实生活渐行渐远。①

　　从国内目前的相关研究成果看，大多注重理论导证和逻辑推演，容易流于道德善恶的简单化甄别，而忽视田野调查和实证分析。尤其在区域性伦理关系及道德规范方面的研究，显得比较薄弱。学界对农村社会道德建设的研究，散见于各学科，以社会学视角进行研究的较多，如李学昌主编的《20世纪南汇农村社会变迁》、李立志的《变

---

　　①　参见《全球化时代的儒家伦理（专题讨论）》编者按，《学术月刊》2006年9月第38卷9月号。

迁与重构》、吴毅的《农村变迁的权威与秩序——20 世纪川东双村的表述》、罗文章的《新农村道德建设研究》、谢迪斌的《破与立的双重变奏——新中国成立初期乡村社会道德秩序的改造与建设》等等。不难发现，较为系统地研究中国农村社会道德建设的成果偏少，而对西北农村地区伦理关系的变迁与道德流变等问题的研究尤其欠缺。

本课题以考察改革开放 30 年来西北农村道德流变中独具特色的轨迹为进路，全方位梳理这一特定时段西北农村地区道德现象的丰蕴状貌，提出西北农村地区不同于中原腹地的中介性特征。我们比较客观地分析了儒家伦理、宗教伦理、世俗伦理等相互交叉又相互作用的伦理机制，并且作出从局部到全局的拓展式研究，将道德考量与农村人的全面发展和生活的幸福质量联结了起来。面对特定的新的道德场景和普遍意义上的现实伦理难题，通过审慎思考与研究，挖掘出有利于当代的思想资源，希冀对目前的中国农村社会道德建设有所助益。

二、本课题研究的基本思路、主要方法和总体框架

（一）概念的界定：什么是"道德生态"

在现代生态学理论中，有关人类发展与自然环境相互关系的学科理论系统，已经开始自觉地将自然与技术科学、社会和人文科学以及综合性学科有机地整合在一起，形成生态现代化的思想理论基础和学科知识体系。其中有关生态文化的理论、环境历史的观念和可持续发展的思想，可以作为我们对人类文化生态观念基本内涵理解的基础。① 人类除了需要自然生态环境外，还需要有文化生态环境。

———————

① 参见《生态现代化的学科背景》，中国环境生态网（www. eedu. orgcn）。

人类存在的文化生态环境,是根据人类不断创造的文化历史发展与社会生活环境建立起来的一种生态结构,这种文化生态结构具有生态化的平衡特征与有机性的本质,同时还具有不断延续的生命存在状态。

我们在这里所指的"道德生态"作为人类文化生态的一部分,是人类道德的社会性、历史性和综合性的生存状态。社会性是指道德生态具有不同的社会阶段与社会结构特征;历史性是指人类道德生态具有纵向的历史发展的传承性与延续性特征;而综合性是指人类道德生态是开放的状态而不是自闭的状态,是有机的存在而不是无机的存在。

道德不是孤立存在的,因而,我们在考察和认识每一种道德现象时,都不能脱离该文化的整体,要尊重其内在的丰富性和生命特点;如果脱离了整体文化生态环境来单独谈论道德事象,或者进而将其剥离出去,置于不同的文化场域或使其游离于现实生活之外,也就割断了它与社会生活环境的血肉联系。西北农村文化生态环境复杂多样,又具有多民族、多宗教的特点,道德呈现出多边性与丰富性。因此,本课题在研究过程中,不仅注重研究西北农村地区道德问题自身及其有形外观,更注重它们所依赖的结构性环境,以期对西北农村地区道德生态的内涵达到真切的理解。

(二)本课题研究的基本思路

1. 对改革开放 30 年来我国西北农村地区的道德生态状貌进行考察,细究该地区道德传统在演进中分离、逸散、流失的图式,深刻剖析其变迁、演化与消解过程。

2. 从独特的研究进路入手,对现场的道德状况进行田野调查,并运用设计好的系列指标体系对道德现状加以测量。

3. 客观辩证地评价西北农村地区道德传统的现实价值与时代适应性,分析现存道德与社会和谐的关系、现存道德与人群的幸福质量的关系、现存道德与社会主义新农村建设的关系,提出修补、完善等相应的对策与建议。

(三)本课题的主要研究方法

1. 田野调查。本课题注重实证研究,采取了问卷调查和重点访谈的研究方法,力争获取第一手客观、真实、可靠的资料,深入开展社会调查。为此,我们设计了调查问卷,选择陕西、新疆、甘肃、青海、宁夏五省区的 17 个典型村落:陕西省选取了咸阳市兴平县马嵬乡东街村、西安市临潼县何寨乡皂张村两个村庄;甘肃省选取了陇南市武都县汉王乡包家坝村、隆兴乡蛇崖村及临夏市临夏县城郊乡陈方村、瓦窑村、大慈村五个村;青海省选取了西宁市湟中县鲁沙尔镇拉尔干村、上重台村、西堡村三个村庄;宁夏回族自治区选取了中卫市沙坡头县东园乡史湖村及固原市西吉县耀乡小堡村、驼昌村三个村庄;新疆维吾尔自治区选取了塔城市布尔克赛尔县什托洛盖乡新村、夏孜盖乡察和特开发区、夏孜盖乡托热特村及阿克苏州阿瓦提县阿依巴格乡双桥村四个村,发放调查问卷 300 份,收回有效问卷 283 份,有效率达 94%,其中包括在新疆阿克苏州阿瓦提县阿依巴格乡将翻译为维吾尔文的 11 份问卷,以体现出调查的客观性、深入度与现场感。与此同时,我们的调查人员在这些调查地点进行了深入、细致的个案访谈,有村民、村干部等,整理出了三万余字的访谈纪录,采集到了极为珍贵的第一手资料。

2. 建立数据库。问卷回收后,课题组采用 SPSS 系统对数据进行统计。

3. 采用文献分析研究方法,对已有研究成果以及现有相关的研究资料进行梳理、解读。

4. 综合运用伦理学、经济学、人类学和社会学等不同学科的研究方法,对调查资料进行多角度透视分析,本课题强化理论分析,将宏观(群体)考察与微观(个体)考察结合起来,将现象考察与规律揭示结合起来,将机理考察与准则提炼结合起来,勾绘出西北农村地区独特的道德生态变易的视图,并将之置于现代市场经济的场域下,置于中国社会建设运动寻求发展的大背景下,考察其折射与碰撞的"会聚点"。

(四)本课题研究的总体框架

我们将研究分设为三个部分:引论、正论与结语。

引论是从宏观视角打开,阐释了道德的本质属性、道德生态的概念以及道德随社会发展流变的客观规律。在开篇,我们对国内外的研究现状进行了简要的述评,历史地考察了西北农村地区的道德谱系,仔细分析了改革开放以来该区域道德生态的变化及其特点,指出该区域所面临的道德困境,从而凸显出本课题研究的重要现实意义。

正论由六个方面组成。由于各个部分的考察对象不同,研究视角也相应地做了变换。各部分前后勾连,遥相呼应,推动主题。

第一章,西北农村地区经济伦理的变迁与现状。本章借鉴经济伦理学的研究成果,从经济伦理的角度,探索西北地区农村经济制度或体制与伦理道德的变迁。本章通过对西北地区农村经济制度或体制伦理的宏观历史考察,以及改革开放以来各经济环节中伦理问题的中观研究,总结出这一地区农村经济伦理中的基本道德规范,主要有勤劳、诚信、公平和节俭等,这些规范一方面表现为农牧民的德性,另一方面也表现为农牧民的道德规范,这一研究可以看作是对农村经济伦理的微观研究。

第二章,西北农村地区政治伦理的变迁与现状。本章对西北农村地区村民政治伦理即政治角色或政治身份认同、政治价值理念、权利和责任意识、政治情感和态度等问题进行了深入考察,并对这一地区村民政治伦理的变迁及原因进行了深入的分析。我们认为,近代以来,随着传统社会向现代社会的转型,国家与社会、公域与私域、政治与伦理不断分化,逐渐显现出比较清晰的界线;无论从政治的思想理念、价值追求来说,还是从政治的制度设计、制度运行以及政治主体的活动来说,都离不开伦理道德的规范和引导,对于正在进行村民自治的西北农村来说,村民将成为农村政治生活的最重要的主体,他们的政治伦理也随之成为决定这场政治改革成败的关键因素。

第三章,西北农村地区婚姻家庭伦理的变迁与现状。我们认为,家庭作为所有社会组织中反映社会生活变化最敏感、最迅速的单元,其结构以及相应的家庭伦理关系、道德规范对处于转型的社会状况作出了相应的反应。本章从七个方面对西北农村社会的家庭伦理变迁状貌进行深入的分析,并对处于由传统向现代转型时期的西北农村地区婚姻家庭伦理的变迁趋势及原因进行了深入的分析,我们认为,在处于由传统向现代转型时期的西北农村地区,传统文化中的家庭本位、亲情伦理、宗教伦理等文化传统仍然强有力地影响着西北地区民众的婚姻和家庭伦理。与此同时,现代文明所表现出的多元化、世俗化、个体化倾向已经逐渐进入西北农村地区民众婚姻家庭构建过程中,这两者交融的状态使得当代西北农村地区民众的婚姻家庭伦理观显示出更加理智、务实的特点。

第四章,西北农村地区人际交往伦理的变迁与现状。本章研究了西北农村地区人际交往伦理变化的特点及这种变化产生的原因、动力及影响等。我们认为,按费孝通先生的界分,中国社会的结构是因循"熟人社会"缔结的。市场经济越来越占主导地位的现代社会更多的是"陌生人"社会,诚信、公平、正义是关键词。改革开放以来,由于市场经济与乡村民主政治的发展,西北农村地区的人际交往关系从传统的重地缘、血缘、人情、面子、关系等逐步发展为重人品、利益、能力等,具有长期性和连续性的传统农村人际关系被改变,人际交往的对象、交往范围扩大,金钱交易与人情交易并存的新的农村人际交往关系出现。

第五章,西北地区农牧民职业分化和职业道德的变迁与现状。随着20世纪80年代中期中国实行市场经济体制,农村社会发生了历史性变革,农牧民阶层开始分化,这使得农村人的生活方式、思维方式和价值观发生了巨大变异。本章系统地考察了西北地区农牧民职业分化和西北地区农民职业道德的现状及不足,并对提升西北地区农牧民职业分化与职业道德提出了思考和建议。我们认为,关注西北地区农牧民职业分化的速度和水平就是在关注西北地区农牧民的现代性,关注西北地区农牧民的职业道德就是在关注西北地区农牧民职业分化过程中的道德性。在加速农牧民职业分化,增强农牧民现代性的同时,不可忽视其职业道德的养成,这也是农牧民过渡为一个现代公民的关键。

第六章,西北农村地区环境伦理的变迁与现状。本章系统地考察了当下西北农村环境伦理的变迁过程及出现的问题、西北农村社会对于环境问题的管理模式及其所暴露出来的问题,并从态度、行为模式与社会重构、民间与政府的生态对话、民众的参与式管理以及需要应对的生态策略与文化教育的普及方面,探讨了这一问题并提出了相应的社会行为观点。我们认为,环境伦理问题的应对方式与策略正类似于人类对于社会生活的认识,因此,西北农村地区的环境伦理问题也不仅仅是改造自然环境,而是要有相应的社会行为模式的选择。

结语部分阐述的是西北农村地区的道德如何重构,进而延伸到中国农村社会的道德如何重构。面对中国传统伦理道德与现实社会生活分化这样的境遇,我们认为,要建立符合时代节律的农村道德新秩序,必须汲取中华民族道德传统中的优良成分,借鉴异域优秀的道德成果,构筑农村社会的当代"文化场",夯实经济基础,集合政治力量,实现农村人的全面发展。

三、西北农村地区道德谱系的历史考察

西北地区包括陕西、甘肃、宁夏、青海、新疆五个省区,地处我国西北边陲,5600公里长的边境线绵延其侧,有汉族和近20多个少数民族在这里生存、发展和繁衍。西北农村地区的伦理道德虽然延接并归属于中华民族的道德传统谱系,但由于远离中原腹地的地理位置和多民族、多宗教特点,决定了该区域道德现象的多样性、丰富性和复杂性。考察西北农村地区道德流变的轨迹,综括地说,西北农村地区的道德精神是与中华民族的优良道德一脉相承、同源共振的,比如:强调整体至上、爱国奉献的社会责任感和使命感;祛恶扬善,坚守仁爱原则与和谐思想;推崇自强不息的进取精神与厚德载物的宽广胸怀;提倡人伦价值,并强调个体的权利与义务;重视诚信、修身自律和躬行实践,等等。我们通过对改革开放30年来西北农村地区的道德生态状貌考察,细究该地区道德传统在现实演进中的轨迹,剖析出其变迁、演化与消解过程中所显现出的几个主图。

(一)儒家伦理是西北农村地区所尊崇的主要道德蓝本

通过调查我们发现,注重现实人生、崇尚和善、讲求信义、维护孝道一直是西北农村地区的一个基本价值取向,儒家思想为主体的中

国传统道德文化仍然主宰着农村社会生活的各个方面。

1. 人们讲求和谐

"和为贵"、"和气生财"、"家和万事兴",等等,是西北农村人的口头禅。不少人家把"和气生财"、"家和万事兴"等写成条幅悬挂在院门门楣或主屋里。倘若谁家里不和睦,人们就会议论:"某某家后院起火了。"古语说:"天时不如地利,地利不如人和。""和也者,天下之达道也。"①政治稳定、社会和谐、家庭和睦是西北农村地区人们普遍的追求与理想。中国传统文化历来将构建和睦、和平、和谐的社会关系视为价值取向。孔子提出的"人不独亲其亲,不独子其子。使老有所养,幼有所长,鳏寡孤独废疾者皆有所养,男有分,女有归"②,究其精神实质,都是在论说人自身的和谐,人与人要和谐,人与社会要和谐。

2. 人们讲求天人合一的自然观与朴素的生态道德观

在西北农村流传着一个正义、善良最终战胜邪恶的故事,男女主人公的名字就叫"天理"和"良心"。如果有人做了违背道德良心的事,农村人在议论时就会说:"小心,雷把他砸了。"有人做了许多坏事,由于意外或疾病致残、死亡,人们在议论时就会说:"天谴了!"他们认为,天、道、人是紧密联系在一起的,天至高无上,是公平、正义的道德评判者,主宰着道德的褒扬与惩办。有人贫弱或身负残瘴,某天突然好事降临到他的头上,农村人在议论时就会说:"没眼佛,天照看着哩。"这里的人看重轮回和报应,经常会说:"恶有恶报,善有善报,不是不报,时候未到。"西北农村山区的人们也很注意"养地",他们在一块地耕种几年后,放荒一年,让阳光曝晒,让雨水在土壤深处

----

① 《礼记·中庸》。
② 《礼记·礼运》。

自然贮存,以蓄养地力。他们普遍反对"杀鸡取卵"式的生存之道——"宁饿死,不食籽"。西北农村人经常把天叫"老天爷"或"天老爷",把地叫"土地爷"。在农村,只有那些辈分高、有威望、重德行的人才会被尊称为"某某爷",可见农村人对天与地无比敬重、无比亲近。

3. 人们讲求诚信

在西北农村地区,很多地方借贷至今仍然不打借条,仅凭口头约定或找个中间保人。一般情况下,在农历除夕前必须偿还所借钱物,若实在有困难,就要到债主家解释清楚,以求谅解和宽限,并承诺下次的偿还时间,很注重诚信和人情。《说文解字》卷三称:"信,诚也。从人言。"[1]意思是指诚实守诺,言行一致。讲信用,是中华民族共有的传统美德。中国古代将"信"与"仁"、"义"、"礼"、"智"并列为五常,作为一种为人处世的基本原则。"唯天下至诚,为能尽其性;能尽其性,则能尽人之性;能尽人之性,则能尽物之性;能尽物之性,则可以赞天地之化育;可以赞天地之化育,则可以与天地参矣。"[2]儒家的伦理思想参天法地,育化人事,浸淫于世俗社会。失信就会遭报应,"狼来了"的故事,在西北农村地区广泛流传。诚实守信是这里的人们恪守的一条社会人法则,用当地的话说,就是"树无根不活,人无信不立"。

4. 人们讲求仁爱孝悌

儒家伦理从根源上说是与民族社会的血缘关系和血亲观念分不开的。孔子以"仁"作为自己伦理道德的核心内容,"仁者爱人",他将"仁"与"爱人"联系起来,把"爱人"作为"仁"的本质要求,是维系

---

① 《说文解字·卷三》。
② 《礼记·中庸》。

人群聚合的红线。最有生活理性的是,他倡导"己欲立而立人,己欲达而达人",①己所不欲,勿施于人。主张人与人相和,就要以"我心"为出发点,从自己的情感、意志和利益的切身感受上,设身处地地想问题:既要悦己,也要悦人;既要利己,也要利人。尽可能多地给对方以便利,尤其要对那些有困难的人给予帮扶和救助。敦煌莫高窟第257窟中的九色鹿壁画,讲述的就是仁爱、善良、扶危济困的故事,并告诫人们要懂得感恩,若见利忘义、恩将仇报,必然会遭到报应。孔子当年志道据德,删书辑典、周游列国、设坛聚讲,花费毕生精力,都是为了确立一个"仁"字,他着力于理性来探讨人是什么,又以什么来立于世的问题,凸显浓郁的人本主义生命观和价值观②。仁爱孝悌,用惯常的说法,就是"父慈子孝、兄友弟恭"。在秦腔、陇剧、花儿、木卡姆、信天游等这些地方戏和民间歌谣里,有许多戏份是讲述仁爱孝道的,如《劈山救母》、《周仁回府》、《闯宫抱斗》、《赵氏孤儿》,等等。"百善孝为先",讲求孝道,是西北农村地区伦理道德方面很突出的特点。在人们的思想中,尽孝道是天经地义的事情。"孝"不仅被看做一种家庭道德,而且被泛化为个体、政治、社会道德及立身、事君、处世的原则,具有尊祖敬宗、珍惜生命、延续生命的哲学意蕴。几年前,甘肃省庆阳市,曾有一个孩子每天背着残疾的父亲去上学的感人事迹,后来被改编成电影《背着爸爸去上学》。从这些现实图例中不难看出,儒家伦理的本色在于示范,示范伦理学正是儒家伦理在现代意义上对于未来的世界伦理可能贡献的东西③。

5. 人们讲求修身律己的德性

德性伦理是儒家道德规范的基础。西北农村人关于德性说得最

---

① 《论语·雍也》。
② 参见景海峰:《儒家伦理的形而上追寻》,《学术月刊》2006年第9期。
③ 参见王庆节:《作示范伦理的儒家伦理》,《学术月刊》2006年第9期。

多的一个词是"良心",它主要包含三层意思:善心、公平心、知恩图报。儒家讲的"修身、齐家、治国、平天下",①"修身"被放在首要的位置,可见其重要。孔子还强调"为仁由己",认为一个人能否从善立德、成贤成圣,关键在于他自己的选择和努力修养。在西北农村,人们常会说:"根正不怕影子斜。"他们认为,只要洁身自好,行得正,走得直,就不怕别人的无端猜测和非议。孔子的弟子曾子也说"吾日三省吾身"。② 省思的能力非常重要,一个人要能改过、能察知自己的过失,就是靠自省能力。在西北农村地区流传甚广的一句俗语是:"若要人不知,除非己莫为",旨在劝诫人们要遵守礼法,自省、自律。

(二)多民族多宗教色彩交相辉映的西北农村地区道德生态状貌

西北地区除了汉族之外还有 20 多个少数民族,主要是:蒙古族(主要分布在新疆维吾尔自治区、青海省、甘肃省)、回族(宁夏回族自治区、甘肃省、新疆维吾尔自治区、青海省、陕西省)、藏族(青海省、甘肃省)、维吾尔族(新疆维吾尔自治区)、满族(内蒙古自治区)、哈萨克族(新疆维吾尔自治区、甘肃省)、东乡族(甘肃省、新疆维吾尔自治区)、柯尔克孜族(新疆维吾尔自治区)、土族(青海省、甘肃省)、达斡尔族(内蒙古自治区、新疆维吾尔自治区)、撒拉族(青海省、甘肃省)、锡伯族(新疆维吾尔自治区)、塔吉克族(新疆维吾尔自治区)、乌孜别克族(新疆维吾尔自治区)、俄罗斯族(新疆维吾尔自治区)、鄂温克族(内蒙古自治区)、保安族(甘肃省)、裕固族(甘肃

① 《礼记·大学》。
② 《论语·里仁》。

省)、塔塔尔族(新疆维吾尔自治区)、鄂伦春族(内蒙古自治区)等。与国内其他地方少数民族相比,一个突出的特点是,这里的少数民族绝大多数有宗教信仰,伊斯兰教和藏传佛教是最主要的两大宗教,而其所信奉的宗教信条与他们所坚守的道德法则方向是同一的。

1. 西北农村地区少数民族的道德具有鲜明的地域性

西北少数民族多居住在边远山区,生产力水平较低。由于长期定居,每一个民族,都形成了特定的生存空间,相应地,也就产生了其特定的生产方式和生活方式。每个民族都有本民族特色的禁忌、风俗、习惯、心理特征和思维方式等,从而形成了具有民族特色的民族道德。有些少数民族由于只有口语,没有文字,他们的伦理道德思想没有文字典籍记载,多为口传文化与民俗延传,简明而朴素,故而具有原生态状貌。丰富而多彩的少数民族文化是中国传统文化的重要组成部分,呈现出多边性、多样性的特点,其文化价值及价值取向既有中华民族价值观的共性,又有每一个民族的独特个性。在各族人民共同认同的主流价值观以外,还存在着每个民族自我认同的传统价值观,因而西北农村地区少数民族道德的民族性特点非常明显。少数民族大多分布在地理条件恶劣的高原、山地,人际交往比较封闭,与外界的交流困难,其道德就有很强的适应性和凝聚力,加之少数民族道德受外来道德的影响较小,因而自成体系,经久不变。各少数民族的传统价值观和差异主要表现在文化差异上,如观念、礼仪以及各种文化制度所表现出来的价值观的差异。

2. 西北农村地区少数民族的道德具有很强的交融性

少数民族的道德与民族风俗、节日、宗教仪式等现象相互交织,许多时候融为一体。像回族、维吾尔族、藏族、东乡族等,风俗、节日、宗教仪式往往是其道德的载体。西北农村地区少数民族的风俗习惯广泛存在于生产、衣食、婚丧、节庆、礼仪、禁忌等方面,如藏族、哈萨克族、蒙古族、维吾尔族、回族等民族的服饰很有特点,风格独具,标识明显,这既是对本民族历史传统、经济生活、文化艺术的特殊反映,也是其道德民族性的生动体现①。西北少数民族地区,道德行为多半是在感情与感觉的直观形式上表现出来的,他们往往把与习俗融合在一起的道德视为某种自然力量所赋予的神圣不可侵犯的东西,要求与行为、评价与行为在自我意识中还没有清晰地区分开来②,处于自然的统一体中。如一些少数民族的图腾崇拜,就表现出更多的自然性,道德力和自然力许多时候是合而为一的。

3. 西北农村地区少数民族的道德具有显著的亲缘性

长期以来,这里的少数民族都处于小生产者的自然经济,社会组织也是以血缘关系为纽带的家庭、宗教和村落为基本单位,人们的生产、生活和社会交往囿于一个比较狭小的范围内。这种血亲关系便形成了一个同心圆,以血缘和地缘距离的远近为半径,渐次向外部辐射。在内部,注重和谐,注重孝悌。向外,看重人情面子,讲求诚信和道义。社会环境和经济环境相对独立,也相对孤立,生产方式以农耕、游牧和小手工业为主,村落之间除姻亲联结、集市贸易、节日活动外,其他联系较少。以家族为中心的维吾尔族传统的伦理道德思想,就特别重视"情",情是维系他们伦理道德关系的核心。

4. 群体本位是西北农村地区少数民族道德传统中最普遍的特征

在少数民族社会里,由于人与人、人与社会是以家庭和宗族为核心的血缘关系、宗法制度,因而极其稳定和牢固。道德戒律、乡规民

---

① 参见朱前星、彭秀珍:《少数民族道德建设的民族性》,《湘潭师范学院学报(社会科学版)》2003 年 9 月第 25 卷第 5 期。

② 参见鲁克成:《少数民族道德与现代社会生活》,张哲敏主编:《民族伦理研究》,云南民族出版社 1990 年版,第 65 页。

约、族规家法、民俗传统发挥了强大的道德运行作用,道德观念又反作用于社会生活:人人必须劳动,人人可以分享劳动成果。这种观念既有与它相应的文化认同,也使其具有自身的文化特征与逻辑联结方式。在这一特定社会结构中形成的道德观,在价值取向上势必不是个人主义或利己主义,而是群体本位①。在青海省湟中县塔尔寺,有一幅画像砖叫"和睦祥瑞图",画的内容是:大象背上站着猴子,猴子背上站着羊,羊角上站着一只鸟,那只鸟正在采撷熟透的桃子。大象、猴子、羊、小鸟,四者组成梯状的协作团队,最终采摘到鲜亮、甜美的桃子。这是集体主义的很好象征。重群体、轻个体是西北少数民族社会中一个普遍存在的现象。当个体利益与群体利益相互冲突时,个体必须无条件地服从群体利益,群体的需要和意志是天经地义的法则。这种情况在经济社会发展相对滞后的地方更加突出。我们应当看到,少数民族表现出的这种团结和谐、互助互爱、整体至上的集体主义高尚美德,能够形成很强的凝聚力。群体本位惯常认为,一个民族、一个家族、一个村落,就是一个天然的集体,任何个体应当而且必须为这个集体的利益和价值目标奋斗。当今时代,在尊重自主性和独立性的前提下,应从少数民族的道德传统中吸纳这种群体意识,历史地看待市场经济,使人们自觉形成民族自豪感和社会责任感。

5. 宗教在西北农村地区少数民族的道德流变中有重要影响

在人类道德流变的发展史上,一个不可忽视的因素就是宗教的重要影响作用。到目前为止,世界上信奉各种宗教的教徒人数约占全世界总人口的60%以上。西北农村地区,影响最大的是基督教、伊斯兰教、藏传佛教、汉传佛教和道教。在人类社会发展的历史进程

---

① 参见罗箭华:《论少数民族道德传统的特征及其影响》,《柳州师专学报》2002年3月第17卷第1期。

中,宗教的传播、确立和扩展日益社会化、生活化、世俗化,渗入人们生产与生活的各个方面。宗教逐渐地和道德结成了联盟,形成了特有的宗教道德,并通过宗教道德的教化活动,以特有的渠道发挥了其文化功能,从而深刻地影响着整个世俗社会。在西北,有 10 个民族信仰伊斯兰教,有 4 个民族信仰藏传佛教,有两个民族信仰汉传佛教。敦促他们对本民族的日常生活规范与行为作出某种界定,在伦理实践中起着极其重要的影响与作用。

西北农村地区"大杂居,小聚居"的民族分布特点,必然使各民族的伦理道德相互渗透与交融。调查中我们发现,如果民族发展程度越高,民族间的壁垒以及原有的道德范式就越容易受到冲击,甚而被打破,民族间的相融性与认同度也随之更加明显。各少数民族的伦理道德文化虽然没有优劣之别,但在不同时代场域,适应性方面有着比较大的差异。构建崭新的伦理价值观体系必须从自身引动,从社会发展大趋势出发,以时代精神为坐标。近些年来,随着现代化进程的加快、社会意识形态的变化及外来文化的交流、渗透与冲击,西北农村地区少数民族的生产方式与生活方式发生了历史性的变革,人们的交往方式、消费方式、闲暇方式、婚恋方式都开始变更。社会生活空间和时间的重新划分,使这里的人们增加了非对称性交往,从而削弱人与人之间的传统对称性直接交往和直接联系,少数民族原有的重情观念也一点点被削弱。相应地,各少数民族的传统文化也都发生着变异,无论是认识自然,还是保护文化和生物的多样性,引导变异已经成为发展面向现代化、面向世界、面向未来的科学的大众的民族文化的重要环节。从这个意义上说,要善于保护民族文化的多样性,倡导各民族和谐相处、人与自然和谐相处的文化价值取向,在护持各民族文化特性的基础上,建立起和谐的民族伦理道德文化。

（三）西北农村地区的道德正处于农业文明与现代文明交织互构过程中

改革开放以来,随着所有制结构的变动、农村分工分业的发展,农民在产业间、地域间、职业间的社会流动呈现加快之势,相互之间的地位差别也更加明显。农民这一西北地区最大的社会群体正在经历着历史性的变化,几千年来与土地打交道的农民已分化为从事不同职业,具有不同利益、不同愿望与诉求的多个阶层,并成为农村社会结构分化的一个重要标志。西北地区农民的阶层分化仍在进行中,且不同地区呈现出较大的差异,这势必对农村的道德生态产生深刻的影响。具体地说,有如下几个方面:

1. 道德意识由单向度走向多层化

西北农村地区的道德流变是与经济结构、社会结构的转型一同发生的。总体上说,市场经济体制的确立、生产方式和生活方式的变化,是当前西北农村地区道德变迁的根本原因。理性地看,道德作为一种意识形态,有着自身运动的逻辑和规律,不会随着经济结构的变革而自然消亡或生成,即便是表层的道德规范发生了变化,其深层的道德习惯、道德心理贮存于社会肌体里[①]。事实上,一些优良的道德传统,经过生产与生活实践逐步稳定或亚稳定地存在于制度、文化、习俗、乡村礼法中,是"看不见的手"在拘约与规范着人们的各个方面。新的道德秩序要真正建立起来,并内化为隐性的道德心态和道德信念,而不仅仅是形成显性的道德规范,需要经历一个漫长的历史过程。

新中国成立前,由于西北地区长期处于自给自足的自然经济条

件下,整个社会的发展进程非常缓慢,与经济基础相适应的政治、法律等上层建筑在几千年的封建社会中实际上并未发生根本性变化,道德呈现出较明显的单一化。随着新中国的建立,特别是改革开放以来中国社会的经济基础发生了翻天覆地的变化,西北农村地区经济社会也随之发生了巨大的变化①。生产关系的调整,把农民从土地上解放出来,使农民获得了生产的自主权,在经济水平日益提高和经济结构不断调整的过程中,农民实现了职业的多样化。到目前为止,西北地区农民阶层大致可以分为:农业劳动者、农民工群体、个体工商户、私有私营者群体、农村知识分子群体、乡镇企业管理者群体、乡村管理者群体等不同的职业阶层。不同的职业、不同的从业领域、不同的生活场域、不同的交往人群,使得他们的生活方式、思维方式、心理适应性和价值观发生了很大的变异。

以前,农民的劳动对象是土地和简单的小手工业。另外,劳动工具和劳动场景长期固定,久而久之,他们的思维和价值观念会形成单向度定式。由于农民大规模分化的时间不长,分化初期还带有程度不同的不稳定性,加之我国正处在由传统的计划经济向市场经济的转轨时期,因而在我国农村,尤其是西北农村地区,阶层的分化还仅仅是一种以职业分工为主要特征的分化,要转化为真正意义上的社会阶层还需要相当漫长的发展阶段。农民职业的分化,使他们面对的人群和社会机制都发生了与以往不同的变化,他们必然要调整原有的工作方式、生活方式和价值判断,去适应新的社会生活。随着改革的深入与经济结构的调整,相应地,与经济基础联系最紧密的政治、法律制度随之改变,相对独立性较强的伦理道德与政治制度和其

①　参见吴灿新:《辩证道德论——道德流变的立体图式》,中国社会科学出版社 2004 年版,第 87 页。

他意识形态间的张力突然加大,这也使得西北农村地区农村的道德呈现出多层化发展的面貌。

2. 西北农村地区的道德主体由传统一元走向现代多元

经过几千年儒家伦理思想的浸淫,西北农村地区仍然遗存的是强调个体服从整体的基本取向,重群体、轻个体,表现出了亲密团结、互助互爱的集体主义精神,形成了比较强劲的凝聚力。在西北农村,常有这样的俗语挂在人们的嘴边:"众人拾柴火焰高。""一个篱笆三个桩,一个好汉三个帮。""一群蚂蚁能咬死大象。"这些俗语里隐含着的正是集体的力量、团结的力量。这种凝聚力使人们更加团结,共同指向集体目标,容易强化为对社会、民族的历史责任感,凝结成深厚的爱国主义情感。这种集体主义既有深远的文化传承,也有深刻的制度根源。20世纪50年代初,随着新中国的建立、社会主义改造的大幅度开展,举国上下崇尚"一大二公"。行政建构也是县下面辖人民公社、生产大队、生产小队、生产小组,这些由大到小被制度划分出来的集体模块,在中国土地上运行了30多年。土地、生产资料、生活资料基本上是集体所有,集体分配劳动,集体分享劳动成果,只有大公无私才符合社会主义。那个年代,尤其是劳动场面更能显现出集体主义:全国各地大炼钢铁;几百人甚至几千人会聚在一起修水平梯田、修公路、修水库;夏收季节,公社或大队会调集相邻几个生产队的社员几百人在一起收割庄稼,锣鼓喧天,人声鼎沸。这种生产、生活境遇里产生的思想只能用一个词来概括,即集体主义。那时节的电影也主要表现为集体主义,如《创业》、《龙江颂》、《艳阳天》、《战洪图》等。这种道德的主体实际上是唯一的,即集体或者说社会是道德规范的立法者,道德所反映的是社会整体的利益和要求。用当时的宣传口号来表达,是"集体主义精神放光芒"。计划经济时代的集体主义显得过于片面和抽象,抑制了个人对正当利益的追求,打着深深的时代烙印。

适用于中国传统农业社会的儒家传统伦理,其精神核心本来就是群体主义的,中西文明交流在伦理层面实质上就表现为封建群体人文精神与资本主义个体人文精神的碰撞。由于明朝以后资本主义在我国沿海一带有所发展,中国社会接受西方资本主义个体精神也就有了一定的现实基础,农村地区同时也被这股风远远地吹着。对传统伦理展开批判最激烈的是"五四"时期。"五四"时期中国儒家传统伦理与现实生活的分化,不仅理论上表现为对儒家传统伦理的否弃,而且实践上也表现为许多年轻个体对传统封建家庭礼教的反抗。20世纪40年代,就有这样一个全国闻名的典型:刘巧儿。她反对父母之命、媒妁之言,自由恋爱,大胆追求自己的意中人,成为新中国妇女争取婚姻自主的象征。发生在陕甘宁边区的这个故事,在新中国成立初期影响了整个中国青年人的婚恋观。刘巧儿是戏剧里的名字,她的原型是甘肃省华池县的封芝琴,如今,她仍然健在。

人类的发展在很大程度上需要从生产的发展中得到反证。当劳动产品越来越丰富时,商品交换必然出现,人们的逐利意识也随之而来。这时候,只有依托人的个体发展才能推进商品生产的发展,才能促进经济社会的快速发展。然而,儒家传统的重义轻利学说却限制甚至反对个人追求私利,这势必阻碍商品经济的发展。随着中国市场经济体制的建立,儒家传统伦理文化面临着现实社会生活的挑战。市场经济是以追求个人利益最大化的方式来推动整个经济发展的,必然要求一种对个体追求自我利益予以肯定和支持的道德理论。社会主义市场经济的启动,为经济行为主体提供了自由、平等竞争的舞台,也为个体人格的实现提供了充分的物质条件,个人从原来严格的行政隶属关系中解放出来,得以追求自身幸福、个性发展以及自我实现的自由,国家利益、集体利益和个体利益第一次得到兼容①。西北农村地区的社会建设运动大致与全国一致,当前的情况是,社会、集体、个人同时成为道德主体。我们必须清醒地认识到,市场经济道德绝不等于社会主义市场经济道德,后者在肯定前者合理因素的基础上还内含着社会与个体的有机结合,是社会利益与个人的真正统一,这既是中国特色社会主义的题中应有之义,也是现阶段农村社会道德建设的根本要求。

3. 西北农村地区的道德从半封闭型走向开放型

现代性、民族性、开放性的有机统一是当前西北农村地区道德发展的主要指向。包容、厚重、宽阔,中华民族文化的博大精深曾让世人叹为观止,其道德精神的积淀更是中国人赖以生存和发展的重要价值支撑。生产力的发展必然要求与之相适应的伦理道德建设。中国社会数千年的历史都根植于血缘和亲缘的土壤中,自然经济和专制制度都显现出封闭性,道德的发展基本上是在一种半封闭的社会状态下进行的。计划经济时代的西北农村地区,由于经济结构僵化和文化思想领域的故步自封,许多人内敛、矜持、保守、谨小慎微,使道德发展呈现出明显的半封闭型特征。当今社会是全球经济一体化的时代,各个民族、各个国家之间的交流日趋频繁,人们的社交圈、商品交换平台逐渐扩大,从熟人社会走向陌生人社会,契约形式开始替代人情关系。道德建设只有立足本土,放眼世界,增加交流,才能增强实力,发展自己。毋庸置疑,西北农村地区的道德建设,正顺应着时代潮流,在蜕变中寻求重生,从人的全面发展中实现着开放性、创造性转变。

---

① 参见吴灿新:《辩证道德论——道德流变的立体图式》,中国社会科学出版社 2004 年版,第 89—90 页。

四、改革开放以来西北农村地区
道德生态的变化及其特点

改革开放以来,西北农村地区实行家庭联产承包责任制,农村人的生产与生活积极性得到很大的提升,在劳动和财富创造中寻求着自足与幸福,人际关系、道德风气好转。随着社会主义市场经济的发展,广大农村人的思想道德观念不断更新,科学、健康、文明的现代生活方式开始进入农村社会,与市场经济相适应的新型人际关系开始在农村构建,中华民族的传统美德与体现时代要求的新的道德观念相融合,成为西北农村地区道德发展的主流。

(一)从重义轻利走向义利并重

义与利的关系是道德观念的核心内容,任何道德体系对这个问题都无法予以回避,必须作出相应的回答及充分诠释。不同时代的不同道德体系对此问题有不同的解答,而这往往体现着道德流变的具体历程。

中国传统儒家伦理思想家大多主张"重义轻利"。孔子说:"君子喻于义,小人喻于利";①孟子主张"去利怀义",并在生与义发生矛盾时,"舍生而取义者也"。② 董仲舒说:"正其谊不谋其利,明其道不计其功";③朱熹说:"天理存则人欲亡,人欲胜则天理灭,未有天理人欲夹杂者"。④ 中国传统伦理将道德与物质利益要求对立起来,

① 《论语·里仁》,上海古籍出版社 1999 年版。
② 《孟子·告子上》。
③ 班固:《汉书·董仲舒传》,中华书局 1962 年版。
④ 朱熹:《朱子语类》第十三卷,中华书局 2007 年版。

把"义"高悬于"利"之上。尤其是宋明理学,将"义"与"利"绝对对立起来,要求人们放弃对"利"的向往而追求个人道德的完善①,从而在社会个体的道德意识中形成逐利为恶、弃利为善的观念和意识。在许多老辈农村人心里,多多少少都存在"抑商"情绪,羞于言利。长期以来,西北农村地区的商品交换基本上是在集市、商店(供销社的代销点)和货郎手中。集市在"文化大革命"时期被取缔了,20世纪70年代末才悄然萌动。摇着拨浪鼓、挑着担子的货郎是经常在乡间游走的身影,农村人既可现金交易,也可以用皮张、毛发、山药材、粮食等与他换取自己所需的东西。他们所持的观点就是公道和两厢情愿。由于农村人对货郎这样的外来人保持着警惕,一般人家不会让他留宿。即使有姑娘看中了才貌均好的年轻货郎,家里人也不会同意,因为他们认为货郎四处游走,职业不稳定,重利而轻亲情。在他们眼里,善取利者必然薄情寡义。

按照马斯洛"层次需要论"的学说,"生存的需要"是人的第一追求。"天下熙熙,皆为利来;天下攘攘,皆为利往。"这是世俗意义的道德观。人们的求利之心与生俱来,只要是正当的,那么就不能被遮蔽或者遏制。可以肯定地说,当小农经济为商品经济所取代,传统道德领域中的"重义轻利"也就走到了它的历史尽头。市场经济具有逐利性,它以追求利润的最大化为目标,在某种程度上,正是这种逐利性驱动了人的内在潜能最大限度地发挥。市场经济的道德体系与伦理价值观在处理义利关系时,就不能否定人们对物质利益的合理追求,更应当为人们以正当手段、正当途径获取物质利益的合理性进行道德辩护,为经济发展注入道德动力。道德不必也不能服从于经

---

①　参见吴灿新:《辩证道德论——道德流变的立体图式》,中国社会科学出版社2004年版,第173页。

济利益,经济利益每一次的获取都并不必须蕴涵着道德价值。

当代社会,追求的是"义"与"利"的有机统一。历史事实和近些年来西北农村地区的发展逻辑一再证明了道德与物质利益本身是相辅相成、辩证统一的,这两个方面都是人的全面发展不可或缺的必要条件,物质财富的增长并不理所当然地带来道德进步,但为道德进步准备了必要的物质前提。在如今多元化的社会,正确的价值导向鼓励人们在追求物质利益的同时追求道德进步,并要求个体道德境界随着物质生活的日益丰富而提升。与此同时,要自觉地对经济活动予以道德规范,以义获利,以利促义,义利并重。

(二)从道德律令的刻板走向道德法则的宽容

中国传统伦理思想总是将道德作为人生最高目标的验证码,凌驾于一切价值之上。由于道德要求设立过高,社会主体往往难以身体力行。在西北农村地区,"齐家、治国、平天下"的伦理思想仅仅在读书人阶层流动,但"三纲五常"仍有一定的存量。在这里,最容易听到的词是"家法"、"家教"、"族规",是农村道德惩办的根据。事实上,"宗族"正是中国传统伦理思想赖以生根的重要土壤。一些传统道德观念至今还潜流在西北农村人的血液里,比如:"不孝有三,无后为大。""父在前,子不言。""嫁鸡随鸡、嫁狗随狗",等等。那些上岁数的老辈人,还尊崇着原有的道德律令,规劝乡邻,教育子孙。他们内心深处抱守着"传宗接代"的俗约,对自己生命未来的延续就像他们一年四季面对的庄稼和树木一样,必须留下根,那样才能保证人生链条的完整与传递。

从本源上说,道德不是苛刻、刻板的,应当跨越图腾、巫术等阶段,伴随着人类社会的发展而发展。道德的进步是人的发展的重要尺度,没有道德的制约与牵引,人类社会就不可能跨越血缘家庭与氏族公社而向文明形态迈进。从这个意义上说,道德是人类为了发展而必需的束缚,是一种社会的必要,但不应当成为一种人为的束缚①。早些年,有一首台湾校园歌曲在西北农村也很流行,年轻人嘴里总会哼唱着:"外面的世界很精彩,外面的世界很无奈。……"这其实是在叙说一个个农村人离乡背井,体验着一种城市游牧精神的复杂的心灵历险:陌生的生活路径,陌生的街市,陌生的文化氛围,陌生的人,陌生的社会交际,陌生的道德场域,初入城市的农村人,感觉到一种疏离、空落和无尽的乡愁。很快,城市人的许许多多又被这些进城又返乡的农村人带回家乡,变成时髦、新鲜的生活元素,影响并改变着农村社会生活。

随着市场经济的逐步建立和信息化浪潮的拍打,外界的文化思想、生活方式、思维方式正从各个方面渗入广大西北农村地区,传统道德的苛刻所赖以存在的社会根基被一点点消解,道德的苛刻所依托的社会制度和经济基础已不复存在。那种自给自足的小农经济逐渐为市场经济所取代,生产方式的变更潜移默化而又丝丝入扣地改变着农村人的观念意识,②当然也改变着农村人的道德观念。那些已落后于时代、抱残守缺的道德观念和道德标尺,其社会影响力渐渐式微。以前的农村人,穿的衣服也是蓝、灰、黑三种颜色,还要一年四季在头上戴顶帽子,沉闷而单调。20 世纪 80 年代初,全国流行喇叭裤,男女都穿,农村地区的年轻人也跟着时尚起来,后来有人说"喇叭裤"是改革开放的象征,这或许有一定道理,因为从穿喇叭裤开始,整个中国人的思想自由起来了。市场自由,才会带来自由的议

---

① 参见吴灿新:《辩证道德论——道德流变的立体图式》,中国社会科学出版社 2004 年版,第 176 页。

② 参见吴灿新:《辩证道德论——道德流变的立体图式》,中国社会科学出版社 2004 年版,第 176 页。

论、自由的生活方式、自由的思想,社会的各个方面就能呈现出勃勃生机。

市场经济的发展,使公正、平等意识等新思想不断滋长并影响着人们的道德观念,个体的善恶意识也发生着改变。就是在这种改变中,道德宽容成为当然的要求和现实可能。嘴叼香烟、留长发、烫发、带女朋友回家、打响指、买一束鲜花……这些行为逐渐被农村人接受,就像土地很宽厚地容纳着从远方飘来的蒲公英种子。市场行为主体利益的实现,必须要有一个宽容的社会环境,道德的任务不再要求社会主体为了道德而道德,而是把个体道德的完善作为至高无上的善,为社会主体权利的获取与维护服务,为人的全面发展服务。

(三)道德价值取向从重整体本位走向集体与个体的统一

总体来看,传统的伦理思想是以高扬整体主义、神性、理性为出发点的,因此在价值取向上,突出整体主义本位,轻视个体的需要与满足。在"溥天之下莫非王土,率土之滨莫非王臣"的政治氛围中,庞大的政权组织以绝对的权威将触角伸向乡村社会的每一个角落。在自然经济状态缺乏必要的社会组织与其制衡的情况下,定然会造成对个体的无情挤压而使之处于卑微状态。在整体利益面前,个体的利益要求显得异常渺小与微不足道,全社会伪化为一种以为个人谋利为耻的社会心理,影响、制约着社会主体的善恶观念与道德行为[1]。这种道德规范千百年来一直留在西北农村地区的人们的历史记忆里,比如:杀身成仁、舍生取义、顾大家而忘小家等。在传统的农村社会,人们心里时刻要惦记的是皇上、国家、祖宗,唯独没有自己。

---

[1] 参见吴灿新:《辩证道德论——道德流变的立体图式》,中国社会科学出版社 2004 年版,第 178 页。

吃饱、穿暖、住好,这是大多数农村人的人生理想。许多人成家全靠父母之命、媒妁之言,没有恋爱的经历,缺少恋爱的机缘,嫁汉是为了穿衣吃饭,娶妻是为了生孩子、传宗接代。农村人对人的评判也是比较单一的:善与恶,忠与奸。在秦腔、陇剧这些地方戏里,忠臣、奸臣、好人、坏人,从脸谱上就能显现出来,比如:红脸的黄飞虎、关羽,白脸的魏忠贤、董卓、曹操……农村人的道德评价往往黑白分明,简朴、直接,缺少过渡带。

近些年来,随着社会的发展、经济的富足、道德的反思,西北农村地区伦理道德思想的价值取向也逐渐由重整体本位走向集体和个体的统一。农村改革使得以农民家庭分散经营和集体统一经营同时并存的双层经营体制同时并存,农民走出了"以粮为生"的传统劳作程式,在不断增加粮食产量的同时积极调整生产结构,寻找机会从事农业以外的二、三产业。农民与土地的依附关系变得若即若离般宽松,农民可以比较自由地选择谋生手段和生活方式。农闲时节,他们可以去砖瓦厂、煤矿、建筑工地、乡镇企业打工,挣些外快,以补贴家用,有些人甚至出县、出省去务工。20世纪80年代中期甘肃作家邵振国的小说《麦客》写的正是这方面的故事,拍成电影后风靡全国。显然,农村人不再是原来单纯的种地者身份,而是通过社会打开的渠道寻找着适合自己的新角色,生活也日益丰富起来。

个性是共性的重要元素,没有突出、精彩、多元的个性,就没有丰富、厚重的共性。经过30多年的社会变革,社会组织或集体与农民个体关系呈现出契约化的倾向,个体不必终身依附于一个集体,集体与个体之间出现双向选择。所有这些都对社会个体善恶观念的变化产生重大影响,从而使西北农村地区道德的流变也深受影响。反映在道德流变的轨迹中,就是将集体利益的维护与个体利益的尊重在价值观层面上予以统一。

（四）道德追求从内敛型走向积极进取型

中国传统伦理道德呈现出明显的内敛型特征。它主张"修己"、"克己"，要求经常"三省吾身"，推崇温、良、恭、俭、让，重视团结、和睦的人际关系效应，推崇与世无争、与人为善的个人品德，要求人们成为文质彬彬地追求道德的内在超越的"君子"或"好人"。① 中国传统伦理道德强调个体的道德内省与践履，漠视对外部世界的探求，人们的道德视野趋于狭窄、短促、保守，对道德的追求呈现出封闭性的内敛特征。西北农村地区是传统的以家庭为细胞的小农经济，"三十亩地一头牛，老婆孩子热炕头。"生存的压力使他们除了对小块土地的精耕细作之外往往无法去思索与追求更广阔的大山外面的世界，这是西北农村地区内敛型道德产生的经济基础。国人都熟知这么一个故事，说有记者问一个在山坡上放羊的孩子："你怎么没上学，放羊哩？""没钱。""你放羊干啥？""下羊羔，挣钱。""挣了钱干啥？""盖房子，娶媳妇。""要媳妇干啥？""生孩子。""生孩子干啥？""放羊。"这里虽然有戏谑的成分，但从一个侧面反映出由于西北农村经济相对落后，生存环境局促，人们的观念难免传统、保守而又单一。

一个人要发展，一个地方要发展，抱守穷庐、原地转圈没有出路，必须勇敢地走出去，积极面对外面的世界，从挑战中寻求机遇。按这里的俗话说，"山外有山，天外有天"。在市场经济的积极作用下，随着社会生产力的持续发展，商品流通像血液一样深入社会生活的肌体，商品交换更加频繁，社会工作越来越丰富，社会分工日益扩大与精细，农村人不可能再被限定、隔离为封闭的个体，而是

---

① 参见吴灿新：《辩证道德论——道德流变的立体图式》，中国社会科学出版社 2004 年版，第 180 页。

在经济与社会交往活动中彼此产生深刻联系,又彼此影响着。社会交往活动的扩大与加深,熟人社会与陌生人社会,相互叠加,又被利益的链条串联在一起。这一切,必然促进农村人思想的松绑与释怀,道德视野便渐次打开,也势必引发对原有的道德价值重新进行衡量与批判。

近些年来,西北地区农村的人们,尤其是年轻一代,选择到沿海发达地区、大城市去务工,选择去外地办企业、办工厂、承包工程等。据调查,一些村子里的青壮年劳动力几乎都有外出务工的经历,有近八成的年轻人常年在外打工。他们在把财富带回家乡的同时,也将先进的生活方式和理念带回了家乡。另外,随着国家政治体制改革的徐徐推进,一些现代民主政治的元素,开始在西北农村地区拓展开来,"选举"、"选民"、"代表"、"权利"等,这些词汇已被农村人耳熟。他们也通过电视或报纸关心着政治和国家大事,也议论美国、朝鲜或伊拉克,他们更关心谁被选为村干部,这些当选的村干部能为老百姓带来什么好处。在调查中,我们发现,西北农村地区的社会主体道德观念正发生着巨大的变化——从内敛型向积极进取型嬗变。

五、西北农村地区道德发展所面临的现实难题及研究意义

从上述分析中,我们可以看出西北农村地区的道德得到了很大的发展,但是由于我国农村社会正处在深刻的转型时期,物质文明不断发展的同时,精神文明建设仍相对滞后,农村的思想道德建设尚处于发展过程中,西北农村地区思想道德建设与经济社会的发展还存在着很多不相适应的地方,主要表现在如下几个方面。

（一）经济与伦理的双向效应困扰着西北农村地区的道德建设

虽然，经济的发展与道德的构建是在不同的序列里，但都是围绕"人"这个核心展开的。利益是道德的基础，作为思想上层建筑的道德建设要以物质为基础。离开物质谈道德，属于"无本之木，无源之水。"引导农民道德素质的良性发展绝不能忽视农民的利益要求。如果农民不能增收，农村贫富差距悬殊，两极分化严重，集体主义就会在农村失去物质基础，先进的道德精神，也就会面临失去农村阵地的危险。如果人们食不果腹、衣不蔽体，基本的生存问题都解决不了，遑论其他。正如世界银行在 2000 年发布的贫困调查报告指出的：贫困是一种痛苦。穷人要承受来自食物缺乏与机会减少而带来的屈辱和心理上的痛苦，以及由于随之被迫作出某种取舍而带来的道义上的痛苦。当一个社会的经济因素发生激烈变动时，社会主体对新的道德观念的汲取以及对原有道德观念的修正也必定处于剧烈的波动期，也势必导致道德呈现出变动状态。物的肯定与获取，本来就是人生价值最为重要的方面，如果个体的切身利益因为经济关系的变动受到损害时，个体对伴随着新的经济因素而产生的道德现象与道德意识往往会采取排斥的态度，赋予其非善甚至是恶的属性，并自觉或不自觉地抗拒着道德的变更。另外，西北农村地区与中东部农村相比，经济处于落后状态，这势必造成心理上的落差，进而对社会道德文明中的一些积极因素采取排拒。与此同时，随着近些年来经济体制改革的全面推进，西北农村地区社会经济有了很大的发展，在这一社会转型过程中经济与伦理的困惑日益引发了一系列新的社会问题。市场经济的内在本性和运行机制对道德进步有双重影响，它在推动西北农村地区道德进步的基本趋势下，也会诱发某些消极的道德现象。

（二）过度的逐利思想侵蚀着西北农村地区的道德主体

改革开放后，市场经济在西北农村地区得到了前所未有的发展，市场经济的趋利性原则，在充分调动农民生产积极性的同时，也使部分农民的人生价值取向发生了变化，产生了唯利是图、急功近利、见利忘义等负面效应，导致一些农村人人生价值取向功利化、个体化和本位化。受市场经济影响，有的农民拜金主义、极端利己主义有所滋长，他们一切向钱看，在经济利益的诱使下，乱砍滥伐、恣意破坏环境、浪费资源的行为屡禁不止。有些农民集体观念淡漠，对政治漠不关心，对集体公益事业视同陌路，缺乏社会责任感，无政府主义思想浓厚。这种状况，既不利于农村的经济发展，也不利于农村人的思想素质和文化生活水平的提高，也影响着农村社会的道德建设。

（三）西北农村地区的道德教化空间正被分割

粗线条地划分，西北农村地区道德教化空间主要是家庭道德教化空间、宗教道德教化空间、祠堂道德教化空间、生活场域道德教化空间、娱乐道德教化空间等。家庭是人类社会不同的历史阶段共有的道德教化空间，它恒常存在，无时无刻不在起着道德教化作用①。"族规"、"家法"正是高悬的达摩之剑，时时在警醒着每一个家庭成员。宗教的道德教化空间主要是庙宇和道场，这既有政府物质与精神资助，也有民间力量的支持，被农村社会普遍认同。这些处所，往往在世俗生活面前显得庄严、神秘，农村人群总会在这里寻求安慰、庇佑，躲避灾祸，他们烧香、请愿、忏悔。娱乐道德教化空间在西北农村主要是戏台。人们往往从这里较为轻松地获取道德感知。一般情

---

① 参见谢迪斌：《破与立的双重变奏——新中国成立初期乡村社会道德秩序的改造与建设》，湖南人民出版社2009年版，第203页。

况下,人们会选择农闲时节安排唱大戏或唱地方小曲。如甘肃武威一直传唱着"凉州贤孝",具有很明显的道德教化意义。获取道德教化,主要是听和看。进入 20 世纪 90 年代以来,随着传媒的迅速发展,电视、网络进入千家万户,这些媒介把世界各地、各民族的道德精神、生活方式、思想观念带进了西北广大农村地区,产生了新的道德教化空间,原有的道德教化空间正被分割。分割使得原有的道德理念产生了碎片化,如何重构乡村道德新秩序,这正是摆在人们面前的一道课题。

(四)农民阶层的分化导致西北农村地区道德建设的复杂性、艰巨性

30 年来,中国发生了巨大而深刻的变化,社会在经济、政治、文化等各个方面开始转型,社会成员的角色、身份、地位的大幅度分化与重组,社会阶层结构出现了前所未有的大分化、大调整、大重组。在这个社会裂变中,农民阶层的分化最显著、最引人注目。社会制度的变革总会引起人群的分层,也导致利益的分割与再分配。在西北农村地区,各行业、多样化的从业人员取代了清一色的种地人,社会角色开始转换。大量的农村剩余劳动力向往山外面的世界,在强烈的致富愿望、较宽松的政策环境和比较利益的引导下,摆脱土地、身体与传统价值观的束缚,跨地区、跨行业甚至跨国界去寻找致富机会和施展自己能力的舞台。那隔绝了几十年的城乡壁垒被时代洪流冲开了,曾经铁板一块的二元结构社会松动了,传统的身份社会向现代契约社会迈出了可喜而又艰难的步伐,汹涌的民工潮、庞大的民工群体即是明证。

农村的人群流动、居住特点、工作种类和以前有很大的不同,农民的身份也有了极其复杂的特点,农民已经不再是原来纯粹意义上

的"农民"。原本僵硬的户口制度也在改革,它不再严格地将农民固定在其世代生活的土地上。农村人口大量流入城市,农民在城市打工、结婚甚至定居,户籍上的农民过起了实际上的城市生活。原本是最稳定的、以地缘关系和居住生产形成的群体,现在却成了流动非常频繁和复杂的群体。随着市场经济的逐步形成,农民被土地的约束减弱,大部分劳动力出外打工,离开了不能使他们致富甚至是生存的村庄。田地已经不能承载数量巨大的农民对现代生活的需要,农村人开始在异乡寻找自己的未来生存和发展路径。

多少年来,农民的概念和土地紧紧绑缚在一起,但是现在已经有很多人完全不经营土地,无论是时间上、空间上还是精神上,都已经和土地渐渐失去了联系,农民身份仅仅表示着拥有土地的一种资格。即便是一些农民不外出打工,他们仅把土地经营当作一种"副业",往往主要经营商业,如贩卖牲畜、粮食、蔬菜、衣服等。有的在本地农村打工,他们组成了村镇的商业活动主体。还有一部分农民,虽然拥有土地,但是他们有的在当地企业工作,有的从事商业活动。道德秩序的构建有明显的地域色彩和文化氛围,在实际现存的"二元化"结构的社会中,要进行的是"一元化"的公民道德建设。如何合理地解决这一矛盾,是西北农村地区道德建设成败的关键点。在道德建构中如何做到既充分兼顾全体,又注重实效,使道德建设具有整体性、连续性,如何使西北农村地区道德建设既能贴近农民的现实生活,又能注重农民的道德内在需求,这是值得深思的问题。

(五)西北农村地区呼唤生态道德

生态道德,是近些年越来越热的一个词,人们的衣、食、住、行等都与其紧密地关联着。中国农村人普遍敬天畏地,亲近自然,"顺从天意"像律令一样潜存在人们的头脑里。"大禹治水"就是用"疏"和"导"的有效方法,达到人与水的和平共处,千百年来被世人传颂。自工业文明以来,社会生产力水平不断提高,科学技术日新月异,人类实践能力大大提升,达到了足以毁灭整个地球生态系统的稳定和平衡的程度。由于人类过度向大自然索取,导致自然资源再也难以承载人类的各种欲望,"拯救地球"已成为世界性口号。人类能力的滥用,伦理道德的缺失,科技创新能力的发展及其潜在的摧毁性,这诸多因素生发出严重的全球性问题:生态环境恶化,臭氧层空洞出现,气候反复无常,土地沙漠化,一些动植物物种消失等,诸多问题严重地威胁着人类的生存与可持续发展。20 世纪六七十年代,"人定胜天"的思想通过报纸、广播、文件、会议在中国大地广泛传扬,且"与天斗、与地斗、与人斗"都"其乐无穷",结果只能是堂·吉诃德式的悲剧。那时节,西北农村许多山区大面积垦荒、劈山修梯田、乱挖乱砍滥伐,使得生态系统紊乱。如 2010 年发生在甘肃舟曲的特大泥石流灾害,就是人们破坏生态平衡导致的恶果。这里曾经森林密布,20 世纪 50 年代以来,国家为了工程建设大量征用木材,砍伐了许多树木。后来,当地政府为了弥补财政的不足,也无节制地砍伐树木,爆破采石,使得原本良好的植被遭到严重破坏,地表沙化,岩体松动,暴雨来袭,水流会聚必然会形成卷沙裹石、携带泥土的泥石流,顷刻间便吞食人们的生命和财产。舟曲的悲剧,用血与泪提醒着每一个中国人,要发展,更要防止生态道德滑坡。

中国古代哲学中就有人类与天地万物同源的思想,把世界看作一个充满感情和韵律的生命整体:儒家认为"天地万物一体",道家认为"天地与我共生,万物与我为一",佛家讲求"法界缘起"、"依正不二"。尊重自然、尊重生命、兼爱万物的价值取向,使中国传统文化蕴涵着宽厚的道德情怀,告诫人们要"取之有时"、"用之有节"、

"取用有度"。① 孟子说:"不违农时,谷不可胜食也;斧斤以时入山林,材木不可胜用也……"②古代先贤大都主张自然资源的永续利用,这与当下提出的可持续发展观是一脉相承的。战国末期,李冰修建的都江堰"分洪以减灾,引水以灌田",因势利导,至今造福于人们,是合理利用自然的成功典范。现代化将人类本能中的各种欲望召唤出来,不断强化以自我为中心的人生观和价值观,过度追求人类自身的发展,无视与自然的和谐相处,最终必然导致生态危机、社会失衡,自然界也以灾难的方式报复人类。人类要实现可持续发展,必须转变以往的生产方式、生活方式和思维方式。在决策和实践过程中,既要考虑现代人的利益,也要考虑未来人的利益;既要考虑地区、国家的利益,也要考虑全球利益;既要考虑经济利益,也要考虑环境效率和社会效果。③

　　法律和道德是人类社会的两条腿,支撑着人们沿文明的台阶一步步迈向理想的殿堂。几千年来,我们已形成了许多处理人与人之间、人与社会之间关系行为的法律和道德体系,清晰而具体,却没有更多更好地处理人与自然关系的行为规范。楼兰古城的悄然消逝,固然有气候与地质构造变异的原因,但也有人为因素在其中起作用。许多时候,环境危机的重要原因,正是由于人们生态道德的缺失④。强调生态道德,不仅仅为了山更青、水更绿、天更蓝,而在于强调、突出它比之于其他人类道德的鲜明特点——人与自然的关系。1982

---

　　① 参见周一平、马鹏举:《中国古代环境伦理思想初探》,《西安建筑科技大学学报》(社会科学版)2007 年第 2 期。

　　② 《孟子·告子》。

　　③ 参见周兰珍:《合法性困境与价值观创新——生态伦理学现实之思》,《西北大学学报》(哲学社会科学版)2007 年第 5 期。

　　④ 参见徐婕:《浅谈人与自然关系失衡的价值观根源》,中国人民大学《复印报刊资料·伦理学》2007 年第 11 期。

年,胡耀邦同志在视察了甘肃定西后,对定西人民的生存环境无比忧虑,他的题词是:"种草种树,振兴定西。"从此,"种草种树,改造我们的山川面貌和人居环境"成为全国许多地方政策措施里的常驻词。国家也先后启动"三北防护林工程"、"退耕还林工程"和"退牧还草工程"等,加大投资力度,养护自然。宁夏中卫市的沙坡头,这里是腾格里沙漠的南部边缘,人们已摸索出用方草格固沙防沙的成功经验。近年来,西北农村地区的生态建设取得了一定进步,部分农村地区的生态环境也有所改善。一些地方开始大面积推广太阳能、风能、沼气的利用,洁净、环保,又能可持续地利用自然资源。但由于农村生态天生的脆弱性、治理的有限性、生态灾难发生的频繁性、发展方式的粗放性使农村的生态面貌没有得到根本性转变。西北农村地区山地多、高原多,遍布戈壁、沙漠,干旱少雨,植被稀疏,耕地荒漠化、沙化现象十分严重,水土流失现象频频发生。随着工业文明与城市文明进程的加快,各种类型的污染纷至沓来。消费与现世主义正麻痹着人们,人与自然之间的关系没有真正被纳入道德的范畴。如何破解这一难题,需要社会各个层面、各界群众的思考和共同努力。

西北农村地区道德的演进过程是一个不断扬弃的过程,一些原有的因素得以保存,同时,来自外界的各种干扰和冲击,一些新的道德因子得以植入原有的道德母体中去。道德的演进是一个长期的自发演进的过程,有其自身的规律和相对独立性。无论是在宏观领域还是在微观领域,道德都是矛盾统一体。但是,我们也要看到,从更开阔的理性视野来构建适应现代市场经济发展要求的道德,仍有重大现实意义。因此,如何在尊重道德演进规律的前提下,充分发挥理性构建的作用,是一个值得深入研究的问题。中共十六届五中全会通过的"十一五"规划,提出了建设社会主义新农村的重大历史任务,以"生产发展、生活富裕、乡风文明、村容整洁、管理民主"①为目标,勾绘出社会主义新农村的美好愿景和实现途径。面对新的道德场景和现实伦理难题,西北农村地区如何将传统伦理道德的优良成分最大可能地融入人类文明的普世性追求及其路向之中,并在高度融合的普遍主义伦理观念中保存并凸显自身的价值与意义,无论对政府、民间还是对学术界来说,都是迫在眉睫、亟待解决的问题。

---

① 参见《中共中央关于制定国民经济和社会发展第十一个五年规划的建议》,新华网 2005 年 10 月 18 日。

第一章　西北农村地区经济
伦理的变迁与现状

　　经济与伦理本来属于经济学与伦理学两个不同的领域。但人们在从事经济活动的过程中,存在着各种伦理道德问题,如对人们经济活动行为的价值判断问题等;而伦理道德行为也涉及经济活动领域,如经济活动行为的道德前提和背景条件、人们之间经济利益的应该与不应该的问题等。经济与伦理相互渗透、相互作用、相互结合,从而形成了经济伦理。经济伦理在中古代西方社会都备受人们的重视,如中国古代社会的义利关系问题及西方古代对经济公正、勤劳、节俭等德目的记载等。但到了近代,经济学与伦理学相互分野,经济学不考虑伦理学,一直到20世纪70年代,美国企业界丑闻不断,由此催生了一场由学界和企业界等多方参与的经济伦理学运动,然后波及欧洲、亚洲及世界各国,逐步形成了经济伦理学。然而,经济伦理学到目前为止,还很不成熟,它主要讨论的是企业、商业、管理等经济活动中的伦理问题,很少涉及农村经济活动中的伦理问题。我们借鉴经济伦理学的研究成果,从经济伦理的角度,探索西北农村地区经济制度或体制与伦理道德的变迁,重点揭示改革开放以来各经济环节中的伦理思想,最后试图阐释人们经济活动中的基本伦理道德规范,目的在于正确认识经济活动中存在的道德问题,以便能够很好地推动农村经济活动的健康、良性发展。

一、西北农村地区经济伦理的变迁

农村经济伦理的变迁与经济制度或体制的转型是紧密联系在一起的。西北地区农村经济制度或体制先后经历了三个发展阶段：1949 年以前的传统经济制度；1950 年至 1978 年的计划经济体制；1978 年改革开放以后逐步发展起来的市场经济体制。不同经济制度或体制要求不同的经济伦理。经济伦理在不同经济历史发展阶段，其基本内容、要求与特点也都不相同。

（一）西北农村地区的传统经济伦理思想

在历史上，西北农村地区的传统经济制度与这一地区的地理环境、人口因素、经济结构等因素有着紧密联系。从地理环境来看，这一地区既有成片的绿洲、高产的粮田、广袤的森林、广阔的牧场等，也有连绵不断的山脉、一望无际的沙漠、戈壁滩、盐碱地等，受其影响，其传统产业主要以农业、牧业和农牧兼营为主。从人口因素来看，这一地区由于地处我国西北边陲，在历史上曾经历过多次战争以及多民族的流动、迁徙、融合等，这里居住着汉族及其他近 20 多个少数民族，是典型的多民族聚居区。从经济结构来看，在几千年的封建社会中，中央王朝对边疆地区的开拓和经营，以及各个民族在其活动的区域内进行的开发活动，推动了西北地区经济的发展，由此形成了这一地区屯垦型农耕经济、游牧经济、商业贸易等基本的经济结构。

由于受多种因素的影响与制约，西北农村地区的传统经济制度有其自身的特点。从所有制结构来看，西北农村地区存在着公私并存的生产资料所有制形式。在农业区，土地等生产资料主要有五种形式：一属国家所有；二属土司、地主和封建官僚所有；三属宗教上层人物和寺院所有;四属部分群众所有;五属氏族和部落所有。国家的土地名义上为皇土,但由封建王朝划归或赏赐地方官僚、地主、土司等人,实际上由这些地方的统治者直接占有和使用。在这些统治者辖区内的农民只有租种他们的土地,并服无偿劳役、纳粮、服兵役以及承担种种摊派,但土地不能买卖。① 在牧业区,不同游牧民族有不同的所有制关系。如甘青藏区,"牧业经济一方面存在着私有财产,诸如生产工具、牧畜、畜产品,等等;另一方面又存在共有的自然资源,如草场、河流、森林,等等。"②游牧民族的草场一般以部落为单位拥有,部落之间有一定的界线和范围。如裕固族"部落内部大体分为公共所有、寺院占有、私人占有等形式。部落公有草场约占草场总面积的30%,多为夏、秋牧场;寺院占有的草场约占草场总面积的10%;私有草场约占草场总面积的60%,多为冬、春牧场。"③从经济活动形式来看,这一地区主要形成了村落经济和部落经济等多种经济形式。其中,村落经济主要存在于农业生产区域和农牧兼营区域,村落中的地主拥有大量的土地,农民租地耕种,年底缴纳地租;村落中的小农个体经济则以家庭为单位,拥有少量的土地并自给自足。部落经济主要存在于游牧地区,大多为少数民族聚居地,部落头人或牧主等决定牧场的分配和使用等。多种所有制形式和多种经济关系决定了多种不同的分配方式。在农业区,无地或少地的农民由于租种地主的土地,程度不同地受到来自世俗地主的劳役地租、实物地租和高利贷等的剥削,而拥有一部分或少量土地的个体农民则自给自

---

① 杨森、李育红、雷龙乾、王琴梅、姜宗强:《西北少数民族地区社会形态跨越实践》,兰州大学出版社2000年版,第104—105页。

② 格桑本、尕藏才旦:《青藏高原游牧文化》,甘肃民族出版社2000年版,第69页。

③ 《裕固族简史》编写组:《裕固族简史》,甘肃人民出版社1983年版,第67页。

足。在牧业区,不同部落有不同的分配方式,但分配权一般都掌握在部落头人或牧主的手中,普通牧民要承担各种劳役、杂役或摊派等,部落内部存在着贫富悬殊及其阶级差别。由此可见,公私并存的生产资料所有制,村落与部落经济结构、多种分配方式等都呈现出东方社会所特有的一些基本特点。

传统的农村经济伦理一方面反映了传统社会经济制度的基本伦理要求,另一方面也是适应农耕、游牧、商业贸易等经济活动的需要,其主要内容有如下几个方面:

1. 勤勉重农

勤勉重农是传统社会经济制度的基本要求,也是西北农村地区经济伦理的基本思想。"勤勉"指勤奋劳作,是儒家倡导的基本伦理思想之一。正如《左传》所言"民生在勤,勤则不匮";"君子勤礼,小人尽力"。① 孟子也说,"深耕易耨","易其田畴","不违农时,谷不可胜食也……"② 荀子也言,"春耕夏耘秋收冬藏,四者不失时,故五谷不绝而百姓有余食也"。③ 农民要想过上好日子,就要勤勉劳动,不误农时,精耕细作。"重农"体现了古代思想家"重本抑末"、"重农轻商"的伦理思想。"重农"最早由法家思想家商鞅提出来,他说,"圣人知治国之要,故令民归心于农,则民朴而可正也,纷纷则以使也,信可以守战也";"属于农,则朴,朴则畏令也"。④ 吕不韦在《吕氏春秋》中详细论述了重本抑末思想的道德价值。他说"古先圣王之所以导其民者,先务于农;民农,非徒为地利也,归其志也。民农则朴,朴则易用,易用则边境安,主位尊。民农则重,重则少私义,少私

---

① 《左传·宣公十二年》。
② 《孟子·尽心上》。
③ 《荀子·王制》。
④ 《商君书·农战、算地》。

43

义则公法立,力专一。民农则其产后,其产后则重徙,重徙则死其处,而无二虑"。① 由此可见,"重农"的道德价值在于"农则朴"和"贵其志"。"农则朴"是指农业使人安居乐业,朴实无华;"贵其志"则指通过务农的途径,陶冶人们的道德情操。民农则朴、民农则重,民农则重徙,这些都是农耕文明带给人的优良品质。② 如果想让边境安、主位尊,就要重农。这一思想直接影响了中国封建社会统治阶级对边疆的治理方式。无论是汉武帝时期从中原迁徙到此的边民,还是元朝时期从西域随军过来的将士,直至清朝时期派来守边的人们,历代统治者都要求边民以屯垦农耕为主,平战结合,目的就在于鼓励边民有朴实无华、安居乐业的道德品质,这样才能保证边境的稳定与国家的安宁。

在西北农村地区,土地、草场、牲畜是人们最基本的生产资料,扁担、背篓、皮绳、架子车、锄头、铁锨、镢头、铁铧犁等是他们祖祖辈辈使用的劳动工具。在农业区,人们要根据季节、农时的变化,及时耕种、浇水、收获、打碾、入仓等,不能有一点耽搁,如果不慎贻误时机,就会造成减产或绝收等不良后果。农民与土地紧密地联系在一起,土地不仅是农民的生产资料、生活来源,也是农民生命的根本。农民命系土地,勤勉劳作,才能保证起码的生存。在牧业区,牧民依水草而居,牧场就是他们的家园,牲畜、帐篷等就是他们的基本生活资料。牧民根据季节而不断迁徙,才能保证水草丰盛,牛羊肥壮,生活幸福。农时、季节就像钟表一样,成为农牧民的生活节奏。农牧民勤奋劳动,勤勉耕作,在生产实践中养成了勤勉重农、朴实无华的基本道德品质。

---

① 《吕氏春秋·上农》。
② 汪荣有:《当代中国经济伦理论》,人民出版社 2004 年版,第 153—154 页。

2. 公平交易

公平交易的道德要求是在产品交换和市场交易的发展过程中逐步形成的。交换基于社会分工的不同。西北农村地区农业、牧业与农牧兼营的生产格局，形成了农牧产品以及不同农产品之间的交换。这些交换活动推动着交易市场的形成以及东西方交流的发展。

根据有关资料记载，在历史上，远在秦统一六国之前，西域和中原地区就有商旅往来。汉武帝开边之后，西域被正式列入汉王朝的版图。昔日东西之间的商道得以巩固和发展，成为欧亚大陆的贸易通道——举世闻名的"丝绸之路"。这一通道促进了沿途商业的发展。不少民族从事商业贸易活动，为发展东西方的经济文化作出了重大贡献。同时，在游牧民族与汉族聚居的毗邻地区，为了互通有无，开展了以"茶马互市"为主要形式的贸易活动。从宋代开始，中央政府在进行这种贸易的主要地区，如秦（今甘肃天水）、洮（今甘肃临潭）、河（今甘肃临夏）等州，设立茶马司，对"茶马互市"进行管理。① 宋代以后，随着海上丝绸之路的开辟，交往的重心逐渐转移到东南地区，西北地区逐步陷入了比较封闭的状态。

西北地区的绝大多数农牧民在农忙时务农，农闲时经营手工业或外出经商，其收入作为生活的补贴。这一地区的手工业者主要有制作人们日常消费品的"铁匠"、"银匠"、"铜匠"、"碗匠"、"毡匠"等，有些民族如保安族还制作"保安腰刀"，做工精细，远近闻名。与此同时，西北地区的部分农村青年男子，在农闲时，也成群结队外出行商，做一些皮货、家庭日用品、生产用品等生意，补贴家用。最大的商贸交易市场，有"茶马互市"、丝绸之路上的驿站、商贸交易重镇

---

① 李育红等：《西北少数民族地区社会结构转型研究》，民族出版社 2008 年版，第 43 页。

等。在各种商品交易过程中，人们遵守着公平交易的原则，讨价还价，买卖双方达成共识，交易才能得以成功。公平交易是交换过程中人们遵守的基本原则，这一原则以诚实为前提，以信誉为保障，因而公平交易也就同诚实、信誉一样，成为人们经济交往活动中的基本道德品质之一。

3. 熟人信誉

西北农村地区，虽然在历史上由于多民族迁徙、征战等，逐步融合与发展，形成了多民族聚居的特点，但在不同民族文化中，或多或少地都受到了儒家传统伦理文化的影响。人们在处理各种伦理关系时，表现出重血缘和地缘的特点。重视并依据血缘关系，区分出亲疏远近，才有对待人的内外有别；依据地缘关系区分出熟人与陌生人等，才有熟人信誉。这种伦理思想反映在各种交换活动中，人们普遍认为熟人信誉高于陌生人的信誉，认为熟人相互之间比较了解，可以相互信赖，自然信誉度就比较高，这样，在熟人之间交换一般很少讨价还价，甚至于有时相互让利或者馈赠等。如果讨价还价，怕伤和气或面子，而且熟人抬头不见低头见，相互帮忙是不可少的，因此，熟人交换以信誉为保障。但在市场上与陌生人交换时，绝大多数人都要讨价还价，仔细算计，以防交换不公或上当受骗等。由此可见，熟人和陌生人的信誉是有严格区别的，而这一区别既是东方人群典型的心理特征，也是儒家内外有别思想在经济交换领域的延伸或表现。

4. 戒奢勤俭

由于经济的欠发达和物质生活资料的不充裕，西北农村地区在消费观上占主导地位的一直是戒奢勤俭。这与儒家、墨家等传统思想一脉相承。《左传·庄公二十四年》言："俭，德之共也；侈，恶之大也。"这就是说，节俭可以使人寡欲，是一切德行的来源，而奢侈则使人多欲,是一切恶行的发端。孔子通过对安贫乐道的弟子颜回的褒扬从另一侧面表明了自己的消费价值观:"贤哉,回也! 一箪食,一瓢饮,在陋巷,人不堪其忧,回也不改其乐,贤哉回也!"①墨家认为,"俭节则昌、淫佚则亡",主张勤俭节约,反对铺张浪费。西北农村地区的农牧民尤其重视节俭,他们视节俭为美德,在夏收大忙季节,收、晒、打碾、装仓,小心谨慎,尽量不浪费一粒粮食。在日常生活中,合理安排日常生活,节衣缩食。一般比较奢侈的消费主要表现在婚丧嫁娶等人生大事上,这都是习惯使然,无可厚非。对炫富、摆阔,人们视经济情况而定,如果家境富足,情有可原,如果家境不好,则嗤之以鼻。人们的道德评价标准总是和经济实际支付能力相关。

(二)计划经济体制下西北农村地区的经济伦理思想

新中国成立后,由于我国选择了走社会主义道路,国家政权的性质发生了根本变化,这就要求经济制度或体制也要随之而发生变化。1951 年下半年至 1956 年,西北农村地区根据该地区多民族的实际,先在汉族地区,后在少数民族地区,展开了农业合作化运动,对农牧业、手工业及工商业等进行社会主义改造。对农牧业的社会主义改造,经过互助组、初级社、高级社等阶段,在给农牧民保留一部分自留地、自留畜的情况下,建立起了农村生产资料集体所有制;对手工业的改造,经过组织生产小组、手工业联社和供销合作社等方式,逐步过渡到集体经济;对资本主义工商业的改造采取没收、征收和赎买等政策,建立国营企业和商业以及公私合营企业和商业等,使西北地区的经济发展走上社会主义道路。1962 年 9 月,中国共产党第八届中

---

① 《论语·述而》。

央委员会第十次全体会议通过《关于进一步巩固人民公社集体经济、发展农业生产的决定》,并正式公布了修改后的《农村人民公社工作条例(草案)》(《六十条》),基本肯定了人民公社"政社合一"的性质,但对人民公社的所有制结构作了调整,以生产队为基本核算单位,之上有生产大队和人民公社。这一组织结构虽然在文化大革命中也遭到了一些破坏,如有许多地方取消自留地、关闭农贸市场等,但土地等生产资料作为集体所有却一直没有发生变化。计划经济体制的建立,打破了西北农村地区几千年来自给自足的自然经济模式,呈现出土地等生产资料集体所有的性质和计划性的特点。计划经济体制要求经济活动中的伦理道德原则和规范要符合生产资料集体所有制和按劳分配的基本原则要求,诸如集体主义伦理原则,全心全意为人民服务的思想,大公无私,公而忘私,等等。这些伦理原则与规范对人提出了很高的道德要求。

1. 集体主义

集体主义是我国社会主义社会的基本伦理原则,它是处理人与人、人与社会、社会与社会利益关系,调整人们相互关系的各种道德规范要求的最基本的出发点和指导原则。西北农村地区也不例外。

从理论源头上说,集体主义思想与原则的提出是在资产阶级启蒙时代。比较系统地阐述集体主义思想的是 18 世纪法国启蒙思想家卢梭。卢梭从反对洛克等人的个人主义思想出发,认为自爱与仁爱即个人利益与他人利益、社会利益是相互结合的。但就社会道德要求来说,公共利益是最高的道德目标,个人利益应该服从公共利益。因为"公意永远是正确的,而且永远以公共利益为依规"。① 卢梭通过社会契约理论为人们献身于整体利益提供支持。德国古典哲

---

① [法]卢梭:《社会契约论》,何兆武译,商务印书馆 2003 年版,第 39 页。

学家黑格尔则认为,"在国家中,一切系于普遍性和特殊性的统一"。① 道德作为主观的存在是以普遍的东西为目标和依据的,是要把个人特殊利益上升为普遍利益,在特殊中追求普遍。因此,主观的道德要上升为客观的伦理,而伦理正是调整各种关系的力量。坚持个人利益与普遍利益的结合,并强调个人利益要服从于普遍利益,这正是西北少数民族地区伦理道德很重要的一个特点。如甘肃临潭"西道堂"大家庭式经济活动模式,他们遵循伊斯兰教的优良传统,很好的发展壮大了自己的经济活动,至今仍然发挥着其强大的功能,表现了典型的集体主义伦理原则。

马克思没有用专门的集体主义这一术语来表述自己的思想体系,但马克思却有明确的集体主义思想。如马克思、恩格斯在《神圣家族》一书中指出:"既然正确理解的利益是整个道德的基础,那就必须使个别人的私人利益符合于全人类的利益"。② 在马克思看来,人是社会关系的产物,人在社会中才能获得存在,或者说,人只有在集体中,才能获得全面发展其才能的手段,或人才可能有个人的自由。马克思还区分了"真实的集体"和"虚假的集体",认为只有"真实的集体"才能代表集体中大家的利益。第一个把集体主义原则作为社会主义社会的伦理原则作出完整表述的是斯大林。他开始把集体主义作为一种思想体系和道德规范与西方学者将集体主义看作是一种组织和社会体系的看法区别开来,指出集体主义是共产主义的伦理原则。1934 年,斯大林在与英国作家赫·乔·威尔斯会晤的谈话中指出:"个人和集体之间、个人利益和集体利益之间没有而且也不应有不可调和的对立,不应当有这种对立,是因为集体主义、社会

---

① [德]黑格尔:《法哲学原理》,张企太、范扬译,商务印书馆1997年版,第263页。

② 《马克思恩格斯全集》(第2卷),人民出版社1957年版,第167页。

主义并不否认个人利益,而是把个人利益和集体利益结合起来。"①毛泽东在关于个人利益与集体利益关系的阐述中,也明确提出集体主义原则是社会主义社会的道德原则,指出个人利益要服从集体利益,暂时利益要服从长远利益,局部利益要服从全局利益。要做到"兼顾国家利益、集体利益和个人利益"。② 邓小平也多次强调在社会主义制度下必须坚持集体主义原则,指出"在社会主义制度之下,个人利益要服从集体利益,局部利益要服从整体利益,暂时利益要服从长远利益,或者叫做小局服从大局,小道理服从大道理。我们提倡和实行这些原则,绝不是说可以不注意个人利益,不注意局部利益,不注意暂时利益,而是因为在社会主义制度之下,归根结底,个人利益和集体利益是统一的,局部利益和整体利益是统一的,暂时利益和长远利益是统一的"。③

集体主义体现了中国社会主义制度的基本特点。集体主义原则的哲学基础是唯物史观;经济基础是社会主义社会中占主体地位的生产资料公有制和集体所有制;政治基础是中国共产党的民主集中制和社会主义国家人民当家做主的民主政治制度。

集体主义伦理原则的基本内容。"一、社会主义集体主义强调集体利益高于个人利益,提倡在集体利益与个人利益发生矛盾时,个人要顾全大局,要以集体利益为重,在必要的情况下,个人应当为集体利益而放弃个人利益,甚至为集体利益而献身。……二、社会主义集体主义在强调集体利益高于个人利益的前提下,同时强调集体必须尽力保障个人正当利益能够得到满足,促进个人价值的实现,并力求使个人的个性和才能得到充分的发展。……三、集体主义强调个

---

① 《斯大林选集》(下卷),人民出版社 1972 年版,第 354—355 页。
② 《毛泽东著作选读》(下册),人民出版社 1986 年版,第 775 页。
③ 《邓小平文选》(第二卷),人民出版社 1994 年版,第 175 页。

人利益与集体利益的辩证统一。"①

新中国成立后,西北农村地区和全国各地一样,在国家政策的强制力下,形成了层级状、条块式的集体主义。在集体主义伦理原则之下,西北农村地区的经济活动要求每个农牧民都要以集体的利益为最高利益,因为农牧民是以集体组织的方式占有土地、草场等生产资料的;农牧民也是以集体组织的方式参加各种生产劳动的;劳动的成果也以按劳分配的方式进行分配,所以农牧民要维护集体的利益。人民公社、生产大队、生产队的所有财产,包括土地上的所有种植物,集体所有的资金、房屋、牲畜、粮食等都不能变为私有或变相地变为私有,如果有人贪污或随意把集体的财物归为个人所有,按照轻重程度不同,依次受到法律的严罚、行政的记过处理及人们道德的谴责。在集体利益与个人利益的关系问题上,集体的利益高于一切、大于一切,如果个人利益与集体利益发生矛盾或冲突时,个人利益应无条件地服从集体利益。当然,集体也必须尽可能地满足每个个人的利益及需要,如集体所生产的粮食在交完公粮后,再按人口数量和劳动力付出的多少来进行分配,以保证农牧民的基本生存。如果由于自然灾害或人为因素等原因影响农牧民出现生活困难时,国家会及时下拨救济粮、救济款等,帮助农牧民渡过难关。

2. 全心全意为人民服务

全心全意为人民服务是中国共产党的宗旨,也是集体主义伦理原则所要求的基本道德价值取向。全心全意为人民服务,体现了社会主义制度下的新型人际关系。因为"社会主义社会是一个人民当家做主的社会,为人民服务本质上也就是'人民自我服务'。在为人民服务的过程中,人人是服务者,又是被服务者;人人都对社会负有

---

① 罗国杰:《坚持集体主义还是"提倡个人主义"?》,《求是》1996 年第 14 期。

义务,同时又有从社会得到福利的权利。在这里,每个人应当享有的权利和履行的义务是平等的,没有高低贵贱之分;各个行业之间、各个职业团体之间和各个从业人员之间是一种平等、友爱、互助的关系,不存在根本的利益冲突"。①

在西北地区农村经济活动中,全心全意为人民服务的精神也体现在农牧民生活的各个方面。对于每个农牧民来说,都要爱护集体的财物、荣誉,都要全力以赴,勤奋努力工作。每个人只有忠于职守,把自己的工作干好了,才能体现出全心全意为人民服务的精神。对农村领导干部来说,必须与群众打成一片,一方面服从政府的领导,另一方面组织群众进行集体生产以及农村经济建设。由此可见,全心全意为人民服务不是抽象的理论或说教,而是贯穿在每一个人的具体工作之中。

3. 大公无私,公而忘私

为了维护国家和集体的利益,计划经济要求每个人都要大公无私,公而忘私。公是高尚的,值得赞扬的,而私是卑贱的,需要唾弃的。为了倡导这一道德规范,文化大革命中曾经展开"斗私批修"等政治活动来加以维护。

在西北农村经济活动中,人们普遍认为"私"是小农经济的思想观念,"公"才是社会主义农牧民应有的道德品质。自私自利、消极怠工、偷懒耍滑等行为属于不道德的行为,而大公无私、克己奉公、埋头苦干等才是值得人们赞扬的优秀道德品质。

(三)市场经济体制下西北农村地区经济伦理的变化

计划经济体制下的伦理思想对个人的道德提出了很高的要求,

---

① 李玉琴:《经济诚信论》,江苏人民出版社 2005 年版,第 134 页。

但缺乏微观建构的理论支撑与制度设计,使人们难以按照这种道德的要求行事。这种内在矛盾,体现在人们经济活动的各个环节,如生产领域中的干多干少一个样;分配领域中的平均主义、大锅饭;交换领域中无视市场的作用;消费领域中的低消费等,都无法调动人们的生产积极性,也无法达到经济发展高效率的目的,这就产生了经济体制改革的必要性和迫切性。

农村市场经济是在不断突破计划经济局限性的过程中逐步发展起来的。根据笔者的调查,西北农村地区对计划经济体制的突破主要有三大步:第一步是农村经济体制的改革;第二步是农村社会组织形式体制的改革,即"政社分离";第三步是多种所有制形式的出现,尤其是非公有制形式的出现。市场经济体制运行机制是通过市场的运作实现的。市场又可以分为有形市场和无形市场。有形市场的恢复和发展大致经历了以下两个不同的发展阶段:第一个阶段大约在20世纪70年代末到80年代初期,我们可以称为小商品市场发展阶段;第二个阶段就是综合性、专业化市场的发展。有形市场的繁荣也带动了无形市场的发展。① 从1992年至今,西北农村地区的市场经济出现了空前的活跃和繁荣。

市场经济体制下的农村经济伦理思想仍然坚持集体主义原则,因为这一原则体现着生产资料的公有制和集体所有制形式以及人民民主的政治制度,但与此同时,我们也必须看到在计划经济条件下,集体主义伦理原则过分地强调了集体的利益,忽视了个人的利益,使社会经济发展动力不足。因此,社会主义市场经济体制在肯定集体主义伦理原则的前提下,承认个人追求自己经济利益的合理性和合

---

① 李育红:《甘肃民族地区市场经济的发展与党的领导》,《甘肃民族研究》2001年第2期。

法性,这就为社会经济的发展注入了活力与动力,充分调动了农牧民的生产劳动积极性。由此可见,市场经济并不是否认集体主义原则,而是以更加完善、成熟的方式表现出来,突出地体现了人民当家做主的社会地位以及个人利益与社会利益的统一。集体主义原则作为社会主义的基本伦理原则已被明确写进了《中共中央关于加强社会主义精神文明建设若干重要问题的决议》和《公民道德建设纲要》,成为社会主义社会成员的基本行为准则。除集体主义伦理原则之外,农村经济伦理也提倡全心全意为人民服务、大公无私的道德精神,但并不是每一个人都能做到的,在市场经济条件下,人们更重视权利平等、机会平等、等价交换、契约信誉等伦理思想。

1. 讲求权利平等

权利平等是市场经济条件下的一个根本原则。从一般意义上来讲,权利是个人不受别人干涉而自由行使正当行为的资格。就经济伦理角度而言,权利是与经济主体的相对独立和意志自由联系的,是经济主体取得和维护自身经济利益的资格,它来源于经济活动所遵循的"游戏规则"。经济权利则借助一定的制度安排,使经济主体的权利与义务相对称。对经济主体来说,经济权利既是一种激励,又是一种约束。没有激励,经济主体就没有从事经济活动的动力;没有约束,经济主体就没有从事经济活动的限制。激励和约束相辅相成。要保证每个主体的权利与义务的对称性,就必须保证不同经济主体之间权利的平等性。权利的平等性来源于规则的公正性。公正的规则要求对规则下所涉及的任何一方都不偏不倚、相互平等。权利平等性也要求义务的平等性,这种权利与义务的对称性平等关系也来源于规则的公正性,而公正的规则来源于制定规则的各种不同利益集团之间的制衡关系。因此,归根结底,每个经济主体的权利与义务对称与否,取决于不同利益集团力量对比是否均衡。

具体而言,权利平等是指在经济游戏规则面前,每一个人享有的权利是相同的,不允许存在任何人享有任何的特权,同时也不允许存在歧视。从理论上来看,以公有制为基础的社会主义经济关系应该获得更为广泛和更为真实的权利平等。然而,计划经济体制事实上依赖行政力量安排经济活动,从根本上就不能保证劳动者、企业的经济权利。而市场经济依赖于多元主体的分散决策权,则是实现权利平等的最强大的天然力量。所有公民、企业和组织参与经济活动的权利能够得到普遍的承认和平等的保障,就意味着每个公民、企业和组织都能够通过自己的努力,创造并获取应得的利益。可见,市场与平等具有天然的联系,市场经济体制为权利平等的实现创造了最好的条件。

然而,市场经济本身并不能完全解决权利平等问题,因为市场经济不能在真空中运行,市场经济中通常存在的财富和权力的集中足以改变价格均衡和资源配置。为了反对市场经济中出现垄断和不公平现象,国家需要对竞争中的弱势群体进行帮扶,以社会保障机制或特殊的援助(如小额低息贷款、职业培训、减免税收、财政补贴等)来保障权利平等的真正落实。[1]

西北地区的农牧民在市场经济条件下,作为独立的经济主体,享有参与市场竞争的权利与承担相应行为责任的义务,但由于历史与地理环境造成的边远性、经济发展的滞后性等因素,使他们在市场竞争中处于相对弱势的地位。20 世纪 90 年代末期,国家通过实施西部大开发的战略,使这一地区的基础设施建设、项目资金投入、资源利用开发等方面都有了长足的发展,从而激发了这一地区经济发展的活力,工业化、城镇化进程明显加快。

---

[1]　成智荣:《中国社会转型时期制度伦理的价值取向研究——以城乡关系为例》,2006 年西北师范大学硕士学位论文,第 29—30 页,引用中部分内容作了修改。

2. 讲求机会平等

机会平等是公平竞争的前提。在现代经济关系中,机会平等有两方面的含义:其一是每个经济主体都享有同等机会进入各种经济领域,凭借自身能力按照共同认可的规则进行竞争,从而获得相应的经济资源或利益;其二是指不管人们居住在什么地方,也不管其社会地位如何,他们都有享受社会经济发展成果的平等机会,特别是接受教育的机会和就业机会,平等地获得实现其经济目标的现实手段。机会平等首先意味着起点上的平等,即经济竞争起点的均衡和合理。由于每个人的天赋、才能、机遇、教育及努力程度的不同,个体之间的差异是巨大的。因此,这里的经济起点平等并不是说让所有的社会成员平等地获得劳动资源和生产资料,而是指社会对那些智力和劳动能力等大致处于同一水平层次的经济主体在占有、使用劳动资源和生产资料等方面应享有大致相等的权利和机会。处于同一个起跑线上,是经济主体实现自身价值的基本前提条件,也是机会平等原则最为基本的要求。

机会平等的实现至少要有如下保障条件:一是阻碍某些人发展的任何人为障碍,都应当被清除;二是个人所拥有的任何特权,都应当被取消;三是国家为改进人们之状况而采取的措施,应当同等地适用于所有人。只有起点和过程都是平等的,才有可能保证结果也是公正的。我们承认并尊重社会成员在智力、体能、健康、性格、发展潜力等方面的差异,以及由此带来的经济机会拥有方面的某些"不平等",在必要时诉诸公平的矫正。但是,我们坚决反对源于机会不平等而产生的收入不平等,因为这种不平等以一部分人对另一部分人的侵占为前提。[1] 市场经济机会平等的原则,为进入市场的独立经

---

[1]　成智荣:《中国社会转型时期制度伦理的价值取向研究——以城乡关系为例》,2006 年西北师范大学硕士学位论文,第 31 页,引用中部分内容作了修改。

济主体提供了公平竞争的条件。

西北地区的农牧民作为独立的经济主体,在 20 世纪 80 年代初期,把自己的生产和加工的农畜产品拿到市场上交换;80 年代末 90 年代初,逐步地积累资金,从事开商店、开饭馆等个体经营活动,一直到办乡镇企业等;90 年代后期,大批农民工进城务工;21 世纪初期,有许多农牧民办企业、经商等,有些人的生意从西北地区的边陲小镇做到沿海大城市,从国内做到国外。由此可见,只要机会平等,农牧民就可以通过公平竞争得到发展。

3. 讲求等价交换

市场经济本质上是交换经济,也就是交换的参与者拿自己的财产或产品进行交换的经济。在大多数情况下,一方的所得都必须有相应的付出,但也不排除在垄断的情况下,所得与所失的不对称问题依然存在。市场经济的这个特点,决定了市场经济体制既能产生非道德的力量,更能生长出道德的行为。因为在市场经济中,交换者是拿自己的财产或产品进行交换。卖方一定要尽可能地提高价格,因为提高的部分都为他个人所得;而买方,则一定要尽可能地压低价格,减少的付出也为他个人所得。买卖双方共同的努力结果是将价格控制在大家都能接受的水平上,此时商品的供给量与需求量相等。由于卖方按照商品的边际成本报价,买方则按照商品的边际效用出价,此种供给量等于需求量的价格,既反映商品的边际成本,又反映商品的边际效用。正是由于买卖双方都是利润最大化和效用最大化的追求者,所以他们只能按照等价交换原则进行交易,换一种其他交易方式都会导致他的利润或效用的减少。

等价交换原则体现了经济活动中的公正原则,具有一种驱人为善的力量。随着等价交换原则的确立,人们将在市场经济的游戏规则中培育出新的伦理观念。交换者从公平交换中获得利益,并由此沉淀为符合市场经济规则的道德情感。反过来,公平交换原则的深入人心又将推动市场经济的进一步发展,从而促成市场经济体制与伦理水准之间的良性循环。当然,在市场经济中,也会出现唯利是图、见利忘义的非道德现象,但这种现象不会占据主导地位。因为在竞争和市场化作用下,违背等价交换原则也将损害交换者自己的利益。

在市场经济中,交换行为是自主自愿的,这就必然要求经济主体之间保持一种平等关系。这是因为,经济活动主体若有尊卑高下之分,并且卑者要为尊者牺牲利益的话,等价交换将无法进行,从而阻滞整个经济活动的有效展开。正是市场经济体制中"经济人"人格的平等,使平等成为市场经济的当然之则。①

西北农村地区的农牧民在历史上就有公平交易的传统,但在计划经济条件下,由于市场的关闭使人们失去了对自己农牧产品价值的深刻认识。在市场经济的大潮中,人们也逐步认识到了农牧产品自身具有的市场价值,他们在市场上,平等交易,等价交换,不仅满足自己家庭的生活需要,而且赚取利润,把生意做大做强,谋取更大的发展。从我们的调查来看,西北地区少数民族群众中的一些生意人,在 20 世纪八九十年代,主要在具有相同宗教信仰的民族地区做生意,在历史跨入 21 世纪以后,他们逐步走向东南沿海发达地区以及世界各地,他们不仅把自己民族的产品销往外地,而且也把其他地方的产品带回家乡销售,公平交易使市场活跃、产品丰富,等价交换使人们之间的平等、尊重变为现实。

4. 讲求契约信誉

市场经济活动中的等价交换,已完全打破了传统交换过程中熟

---

① 成智荣:《中国社会转型时期制度伦理的价值取向研究——以城乡关系为例》,2006 年西北师范大学硕士学位论文,第28—29 页,引用中部分内容作了修改。

人与陌生人的区别,大量的交换活动发生在陌生人之间,熟人信誉也逐步转变为契约信誉。由于交换范围的扩大和形式的多样化,交换双方都需要在诚信的基础上,相互签订合约、合同等契约,才能保证交换的合法性和合理性,也才能避免交易的高成本。从表面上看,契约信誉与传统的熟人信誉相比,好像缺乏人情味,但契约却保证交换双方的权利与义务相互平等,且具有法律效力。如果有一方毁约,另一方可以通过法律维护自己的权益。法律是道德的底线,它有助于人们在守法的基础上能更好地遵守道德。所以,契约信誉要求人们的底线是遵守法律,并长此以往,能养成更好的道德诚信的品质或道德情感。

西北地区的农牧民在市场交换的过程中,不仅发扬了淳朴的公平交易、信誉至上的道德传统,而且随着市场经济的不断发展与成熟,他们也在逐步接受契约信誉、依法经营、合理生财等现代人必须具备的优良道德品质。我们的调查也显示,他们在遵守法律,重视合同、契约的同时,也更加注重诚实、信用、信誉等道德品质的实践养成。

二、改革开放以来西北农村地区经济活动各环节中的伦理思想

市场经济的发展与我国改革开放的历史是紧密联系在一起的。农村市场经济制度或体制中的伦理思想是从宏观层面进行研究,而农村经济活动各环节中的伦理思想则是从中观层面研究。改革开放以来,农村经济活动中的伦理问题具体表现在生产、分配、交换和消费等各环节。

根据我们对西北五省区10个调查点问卷调查的统计结果显示,

这一地区目前的基本经济情况大致如下:农民一年的年收入最少的大致在2000元,最多的在100000元左右,平均20474.35元(如图1—1所示)。

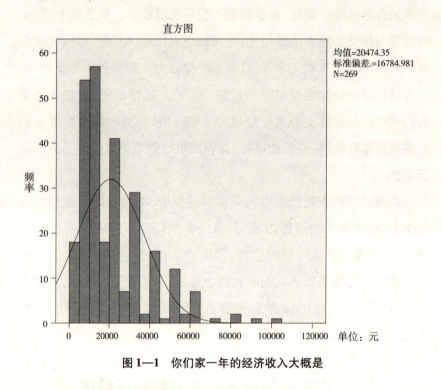

图1—1　你们家一年的经济收入大概是

经济收入的主要来源有三方面:一是种植业,占被调查总人数的56.7%;二是外出打工,占36.7%;三是养殖业,占29.8%。种植业主要以种植蔬菜为主,占58.8%;其次为果树,占18.5%;再次为棉花,占13.4%。外出打工受益最大的工作是做建筑工人,占39.2%;第二位的是餐馆服务人员,占19%;第三位的是摘棉花,占17%;其余为商业服务人员、修理行业服务人员等。养殖业主要是养鸡、羊、牛等。普通农户一般养鸡1—10只,大约占57.9%,作为家庭生活的一种补充。养鸡专业户最少的有50只,占2.6%;最多的1000只以上,占 1.3% ;中间的有 200 只,占 3.9% ,400 只的占 1.3% 。普通农户养羊的一般在 1—7 只,大约占 54.9% ,而养羊专业户一般在 10—60 只,最少的 10 只,占 8% ;最多的 60 只以上,占 1.8% ;中间的有 20 只的占 11.5% ,30 只的占 7.1% 。普通农户养牛 1—2 头的占 76.3% ,养牛专业户一般在 3—10 头,最少的 3 头占 9.7% ;最多的 10 头,占 1.1% ;中间的有 4、5、8 头的各占 3.2% 。农民掌握的技术主要有科学种植 36.2% ,科学养殖 30.2% ,烹饪 12.8% ,机械修理 11.1% 等。

在农民经济活动中的经济伦理思想集中体现在生产领域中土地流转的公平问题、分配领域中的性别公正问题、交换领域中的诚实与信用问题、消费领域中的节俭与适度消费问题等。

(一)生产领域中土地流转的补偿公平

改革开放以来,农民与土地的关系发生了重大的变化。在改革开放初期,广大农民基本上以农业为主,其他经济作物种植业、养殖业、副业等为辅,农民以土地为生存的根本。在 1992 年我国确定发展社会主义市场经济后,乡镇企业如雨后春笋般地发展起来,一部分农民开始在乡镇企业工作,离土不离乡。在 20 世纪 90 年代末期至今,许多农民外出打工,进入城市工作,农民既离土又离乡。但是,农民在离土离乡的情况下,并没有放弃土地,因而土地的流转现象就成为农民生活中的重要问题之一。

我们的调查结果显示,"在农民外出打工时,土地由谁来耕种"的问题上,有 52.9% 的人首选父母,有 33.8% 的人选择妻子,有 38.7% 的人选择邻居等(详见表 1—1)。在父母和妻子耕种土地时,由于是自家人,收获多少就是多少,不存在土地使用补偿问题,但当土地由邻居或其他人使用时,就会提出土地的补偿问题。

表1—1　你外出打工时,你们家的土地谁来耕种

土地谁来耕种	第一选择		第二选择		第三选择	
	人数（人）	百分比（%）	人数（人）	百分比（%）	人数（人）	百分比(%)
父母	136	52.9	4	5.4	1	3.2
妻子	80	31.1	25	33.8	1	3.2
子女	19	7.4	13	17.6	4	12.9
亲戚朋友	15	5.8	23	31.1	9	29.0
邻居	6	2.3	7	9.5	12	38.7
外地人	1	0.4	2	2.7	4	12.9
合计	257	100.0	74	100.0	31	100.0

资料来源:2011 年 7—8 月项目组调查问卷统计数据。文中属于本次调查问卷的统计数据不再一一注出。

在我们问到,"你们村有土地流转现象吗"的问题中,有55%的人选择"有",选择"没有"的占 13.3%,选择"不清楚"的占 31.7%。在回答"有"的人中,选择"转包"的占 37.8%,选择"租赁"的占 22.7%,选择"互换"的占 23.1%,选择"转让"的占 16%,选择"股份合作"的占 0.4%(详见表1—2)。这表明农村土地流转的形式是多种多样的。其中,"转包"是指把土地的承包权由原来的承包人转包给某个种粮大户或某一生产组织,然后由承包者再给原承包人以适当的经济补偿。"租赁"则是指土地的承包权不变,但承包人把土地的使用权租赁给他人,然后租赁者给承包人一定的土地租赁费。"互换"主要是为了耕种方便或申请宅基地时出现,其中一方的土地位置靠马路两边,生活比较方便等。"转让"是所有权和使用权都发生变更,如土地被政府或开发商征用等,实际出让了土地的所有权与使用权。"股份合作"指个人拥有的土地以股份的形式入股,进行合作生产,然后按股份进行年终分配。在土地流转的多种形式中,"转

包"、"租赁"、"股份合作"和"转让"等形式中存在着大量的公平
问题。

表1—2　据你所知,你们村的土地主要有哪些流转方式

土地的流转方式	人数(人)	百分比(%)
转包	90	37.8
租赁	54	22.7
互换	55	23.1
转让	38	16.0
股份合作	1	0.4
合计	238	100.0

1. 土地"转包"、"租赁"中的补偿公平

公平、公正、正义是同一含义的概念,只不过,公平是公正的通俗
表达,正义是公正的理想表达。在西北农村地区人们通常使用的都
是公平概念,我们这里也是用公平来作为公正和正义的表达。究竟
什么是公平? 西北农村地区的人们认为,公平就是一杆秤,是交换双
方或买卖双方之间在平等协商的基础上,达成意向,自愿交换,彼此
认可。当然这种认可也包括市场的认可或公众的认可。

公平是农民权利意识的觉醒。在市场经济的大潮中,农民也逐
渐地意识到自己的劳动价值与别人劳动价值的相等性,在市场交换
的过程中,自觉维护自己的劳动权益和应得的经济利益。我们在走
访新疆阿瓦提县阿依巴格14大队村委干部H(汉族,35岁)时,
他说:

相比以前,表面上看起来人们自私了,没有以前单纯、大方。
从深层理解,是市场经济涉入了农民生活的方方面面。在我看
来,许多农民以前大方主要是许多东西都卖不出去,没市场,自

己吃又吃不完，不如送给亲朋好友、邻居，比如树上的杏子、苹果等等，甚至很多时候也让陌生人吃，表面上很热情、大方。还有以前人们没有大型机械耕地、收获粮食，只能靠各家各户协同劳作，才能干完农活，所以，施舍、互助非常有必要，能笼络人心，紧要关头还要用人，随便找个帮忙的人也容易。所以人们常说，远亲不如近邻嘛。现在市场大了，农民的"私心"也被市场引出来摆在桌面上了。大家亲眼所见，因为有了市场，只要是有用的东西，拿出门几分钟之内就可卖掉。有的人说，我们这儿的维族人没钱花了，随便抱家里一只鸡，拿出去20块钱马上就卖了。我说的这个例子是个案，不是普遍的。言外之意是说，农民认识到了农产品在市场上的用途和价值，不仅仅是送人，做人情。所以说，"私"是市场化的结果之一。另外，随着农业机械化，不需要大量的人力在田间劳作，各干各的，完全可以。互不干涉，互不依赖，离开你的帮助我完全可以活下去，所以，施舍、互助等传统上看优秀的东西这时候就不管用了。表面上看，农民们的道德品行随着生活水平的改进，许多传统美德好像被抛弃。实质上是市场意识深入农民的心，深入农村的一草一木，农民、农村的思维已经开始市场化。……农民不再施舍，那是认清了产品中包含着自己的血汗，是权利意识的提升，是公平、公正观念的内化。

在农村土地的"转包"、"租赁"的问题上，农民的公平意识表现得非常突出。他们在双方自愿、合作的基础上，采取双方共同认可的方式，达成协议。这里的公平是指相互掂量、相互协商、相互认可的。具体表现在协议的签署、返还的金额、平等交换等方面。

在土地"转包"或"租赁"问题上，普通农牧民认为，这是有利于双方或多方的事情。如新疆塔城市和布克赛尔蒙古自治县夏孜盖乡

托热特村农村教师 M(汉族,31 岁)谈到:

> 随着一部分人转入城市,村里的人少了,剩下的承包的土地就更多了。老年人不种地,将地往外承包。对于年轻人,更愿意将地包给大老板,实行大规模的机械化作业。目前,我们已经意识到小规模生产的弊端,例如:滴灌、喷药、施肥、收获等生产环节小规模经营成本偏高,分散经营又不好管理。我们家有六十亩地,承包出去,每亩最少 1500 元左右,合计每年 90000 元收入,并且自己能在外做其他事,也能挣一笔钱。

在土地"转包"或"租赁"的方式问题上,调查结果显示,首先是采取"书面协议,找熟人担保"的占 30.8%;其次是"口头约定"的占 28.2%;再次是"口头约定,但要人作证"的占 23.7%;最后是"签订合同,到国家主管部门认证"的占 17.3%(详见表 1—3)。

表 1—3　如果你的土地租赁给别人耕种时,一般采取什么方式

土地的流转方式	人数(人)	百分比(%)
口头约定	75	28.2
口头约定,但要人作证	63	23.7
书面协议,找熟人担保	82	30.8
签订合同,到国家主管部门认证	46	17.3
合计	266	100.0

表 1—3 中,占比例最高的是"书面协议,找熟人担保",这表现出了社会转型过程中传统与现代相结合的一种办法。"书面协议"是市场经济中契约信誉的一种方式,而"找熟人担保"是传统熟人社会的一种方式,两者结合,才能相互认可。除此之外,还有"口头约定"或"口头约定,但要人作证"等,都是绝大多数农民能够接受的方式。占比例最低的是"签订合同,到国家主管部门认证",这一比例

的提升还需要市场经济的进一步成熟与发展。这表明,当前西北农村地区的农民正处于传统与现代的社会转型过程之中。

土地"转包"或"租赁"的补偿方式。在"一年的租费如何计算"的问题上,主张"返还粮食"的占 27.7% ,主张"给现金"的占 72.3% 。由此可以看出,在西北农村地区,绝大多数农民愿意以现金结算作为补偿的主要方式。在"一亩地一年返还多少斤粮食"的问题上,回答最少的 40 斤,最多的 600 斤,平均 234.11 斤,其中,在 100 斤的占 20% ,200 斤的占 21.8% ,300 斤的占 18.2% 。在"一亩地一年返还多少元钱"的问题上,回答最少的 15 元,最多的 4000 元,平均值 421.94 元。租赁费用的不同取决于多种因素,如土地的地理位置、旱地还是水浇地、土地的用途等。如土地用来种粮时,旱地收成少,补偿较低,如一亩地 15 元等。水浇地收成好,补偿也较高,如一亩地 100 元等。如果用来种蔬菜,尤其是用作塑料大棚,收入可观,补偿费用也比较高,如 4000 元等。补偿中的公平问题是通过相互协商来解决的,协商双方在权利和义务方面是对等的,这体现出双方公平解决问题的诚意与善意。在土地"转包"或"租赁"问题上,矛盾纠纷不是太多。

2. 土地转让中的补偿公平

在农村,土地转让问题一般发生在城郊或集市相对发达的地方,还有些则属于国家基本建设用地。根据我们的调查显示,在土地转让问题上,农民的愿望与实际达成的补偿之间差距比较大。在"你们村土地被政府或开发商征用时,每亩地给多少补偿"的问题上,回答最少的给 30 元,最多的给 81500 元,平均为 22375.33 元。那么,"农民希望补偿多少",最少的 100 元,最多的 700000 元,平均 48631.98 元。农民希望的比实际补偿的几乎高出许多倍。

在土地转让问题上,农民与相关部门或开发商的矛盾比较突出。

如相关部门或开发商主要考虑的是自己征地、建设、补偿等经济利益问题,对补偿标准尽量控制在相对比较低的范围之内。但农民也从自身的利益出发,考虑到土地的出让关系到他们的长期生存问题,如果补偿太低,就意味着农民将来的生活无着落,农民千方百计要维护自己的权益。如果相关部门或开发商利用权力,迫使农民接受相关条件,双方必然会产生矛盾纠纷,以至于动用武力,伤及无辜,或者出现对峙现象,互不让步。

我们在走访新疆塔城市和布克赛尔蒙古自治县夏孜盖乡托热特村 W(汉族,38 岁)时,他谈到铁路占用耕地补偿问题时说:

> 政府给我们补了一部分,还有一部分没有补完。乡政府把30% 存入村里的账户,说要搞别的建设。至于后来怎么办了,我们都不太清楚。有一户去乌鲁木齐告了,直到现在也没戏。村民们都认了,政府给你两个就是两个,胳膊拧不过大腿,你想告也告不成。说句不爱听的话,村民们内部互相扯皮,不能团结起来应对问题。不占地的就根本不管这个问题,抱着多一事不如少一事的态度;占地少的,也就不怎么争,因为给多给少对他诱惑不大,他才不去掺那浑水;占地多的,补偿不好,以后的生活都有问题了,所以誓死护地,要求合理补偿。然而,像大量占地的户数并不多,也就那么几家,势单力薄,折腾来折腾去,啥也没干成,还让乡政府将其看做刁民。我们不是联合起来闹事,反国家反社会,而是维护团体的利益,维护我们自己的合法利益,维护我们应有的权利。不好的是,我们的群众的觉悟太低,明哲自保,钩心斗角,内部分散,最终吃亏的还是大伙儿。

针对如何解决土地转让中的纠纷问题,我们建议要坚持公平的原则,实行合理补偿。

第一,有法可依。对于国家建设用地或开发商用地,都要依据法律法规的相关规定,实行合理补偿。如果无法可依的,要同村民平等协商,一次无果,可以协商两次或多次,尽量争取和平达成协议,如果确实无法达成协议的,可以采取法律调节或判决。但是,不能动用武力,简单粗暴地解决问题。

第二,第三方承担补偿估价。对于补偿价格差距太大,又无法协调的,也没有法律、政策、文件等可作为依据的,可以采取第三方承担补偿估价的方法解决问题。

(二)土地权益问题上的性别公正

调查显示,农村土地等生产资料的分配主要以按人头分配为主。在"你们村的耕地是如何分配的"问题上,回答按人头分配的占77.6%,按劳动力分配的占12.3%,不清楚的占10.1%。在"你们村的林地是如何分配的"问题上,回答集体管理的占40.3%,个人承包的占38.0%,按人头和户分配的占21.7%。土地的分配及长达30年或70年的使用权使农民非常满意。现在的问题主要表现在土地权益的性别公正问题上。

根据我们的调查,农村女性在分配土地时,如果未婚,土地就在娘家分配;如果已婚,土地就在婆家参与分配。当土地分配过后,女性嫁入婆家,土地也不能从娘家带走,由娘家人耕种,女性到婆家后,由于没有土地而受到不同程度的歧视。这样,她们把自己获取家庭地位的筹码押在生育孩子身上,如果生个男孩,可以传宗接代,女性在婆家自然就有了地位;如果生个女儿,就还需要再生,直到生了儿子才能满足。这无形中强化了男尊女卑的传统思想。如我们在走访新疆阿瓦提县阿依巴格14大队村委妇联主任 W 时,她说道:

> 我嫁过来10年了,没有一分地。原来分给我的田地娘家兄弟们种着,到婆家,这边村上又没可分的地,包括我的孩子也没

地。婆家的土地还是婆婆、公公、丈夫、孩子姑姑（已出嫁）的。前几年我们妇联上也说起过这个问题，但也没什么结果。大家都不同意再分地，村上人们说，嫁出去的女儿泼出去的水，没有土地是合理的。国家一直提倡男女平等，在城市，男女都在工作，女性经济上完全可以独立，基本上不依赖对方，实现平等很有可能。然而在农村，地属于婆家，也就是说属男方的。说一句你见笑的话，我们女性到婆家最重要的就是生个娃，抚育孩子，协同丈夫操持家业。生个男孩子还好说，生个女孩家里人都看不起。没有土地，也就没有经济基础，在家中就没有合法的地位。前些年有离婚的妇女，离婚了走人就可以了，基本上没有你的财产，如果娘家条件再不好，或者不管不理，那只有漂泊、流浪，打工度日。国家政策是土地承包30年、70年不变。我嫁了，土地又带不过来，家人也不愿意给，因为大伙都不给出嫁了的女儿。这样就给农村妇女带来了很多问题，没有地位，男主女从，形式上男女是平等的，实质上差别很大。造成这类问题是国家土地政策与农村人口流动不相符合导致的，也是人口过多引起的，还有就是传统因素影响，如男权社会、大男子主义等。

宁夏回族自治区中卫市沙坡头区史湖村村民 R（汉族，30岁）也这样说：

> 我嫁出去了，娘家的地哥哥嫂子种。来到史湖村已经18年了，刚来赶上分地，后来到我的两个孩子就没地了。婆家这边，小姑子嫁出去了，地留给我们了。所以，女孩子出嫁，地永远在娘家。

在土地不能再分、又没有生儿子的前提下，农村妇女要想获得家庭中的地位，就必须自己创业。我们在走访新疆阿瓦提县阿依巴格14大队村委妇联主任 W 时，她说道：

2008 年左右,国家支持妇女创业,提供贷款,我征得丈夫同意,抵押家产贷款搞养殖,主要是养鸡,我们这里有维族,大家都不养猪。高中学了点文化知识,也能看懂养鸡的一些书本资料。几年来,我已经养了 2000 只了,这也是家里的一笔收入。公公婆婆有养老保险,单独过,我们只是提供一些生活日用品。地里忙的时候,我和丈夫一起下地,雇用一些人,从地里忙回来丈夫帮我给鸡拌饲料。现在孩子大了多少也能帮点忙了。我对这种分工很满意,因为我这样做在家里有地位,也有说话的权利,能分担家里的困难。

宁夏回族自治区中卫市沙坡头区史湖村村民 R(汉族,30岁)说:

原来和我一起出嫁的那些姑娘,以前家庭条件也不好,现在她们有的卖菜、卖服装等,收入都比我高,家里条件也好。虽然她们有钱了,但朋友还是一样的好。我有困难,她们也常来看我、帮我,我时常也过去看她们。

农村妇女搞养殖、卖菜、卖服装、开商店、搞多种经营等,获得一份属于自己的劳动收入,依此立身,这成了当今农村妇女的重要选择。

如何正确解决土地分配中的性别公正问题,我们建议,需要从法律、土地政策的调整以及支持妇女贷款进行创业等多方面予以解决。

第一,要解决政策与法律之间出现的矛盾,使政策服从法律。"1995 年,农业部出台的'增人不增地,减人不减地'以及土地承包三十年不变的政策,对于稳定农村的土地制度,鼓励农民保护土地,增加农业投入起到积极作用。但这一政策对性别因素考虑甚少,没有考虑既定的'从夫居'婚姻结构条件、政策的实施对不同性别的影响。而且这项政策与《中华人民共和国妇女权益保障法》的有关财产权益条款相矛盾。该条款规定：妇女结婚离婚后，其责任田、口粮田和宅基地等，应当受到保护。"①

第二，对土地承包政策在十年左右适当作出调整。在调查中，我们问道，"你认为土地承包年限多长时间比较合适？"回答永久性的农民占51.8%，30年的占37.6%，70年的占10.6%。农民更多地希望永久性地拥有土地。对于农民渴望永久性地拥有土地的愿望无可厚非，但为了实现土地的分配公正，在五年或十年左右的时间做一次微调，还是必要的。其标准就是按照户籍人口的变动，收回已消除户籍人口的土地，以适当比例分配给新拥有户籍的人口。使有户籍者有地可种。在我们的走访中，有村民认为，"我觉得应该在三年内实行土地的小调整"。也有人认为，"应该五年或十年作出一次小调整"。

第三，支持妇女小额贷款，帮助她们发展种植业、养殖业以及其他家庭副业等，帮助她们拥有一技之长。这些使妇女能够在经济上独立，有自己的经济收入，过上有尊严的、体面的生活，以便改变一味地服从、依附的地位。这一方面的成功例子比较多，但范围不广，希望进一步拓展，给农村妇女以发展的希望，使农村男女都能享受到改革开放带来的成果。在我们走访一位甘肃陇南的女性村民时，问到"你愿意在本地就业还是去外地？为什么？"她回答说，"我还是想在本地干，因为自己结婚了，父母年龄也大了，在本地离家比较近，能照顾家庭。"问另一位女性村民，"如果有合适的条件，你最想去干什么工作？或者说你对哪种职业比较向往？为什么？"她说，"我最想成为一个种植大户或者养殖大户。这样的话能带动更多的人去发展养殖和种植，还能为其他老百姓提供一些就业机会，帮助更多的人。"

---

① 李慧英：《社会性别与公共政策》，当代中国出版社2002年版，第121页。

问:"你对你以后的发展有什么规划？打算怎么去实现?"答:"我在建筑工地干电工,虽然也没有太大的发展前途,但我还是想把电工的技术学好,学精通了再带一些徒弟到大型的建筑工地去干。现在我买了些《电工手册》之类的书边干活边看,等技术熟练了自然就有好的发展了。"农民有发展的愿望和想法,希望相关部门能够提供更多的资金和技术等方面的支持。

(三)交换领域中的诚实与信用

在西北农村地区,由于受传统儒家伦理文化的影响,在交换领域存在礼俗传统,熟人信誉的历史传统,随着市场经济的发展,等价交换、契约信誉也逐步被人们接受与认可。在访谈中,我们问道,"你认为做生意时应该具有怎样的道德素质?"甘肃省陇南市武都县隆兴镇蛇崖村的一位村民回答:"我呢,本身就是个生意人。所以我觉得首先要买卖公平,其次是货物的质量要有保证,价钱要合理。其实最重要的还是要讲信用,不贩卖假货。"农民朴实的语言中道出了市场经济交换领域需要的基本道德:买卖公平,质量有保证,价格要合理,要讲信誉,不贩卖假货等。

那么,现在市场交换中人们的道德品行到底如何呢？我们在访谈中问道,"你觉得人们在经济活动中的道德品行怎样",这位农民认为,"很不好。尤其我们村花椒产业比较好,贩卖花椒的外来人多,他们常常短斤少两收购,但是有的人也掺假,所以在以发展经济为中心的今天,道德品行都不高。自我们村成立花椒协会后,上面政府又出台政策,打击短斤少两和掺假行为,我们感觉到只有规范了市场才能实现公平交易。"农民对短斤少两、掺假行为等极为愤恨。当我们问道,"在经济活动中,比如收药材,对于出现的短斤少两现象,你是怎么看的",一位村民回答,"作为生意人,说明他的素质低,不够诚信,我觉得这种现象不应该发生"。我们又问,"你觉得应该怎样解决这种问题",他回答,"买卖就要公平,当然从道理上来讲,不应该欺骗别人,应该以诚信为重。可并不是每个人都这样想的,所以我想还是需要自己约束自己,提高自身的素质,做到诚信交换。"诚实和信用是交换中的两个重要问题。

在农村市场上,货物价格便宜,相对城市而言,假货、次品也就多一些。在我们的调查中,当我们问道,"你在购买商品时,最看重的是什么"的问题上(见表1—4),在首选项中,有52.7%的人看中的是价格便宜,在其次的选项中,有58.8%的人看中的是质量好,在其三的选项中,有71%的人看中的是牌子亮。正是由于农民收入相对较低,想购买价格便宜的商品,有些商家不讲诚信,假货或假冒伪劣产品充斥农村市场。

表1—4　你在购买商品时,最看重的是什么

购买商品时最看重什么	第一		第二		第三	
	人数（人）	百分比（％）	人数（人）	百分比（％）	人数（人）	百分比（％）
价格便宜	148	52.7	83	33.9	8	6.1
质量好	122	43.4	144	58.8	5	3.8
牌子亮	10	3.6	15	6.1	93	71.0
价格高	—	—	2	0.8	6	4.6
无所谓	1	0.4	1	0.4	19	14.5
合计	281	100.0	245	100.0	131	100.0

在与熟人或陌生人交换的问题上,现在农民注重的到底是什么?我们的调查显示,在"你在与熟人买东西时,讨价还价吗"的问题上,主张讨价还价的占46.6%,不讨价还价的占53.4%。不讨价还价的

比讨价还价的高出 6.8 个百分点。那么,我们进一步追问,"不讨价
还价的原因是什么",有 38.4% 的人认为熟人之间交换有信誉保障,
有 19.2% 的人怕伤面子,有 17.2% 的人认为熟人之间义重于利,有
9.3% 的人认为熟人之间关系好处,有 15.9% 的人认为不好说。"与
熟人交换最看重的是什么",第一是人格信用,占 24.5%;第二是互
惠互利和公平合理,各占 18.9%;第三是诚实信用,占 43.6%。显
然,诚实信用占的比例最高(见表1—5)。

表1—5　你认为熟人之间的交换最注重的是什么

熟人之间交换最注重什么	第一		第二		第三	
	人数(人)	百分比(%)	人数(人)	百分比(%)	人数(人)	百分比(%)
重义轻利	65	23.5	3	1.5	1	0.6
血缘亲情	22	7.9	18	8.7	3	1.8
身份等级	5	1.8	3	1.5	——	——
人格信用	68	24.5	32	15.5	9	5.5
重情面	11	4.0	24	11.7	11	6.7
平等交换	24	8.7	26	12.6	11	6.7
互惠互利	18	6.5	39	18.9	26	16.0
公平合理	14	5.1	39	18.9	27	16.6
诚实信用	44	15.9	22	10.7	71	43.6
不好说	6	2.2	——	——	4	2.5
合计	277	100.0	206	100.0	163	100.0

如果讨价还价的话,"讨价还价的原因是什么",认为熟人之间
也应该平等交换的占 54.6%,熟人之间交换也应该有信誉保障的占
19.2%,不好说的占 26.2%。由此可见,熟人在经济利益面前也应
该平等交往。

在"你在市场上与陌生人买卖东西时,讨价还价吗"的问题上,

认为讨价还价的占 87.2% ,不讨价还价的占 12.8% 。讨价还价的比不讨价还价的高出 74.4 个百分点。那么,"讨价还价的原因是什么",认为陌生人之间相互平等的占 43.5% ,陌生人之间没有信誉保障的占 42.3% ,不好说的占 8.8% ,与陌生人关系不好处的占 5.4% 。而"不讨价还价的原因是什么",有 37.5% 的人认为陌生人之间相互平等,有 25% 的人认为陌生人之间交换有信誉保障,有 18.8% 的人认为陌生人之间关系好处,有 18.8% 的人认为不好说。"与陌生人交换最看重的是什么",认为第一是平等交换,占 30.3% ;第二是公平合理,占 36.8% ;第三是诚实信用,占 47.3% (见表1—6)。诚实信用占的比例也是最高。

表1—6　你认为陌生人之间的交换最注重的是什么

陌生人之间交换最注重什么	第一		第二		第三	
	人数（人）	百分比（%）	人数（人）	百分比（%）	人数（人）	百分比（%）
重义轻利	19	6.9	—	—	1	0.7
血缘亲情	6	2.2	—	—	—	—
身份等级	6	2.2	4	2.0	—	—
人格信用	55	19.9	12	5.9	6	4.1
重情面	2	0.7	1	0.5	2	1.4
平等交换	84	30.3	44	21.6	7	4.7
互惠互利	35	12.6	43	21.1	22	14.9
公平合理	22	7.9	75	36.8	39	26.4
诚实信用	40	14.4	23	11.3	70	47.3
不好说	8	2.9	2	1.0	1	0.7
合计	277	100.0	204	100.0	148	100.0

从以上调查中,我们可以看出,无论是与熟人还是与陌生人交换,农民最看重的都是诚实信用。诚实要求货真价实,价格合理,信

用要求产品介绍和产品质量一致,诚实信用要求等价交换,公平交易,反对欺诈行为。这表明市场经济的发展已经使农民形成了交换领域的基本道德价值判断标准。当然,在农村交换领域,也存在着传统与现代观念的交织,如与熟人讨价还价的比例明显低于陌生人等。

在与其他人的经济交往关系中,西北农村的农民究竟如何处理这些关系呢? 我们的调查显示,在"如果有人向你借一笔钱,你会借吗"的问题上,有48.2%的人看借给谁,有23.2%的人"借,但必须要打欠条";有17.1%的人"借,但必须打欠条,而且要找熟人担保";有5.0%的人"说不清";有3.9%的人"无论如何都不借";有2.5%的人"借,但必须到公证处公证"(见表1—7)。

表1—7 如果有人向你借一笔钱,你会借吗

有人向你借一笔钱,你会借吗	人数(人)	百分比(%)
无论如何都不借	11	3.9
借,但必须要打欠条	65	23.2
借,但必须到公证处公证	7	2.5
借,但必须要打欠条,而且要找熟人担保	48	17.1
看借给谁	135	48.2
说不清	14	5.0
合计	280	100.0

对表1—7问题的回答,我们可以看到,占比例最高的选项是"看借给谁",这里体现出农民处理相互关系的道德原则,即区分亲疏远近,采取内外有别的判断标准。先是亲人、然后是朋友,最后是其他人。这表明传统儒家伦理的影响还十分深远。当然,我们也看到市场经济发展的影响,如"借钱必须要打欠条"、"必须到公证处公证"等都体现出了契约观念与尊重法律的现代意识,尽管比例还比较低。

在解决经济纠纷的问题上,西北地区的农民也发生了很大的变化。当我们问道,"如果有人借了你的钱赖着不还,你会怎么办",有30.0%的人"找村委会或村党支部解决";有27.6%的人"通过打官司解决";有17.7%的人"反复追讨";有15.2%的人"托熟人解决";有6.4%的人"忍了算了";有1.4%的人"找一帮人来硬的";有1.8%的人找其他办法解决,如商量一下或数量少就不要了等(如图1—2所示)。

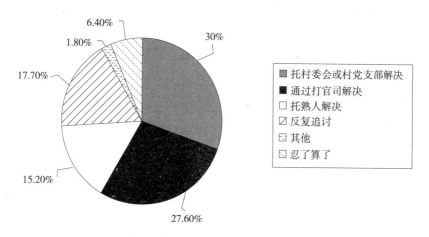

图1—2 如果有人借了你的钱赖着不还,你会怎么办

在这个问题上,我们也可以看到农民的变化。在传统社会,人们解决经济纠纷的办法更多的是求助于熟人、亲戚、朋友等,很少求助于法律或去法院打官司,人们认为这是很丢脸的事。但现在人们也看到了利用法律武器维护自身的权益,找村委会解决或打官司解决等办法。当然还同时存在着"托熟人解决"、"忍了算了"等办法。

在如何获取钱财的问题上,西北地区的农民有什么样的判断标准呢?在"如果你们村有人不择手段地获取钱财,你怎么看待"的问题上,有46.8%的人认为"如发现手段不正当,立即举报";有23.8%

的人认为"没良心";有 16.0% 的人认为"不牵涉我的利益就可以";有 10.3% 的人认为"只要能得到钱,就算人家有本事";有 2.1% 的人认为"向他学习,想方设法获取钱财";其他的占 1.1%(见表 1—8)。其中,绝大多数人会采取"举报"或"没有良心"等道德的谴责,只有很少数的人持冷眼旁观的态度,而效仿者更是寥寥无几。

表 1—8　如果你们村有人不择手段获取钱财,你怎么看待

如何看待不择手段获取钱财的方式	人数(人)	百分比(%)
没良心	67	23.8
不牵涉我的利益就可以	45	16.0
只要能得到钱,就算人家有本事	29	10.3
向他学习,想方设法获取钱财	6	2.1
如发现手段不正当,立即举报	132	46.8
其他	3	1.1
合计	282	100.0

针对农村市场交换领域中存在的问题,我们建议:

第一,打击农村市场假冒伪劣产品,净化农村市场环境。从我们的调查中得知,农村市场假冒伪劣产品严重地威胁着农民的生产、生活及身体健康,如假种子、假农药、过期食品,质次价低的各种商品充斥市场。由于农民收入低,喜欢购买廉价商品,有些商家正是利用了农民的这一心理,以次充好,以假乱真,严重地破坏了市场中的公平交换。相关市场管理部门应加强执法力度,坚决打击假冒伪劣产品,切实维护市场秩序,维护农民的合法权益。

第二,加强市场管理,鼓励诚信交换。市场管理人员在执法过程中,对哄抬物价、短斤少两、欺骗消费者的行为应予以干涉,对严重违法者应移交有关司法机关予以惩处,对不道德的交换行为应予以批

评教育。要鼓励商户诚实守信,合法经营。

（四）消费领域中的节俭与适度消费

在消费领域,西北农村地区由于受儒家传统伦理思想的影响,无论是汉族还是少数民族群众都提倡戒奢勤俭。随着市场经济的发展,人们物质生活水平的不断提高,许多人对俭和奢的认识也发生了巨大的变化。"俭"的含义不再是单纯的节约,而是在争取过好日子的前提下,不铺张浪费,也不吝啬,该花的花,该节俭的节俭。"奢"的含义也不是单纯的恶,在婚丧嫁娶的大事上就要有一点奢,大事大办属于正常性消费,否则就会被人看不起。但是,如果奢到极端,消费的目的在于搞排场、炫富等就会受到人们的批评与指责。因此,农民的消费观念在保留节俭传统美德的同时,也逐步发展起来,量入为出、适度消费为主要的观念。在这种消费观念的影响下,农民勤劳致富,享受小康生活不仅没有人指责,而且被人羡慕。

在"据你所观察,你们村很多人有了钱首先做什么"的问题上,调查结果显示,有33%的人要做生意;有36%的人要买家里需要的东西;有26.2%的人要帮助乡亲们做点好事。这一调查结果表明,首先比例最高的是要添置家里需要的东西,提高家庭生活质量;其次是投资做生意,也就是说,农民在有了一定的资本以后,想进一步发展,去做更多的事,赚更多的钱;再次是要帮乡亲们做好事。从改善和提高自己的生活水平到帮乡亲们做好事,体现出当代农民自爱心与仁爱心的统一。

在"你对家庭支出的态度是怎样的"问题上,有42.8%的人认为"该花的花,不该花的不花";有39.2%的人认为"尽量少花";有17.0%的人认为"赚得多花得多,赚得少花得少";有1.1%的人认为

"有多少花多少，享受最重要"（见表1—9）。这一调查结果告诉我们，消费观上占主要地位的是量入为出和勤俭节约，而主张享受最重要的人数比例则非常低。

在"你认为，你们村人的消费行为发生变化了吗"的问题上，有51.6%的人认为变化很大；有41.6%的人认为有点变化；有5.3%的人认为不好说；只有1.4%的人认为没有变。显然，不同的回答与自己的经济状况变化与否或变化大小有很大的关系，但其中，认为变化很大或有点变化的人数还是占绝大多数。

表1—9　你对家庭支出的态度是怎样的

家庭支出的态度	人数（人）	百分比（%）
尽可能地少花	111	39.2
赚得多，花得多；赚得少，花得少	48	17.0
该花的花，不该花的不花	121	42.8
有多少花多少，享受最重要	3	1.1
合计	283	100.0

农村消费行为的巨大变化与经济收入的差距是紧密联系着的。消费行为的不同也表明贫富现象不均。如我们在走访宁夏回族自治区中卫市沙坡头区史湖村村民R（汉族，31岁）时，他说道：

> 我们村上贫富差距很大，有钱的人在中卫城里有一套房子，我们这郊区农村也有一套房子，还有车、舒适的工作，等等。有钱的人用钱挣钱，没钱的人用劳动力挣钱；他们一天能挣1000，我们连100都挣不了，这就是差距。我们和人家也没啥瓜葛，也不影响。起初，他们的资金也是辛辛苦苦挣来的，做事很有头脑，很有本事。挣到钱了，人际关系也就广了，来钱的路子也就多了。刚开始分地，大家都一样，差距不大。后来种大棚，就拉

开差距了。他们那些人聪明,大棚是他们先开始经营的,当时我们还种稻子。一年里他们卖了好几次菜,收入高,当我们也开始学种大棚技术时,他们的技术已经成熟了。现在我们种大棚的技术成熟了,可他们大多却转行了,有做生意的,有搞修理的。大棚有的自己种,有的包给别人了。差距拉大的根源就是他们想得远,看得准,脑子活,文化素质也高些。当我们看着某一行业挣钱容易时,那个行业已经没钱可挣了,他们也就转行了。我们经常落后,挣钱就少。我对贫富差距也没啥看法,谁勤劳,谁聪明,谁就挣钱,也不嫉妒,也不敌视。现在社会就这样,谁有本事谁挣钱,也公平,没什么怨言。

在"在你看来,你们村有排场消费的现象吗"这个问题上,有18.4%的人认为"有,很普遍";有54.4%的人认为"有,就一部分人";有21.6%的认为"说不准";只有5.7%的人认为"没有"(见表1—10)。

表1—10　在你看来,你们村有排场消费的现象吗

你们村排场消费的现象	人数(人)	百分比(%)
有,很普遍	59	18.4
有,就一部分人	154	54.4
没有	16	5.7
说不准	61	21.6
合计	283	100

那么,村民是如何看待排场消费的呢?我们在走访宁夏回族自治区中卫市沙坡头区史湖村村民R(汉族,31岁)时,他谈道:

> 人家挣钱人家花,我也没啥看法。我如果挣了那么多钱,也会摆个阔,风光一下。钱挣下就是花的,不花放下多冤枉。他们经常大办喜事,买车换房等大笔花销,让亲戚、朋友、邻居、村民

看了,都认为这人有本事,会挣钱,是家族的福气,大家都很美慕。进一步说,对于条件不好的,认为是炫富、摆阔,相对于他们有钱人而言,那是合理的消费,很正常,生活水平提高了,就得吃好喝好,日子过得风风光光,这样的生活谁都向往,有钱了谁不想过好日子?

在走访新疆阿瓦提县阿依巴格乡4大队村委书记M(维吾尔族,55岁)时,他说道:

> 这种现象比较少,人们花钱相对以前花得多了,消费也提高了,那主要是人们的收入提高了,所以生活水平也相应提高。孩子上大学,儿女结婚,都很节俭,没有大量胡乱花钱的现象。消费都是根据自己的经济状况进行的,我是村上的书记,偶尔出现摆阔现象,我们不是美慕、模仿、跟风,而是很讨厌,村上人也很排斥。我们有共同的信仰,约束着每一个人不要浪费,要节俭。

在"在你看来,排场消费的现象主要表现在哪些方面"这个问题上,有53.8%的人认为在"婚丧嫁娶";有17.1%的人认为"儿女升学";有12.7%的人认为是"过节";有10.5%的人认为是"追求时尚";有5.8%的人认为是"升官发财"(见表1—11)。

表1—11 在你看来,排场消费的现象主要出现在哪些方面

排场消费现象的具体表现	人数(人)	百分比(%)
婚丧嫁娶	148	53.8
儿女升学	47	17.1
升官发财	16	5.8
追求时尚	29	10.5
过节	35	12.7
合计	275	100.0

我们在走访宁夏回族自治区中卫市沙坡头区史湖村村民 Z(汉族,58 岁)时,她说道:

> 这种现象主要集中在婚丧嫁娶、大吃大喝、人情往来等方面。有钱的成千地送礼很正常。孩子多的,如果不大操大办,别人觉得你就不成,自己心里也过不去,许多家庭嫁娶花销上万的钱。也不好说是好是坏,大家都这样做。有钱人花得比较多,排场大;没钱的稍微不好点,但开销已经远远大于自己的收入和正常消费。但是,事情办完了,大家给个好的评价,心里觉得舒服。然后,就继续辛辛苦苦地挣钱。

在"你怎么看待你们村排场消费的现象"的问题上,有 38.5% 的人"不赞同,节约点好";有 30.5% 的人认为"赞同,亲朋好友聚一下,增进感情";有 25.5% 的人"比较赞同,大家都这样";有 5.5% 的人"很赞同,这是必需的"(见表 1—12)。

表 1—12　你怎么看待你们村排场消费的现象

怎么看待排场消费的现象	人数(人)	百分比(%)
很赞同,这是必需的	15	5.5
比较赞同,大家都这样	70	25.5
赞同,亲朋好友聚一下,增进感情	84	30.5
不赞同,节约点好	106	38.5
合计	275	100.0

我们在走访宁夏回族自治区中卫市沙坡头区史湖村村民 R(汉族,30 岁)时,她说:

> 村上炫富现象也有,大家都已经默认了。有些人自己也没多少钱,但为了面子,一次花销了几年存的钱。你如果没有那个排场,别人会笑话你的,说你小气、抠门。所以有的人虽然没多

少钱,也要想方设法撑足门面。

宁夏回族自治区中卫市沙坡头区史湖村村民 L(汉族,61 岁)也谈道:

> 现在的有钱人,不像以前的有钱人。以前的有钱人花销大了害怕的事也多,别人也会说闲话。现在的富人,只要家里有啥事,就张扬得不得了。成千上万地放烟花,吃喝的排场也很大。条件不太好的,也要让各方面吃好、喝好,这都在自己能力范围之外了。我们一直以来过紧凑日子,觉得要这个排场也太浪费了。而对于他们有钱人,钱不花放下做什么用?以前的人见面,不管条件好坏,都很亲热。现在不同了,你条件不好,亲戚都看不起你,有时候甚至连亲戚家的一口水都喝不上。站在我的角度上讲,这种现象太不好了。逼得年轻孩子互相攀比,只认钱,别的什么都不看。如果没有这种现象,年轻人会把更多的钱用于孝敬老人,教育孩子,做点好事。

在消费问题上,我们建议:

第一,改善生活,合理消费。农牧民通过自己的辛勤劳动,勤劳致富,过上小康生活,这与我们社会发展的目标是一致的。但是,我们并不主张炫富行为、排场消费或过度奢华消费。我们认为,消费可以拉动生产,但过度消费也可能阻碍生产,所以,我们希望农牧民在改善生活的前提下,合理消费,利用更多的资金扩大再生产,或者投资办其他产业、办教育等,争取发展有利于农村社会发展的各项建设事业。

第二,勤俭持家,反对浪费。已经富裕起来的农牧民,不仅在自己的家乡盖新房、买车等,而且有许多人在大城市买房、购置家产等。我们希望在通往幸福富裕的道路上,农牧民能坚持勤俭持家,反对铺张浪费,让生活变得越来越美好。

三、西北农村地区经济伦理变化的几个走向

通过对西北地区农村经济制度或体制伦理的宏观历史考察，以及改革开放以来各经济环节中伦理问题的中观研究，我们发现，这一地区农村经济伦理中的道德规范发生着变化，主要表现在：既讲求勤劳，也关注智慧；在市场经济条件下，仍然注重诚信；更加讲求公平与正义，积极维护自己的权利；把提高生活质量作为消费的指针等。这些变化一方面表现为农牧民的德性仍然保持着淳厚的本色，另一方面也说明农牧民正在逐步适应着新型的社会道德规范。这一研究可以看作是对当代农村经济伦理的微观研究。

（一）勤劳与智慧并重

"勤劳"在《现代汉语词典》中的解释为"努力劳动，不怕辛苦"①，从人们经济活动中的基本道德规范来讲，我们可以理解为勤奋劳作，即生产领域中的基本道德。从古至今，这一道德规范贯穿于农民的所有生产活动之中。如传统所说的"日出而作，日落而息"，"春耕、夏耘、秋收、冬藏"等都说明农民每天、每年的劳动时间与劳动成效。但勤劳在现代社会已不同于传统，它包含了更为丰富的内涵。如勤劳要以懂科学技术为前提，对市场的需求要有敏锐的观察力，对自身的发展要有前瞻性等。勤劳与聪明、智慧、科学、技术、能力等相联系，才能获得生存智慧。勤劳不仅不怕辛苦，努力劳动，而

---

① 中国科学院语言研究所词典编辑室编：《现代汉语词典》，商务印书馆1977年版，第830页。

且要会劳动,要运用理性智慧、科学技术知识,使劳动的成效显著,劳动的能力杰出或卓越。这就是说,智慧、科学、技术等不仅是工具理性,而且是道德理性或道德智慧。亚里士多德在《尼哥马科伦理学》中,就把德性区分为理智德性和伦理德性,理智德性就是指理性灵魂的优秀性,可以分为理论理性与实践理性,理论理性的德性主要包括科学、技术、理智、智慧,实践理性的德性主要包括明智、体谅等。伦理德性指非理性灵魂获得了理智的形式,才使非理性灵魂具有了德性。所以,科学、技术、理智、智慧等是理性灵魂德性的一部分。其中,智慧是贯穿于科学、技术、理智之中,是指它们的优秀性、杰出性和卓越性。由此可见,我们把科学、技术、理智、智慧等看成是农民美德的一部分,具有充分的理论依据。要做好一个当代农民,就必须具备一定的科学理论知识、技术知识、理解能力以及对市场经济的敏锐观察力等智慧,所以,勤劳与科学技术等理性德性是紧密联系在一起的。

我们的个案访谈也证实了这种看法。如我们在走访新疆阿瓦提县阿依巴格乡4大队村委书记M(维吾尔族,55岁)时,他说道:

> 首先要重视教育问题。我们这一辈最大的问题就是在教育上吃亏,由于文化程度低,对于先进思想、先进管理模式、先进的机械设备等不能及时接纳,主要是不懂。其次,要经常学习科学知识,开发适用于本地区、本种植区域作物的技术,不能等着别人把什么都做好了,我们用就可以了。那样成本高,有时候还会起反作用。此外,还要有市场意识,有投资预算意识,有风险意识、合作意识。现在我们种棉花,必须紧跟市场行情,不然就要亏本。每年投入多少,收入多少,要算好账,不能像以前那样是一本糊涂账。农作物种植本来就会受气候、自然灾害等不可抗拒的力量影响,再加上捉摸不定的市场,有一定的风险,所以我们必须建立风

险防御机制，必须合作起来，携万家的手，解一家的难！

他又说：

> 富人富起来的原因是他们爱劳动，不怕困难，勤劳致富，懂得
> 科学种田。例如，种枣树，从育苗、剪枝、喂肥等环节都必须使用
> 科学的方法。对于收益期，也要有预算。枣树从栽种到正常收
> 益，是十年周期。前三年，纯属育苗、护苗阶段，基本没有任何收
> 入，还要投入大量成本，这就需要有风险意识，有投资理念。从第
> 三年开始，收益逐年增加，到第十年收益一直稳定下去。所以说，
> 富起来的人是通过自己的汗水，通过自己周密的思考，科学种田，
> 增加了收入，改变了自己的生活。虽然这一部分人富起来了，但
> 还是非常热情地帮助家庭条件不好的人。没有富起来的这一部
> 分人也向富起来的人学习，主要就是文化程度太低，许多东西只
> 是模仿，有时候就出问题，文化程度好、技术熟练的人们就教，就
> 帮助。每一个维吾尔族同胞都是我们的好兄弟，我们不会相互歧
> 视。我们维吾尔民族是一个互助、团结的民族，是勤劳的民族。

新疆塔城市和布克赛尔蒙古自治县夏孜盖乡托热特村乡村教师
M（汉族，31岁）也说：

> 我们村存在贫富差距现象，但不是很明显。富起来的一部分
> 人，是通过自己的勤劳、智慧、技术等各个方面的优势先富起来
> 的，没有侵害他人的利益。村上的滴灌、沼气、大型机械、优质棉
> 种，都是他们先引进运用的。当他们技术成熟了，明显获利时，其
> 他人就跟上做，赶紧利用这些技术提高收益。所以，这一部分人
> 富起来，其他老百姓心服口服，并且从这些人身上间接获得利益
> 了，也把这些人当作致富的楷模。比较落后的人已经尝到改进生
> 产经营模式的甜头，想方设法改进技术，增加收益，这样就带动了
> 全村经济的发展。我觉得存在贫富差距是合理的，最重要的是先

富起来的人富得合法、富得合理、富得让人心服口服!

(二)诚实守信是主调

诚实守信是诚信的基本含义。诚实是中国传统伦理思想中的美德之一,也是人们行为的一个重要道德规范。《中庸》中记载:"诚者,天之道也;诚之者,人之道也。"[1]朱熹注曰:"诚者,真实无妄之谓,天理之本然也"。"诚之者,未能真实无妄而欲其真实无妄之谓,人事之当然也"。[2] 有人认为,诚有两层意思:一是表述宇宙本体特性的哲学范畴,诚指实际的有、实际的存在,真实无妄的意思;二是指表述人的基本德性和精神状态的道德范畴,指个体德性和精神的内在实有。[3] 也有人认为,根据"天命之谓性,率性之谓道"的观点,所谓"诚者"即"性之德也",是本性所固有的一种先天的道德意识,因而又称之为"天之道"。所谓"诚之者",是指人择善而固执之者也,又称为"人之道"。前者是"自诚明,谓之性",即"诚"是指先天的道德自觉性,是本性自我认识的天赋能力,这种境界只有圣人能达到,因而这是指圣人境界;后者是"自明诚,谓之教",指"诚"虽然也是本性所有,但必须通过"明乎善"而得,即通过"博学之,审问之,慎思之,明辨之,笃行之",使"诚"的境界通过后天的学问思辨而达到,这是贤人的境界。这两种境界就是达到"诚"的两条道路,即"尊德性"和"道问学"。[4] 由此我们可以看出,"诚"作为本体,是实际的存在,是自然固有的规律和状态,是"天道";诚作为个体德性,是个体内在

---

① 《礼记·中庸》。

② 《四书章句集注·中庸》。

③ 焦国成:《关于诚信的伦理学思考》,《中国人民大学学报》2002 年第 5 期。

④ 朱贻庭:《中国传统伦理思想史》,华东师范大学出版社 2003 年版,第 163—164 页。

精神的实有,是"人道"。"天道"与"人道"是统一的。同时,诚存在于人的本性之中,但这种本性只有少数人能够自觉,而绝大多数人是通过后天的学习而逐步达到"诚"的境界。诚作为道德规范,就是要求人们诚心、诚言、诚行统一,即言如所思,行如所言,既不欺人,也不自欺;既能以诚善待自己,又能以诚善待他人。

守信中的"信"字,从字形结构上来看,从人从言,讲的是言谈的诚实性,言由心出,表里如一。"信"字原本说的是人在神面前祷告和盟誓的诚实不欺之语,后来指人际之间的言而有信。有人认为,信包括相信、信赖、信托、信用。① 除了以上方面,我们认为还包括信誉等。信誉指人们在交往活动尤其是经济活动中,因长期坚持诚实不欺、遵守诺言和践行契约而得到人们的信任和称誉,或得到他人和社会的广泛的肯定性评价。守信,即守护住信,包括信用、信誉、诺言等。

诚实守信就是要求人们具有诚实无妄、信守诺言、言行一致的美德,同时,它也是要求人们言而有信、诚实不欺的一个道德规范。

诚实守信作为美德和道德规范,其道德主体具有不同的层次,如个体道德主体、群体道德主体、社会道德主体等,通常人们大多在个体道德主体角度讨论诚信。但随着人们经济交往活动范围的不断扩大,诚信也扩展到人与人、人与群体、人与社会等之间的各种关系以及各个领域,人们要求经济活动的主体也同时是道德主体,提出群体道德主体的诚信,如生产企业、流通组织、管理机构等的道德诚信,除此以外,社会道德主体也有诚信问题,如政府诚信、国家诚信等。而且诚信还表现为经济诚信、政治诚信、交往诚信等多个层面。

在人们的经济交往活动中,诚实守信作为最基本的道德规范,要

---

① 姜冬正:《论社会诚信》,《山东师范大学学报》(人文社会科学版)2002 年第 3 期。

求人们在生产领域货真价实,交换领域公平交易,消费领域做到健康放心。为了维护市场经济发展的正常秩序,诚信逐步制度化以后,形成了信用制度。信用制度的基础是诚信,如果没有个人、群体、社会的诚信,就不会有信用制度;而信用制度也反过来促进每个从事经济活动的个人或群体等要有诚信的品德。我们认为,有了诚实,就有了信用;有了信用,就有了信誉;有了信誉,就有了市场。诚实、信用、信誉是市场经济发展的基本保证。中国加入世界贸易组织已十年有余,各种经济体不断融入国际市场,更多的人体味到了诚信与契约之间的血肉联系。西北有个地方的苹果曾经很有名,个型、色泽、口感都令人称赞,远销东南亚、日本等地。后来当地的个别农民和商贩在苹果装箱时故意混入石块以增加重量,结果很快被那些进口国拒收。这种"小聪明",只会搬起石头砸了自己的脚。

农牧民作为市场经济的经济主体,同时也是道德主体,农牧民生产的各种农副产品以及工业产品上市要做到货真、价实、量足。同时,农牧民还要做到讲信用、重承诺、践契约。正如我们在走访新疆阿瓦提县阿依巴格 14 大队村委干部 H(汉族,35 岁)时他说的那样:

> 在市场化的过程中,农民最淳朴的一面紧附着他们的身躯,如:农产品是最安全、最纯洁的绿色食品,其生产过程没有剥削人,没有想着伤害人,只希望卖个好价钱就知足了。

但我们也要看到,有个别农民也存在见利忘义、短斤少两、掺假制假等缺乏诚信的现象,对农民的诚信也需要通过规范市场经济秩序等措施来加以规范。

(三)讲求公平与正义

公平与公道、公正、正义可以说是同一概念。公平或公道是一种通俗表达,正义是一种理想性的表达。在古希腊人那里,"正义"一词源于"直线"、"居中"等几何学概念,其本意是指"置于直线上的东西"。正义之经典定义出自古罗马法学家乌尔庇安,他认为:"正义乃是使每个人获得其应得的东西的永恒不变的意志。"①英国著名哲学家密尔(JohnStuartMill,旧译"穆勒")也说:"人公认每个人得到他应得的东西为公道;也公认每个人得到他不应得的福利或遭受他不应得的祸害为不公道。"②

公平或公正是一个复杂的概念,可以从哲学、伦理学、经济学、政治学、历史学、法学等各个层面去解释它。从伦理学上看,公平或公正就是指在两个以上对象中的平等相待:一是指按同一原则或标准对待处于相同情况的人与事,亦即通常所说的"一视同仁";二是指所得的与所付出的相称或相适应,如贡献与报偿、功过与奖惩之间,相适应的就是公正,不相适应的就是不公,亦即所谓"得所当得"。前者为均等或相等,后者为比例平等。

在经济交往活动中,公平不仅是对待他人的一种德性,而且是一个基本的道德规范。公平作为德性,指对他人的尊重与平等相待,即视人如己,或一视同仁。公平作为一个道德规范,主要表现在分配和交换领域,如在分配领域,公平的含义是按劳分配,多劳多得,少劳少得;在交换领域,公平则是指等价交换,公平交易。除此以外,公平还体现在经济活动中复杂的人际交往关系中。如在个人与个人之间,公平指他们之间的对等互利和礼尚往来;在个人与社会或集体之间,公平指个人的劳动贡献与社会提供给个人的物质精神回报之间的合理平衡;在集体与集体或国家与国家之间,公平指相互间地尊重以及给予和获取的大致平衡或互利等。

---

① [英]博登海默:《法理学——法哲学及其方法》,邓正来、姬敬武译,华夏出版社 1987 年版,第 253 页。

② [英]穆勒:《功用主义》,叶建新译,商务印书馆 1957 年版,第 48 页。

在西北地区农村经济活动中,公平被农民视为经济交往中的一个基本道德规范。公平不仅表现在分配和交换活动中,而且表现在处理各种民族关系之中。如我们在走访新疆阿瓦提县阿依巴格14大队村委干部H(汉族,35岁)时,他说道:

> 我们村有208户,926人,汉族人和维族人各占一半,关系处理得很好。这里的汉族人数不少,居住的时间也很久,几代人了,没有一户养猪,吃肉也通常吃牛羊肉,都很尊重维族朋友的信仰,很自觉,谁也没有约束和制止。村上没有设置民族学校,汉族、维族学生在一起上学,实行双语教学。学生们一起上学、吃住,家长们一起在田间劳作,关系都很密切。在村干部选举上,有汉族干部,有维族干部,各一半,很公平,没有说哪个民族搞特权,都是平等相待。

(四)以提升生活质量为消费的精神动力

近些年来,西北地区的经济得到持续发展,农民收入有了很大的提高。相应地,农村人对提升生活质量的需求也发生了不小的变化,消费观念也出现了多元化,如节俭消费、适度消费、排场消费、炫耀性消费等。但我们的调查结果显示,绝大多数村民主张节俭和适度消费,反对排场或炫耀性消费,消费观念变化的趋势倾向于健康、文明、理性化的合理消费。

节俭消费。调查数据显示,96%的西北农村人仍然保持着节俭消费的心理。节俭是消费领域中的一个基本道德规范。从字面意思来看,节俭即节约和俭省。《现代汉语词典》中解释为"用钱有节制;俭省"。①

---

① 中国科学院语言研究所词典编辑室编:《现代汉语词典》,商务印书馆1977年版,第515页。

从伦理学上来看,节俭是一种美德,也是一种道德规范。作为美德来说,节俭指合理使用钱物等消费资料,不铺张、不浪费。中国古代许多思想家都主张节俭。作为道德规范,节俭指有节制的消费,这样有利于物质财富的积累和经济的发展。在生产和消费的关系问题上,人们一般认为,生产发展的速度高于消费的速度,才能有更多的资金用于扩大再生产。但是,在市场经济条件下,也有人认为,消费是促进生产发展的手段,如果消费太低,就会阻碍生产的发展,有人主张高消费。在当今社会,节俭与奢侈,两难并存,收入不同的人作出不同的选择。

在西北农村人们的消费观念中,从古至今都以节俭为有价值的道德行为。节俭,可以合理地消费物质生活资料,珍惜并尊重人们的劳动成果,即使在经济发展程度比较高的情况下,节俭也是十分必要的。与此同时,也反对过度消费现象。在我们的访谈中可以看到,对于排场消费和炫耀性消费,人们还是持不赞同的态度。

新疆塔城市和布克赛尔蒙古自治县夏孜盖乡托热特村 W(汉族,38 岁)说道:

> 村上排场消费的现象不是很多,有钱的人也是辛辛苦苦地从地里挣来的,说得不好听,牙缝里省出来的钱,都很节约。我们村里的富人很抠,有钱了,也不会很招摇,比较低调。村上办喜事、丧事,大家都差不多,量力而行,能省的就省。我们也不支持那种畸形消费,不但坏了村上的社会风气,而且也掏空了农民刚刚鼓起的腰包。

适度消费。经过改革开放 30 多年的发展,西北农村人对节俭的理解也发生了一些变化,在他们看来,节俭不等于吝啬,也不等于不享受生活,节俭在今天的解释,人们认为就是适度消费。所谓适度消费的关键就在于把握好"度",而"度"是和经济发展程度和每一个人的经济收入多少直接联系在一起的。如果经济发展速度快,人们的收入水平高,消费水平也就比较高,反之亦然。但从总体上来看,消费总要低于收入,不能入不敷出。在这种思想影响下,西北农村人的消费观念也具有以下特点:一是消费倾向于实用。近些年来,西北农村人的收入虽有很大提高,但总体上说,大部分农民的收入有限,消费水平不是很高。因而,他们在消费中首先看重的是商品的实用性,倾向于选择质量可靠、价廉物美的东西。二是求廉动机强烈。西北农村人的经济收入方式呈现出多元化,主要是打工、种植经济作物、养殖、变卖粮食这几个方面,收入仍然很有限,使他们在选购商品时,往往考虑的是价格,他们选择商品的基本准则是既便宜又实惠。他们的心理是,日子当然越充裕越好,但能不花就不花,能少花就少花,能节省就节省。三是善于储存钱。西北农村地区的许多地方自然经济占很大的比重,农业生产有明显的季节性特点,因而他们的消费表现出较强的集中性和储备性。这使得他们平时的消费计划性较强,花钱有度,即使手里有了钱也喜欢积蓄起来,以备将来家里办大事时用。四是崇尚城市消费心理。农村人对城市消费模式的跟进,正说明城市与农村的生活差距在逐渐缩小。调查中得知,西北农村人的消费有明显的城市化趋向,他们把县城当作消费潮流的风向标。那些收入比较高的农村人,其消费结构、消费方式与消费心理都越来越接近城市居民,无论在衣、食、住、行等物质生活方面,还是在文化、娱乐、旅游、教育等精神生活方面,不断向城市人看齐。①

合理消费。西北农村人根据自己的实际情况进行健康、文明、理性的消费。许多生意人在赚取大量钱财以后,投资教育,兴办学校;

---

① 参见杜富裕、李韶杰:《新时期农民消费心理分析》,《人民论坛》2011年第7期。

捐款修路,惠民利民。在村民中,最具典型意义的是,他们在改善自己家庭生活条件的同时,增加对孩子受教育的经费投入。一些农村人为了自己的孩子受到良好的教育,通过考试或托关系插班等渠道,让孩子在大城市、县城或乡镇的中小学就读,自己则在学校附近租个房子,一边做小买卖或打工,一边照顾孩子,这方面他们宁愿花更多的钱。"读书改变命运",不少西北农村人还保持着这个理想追求,一些人家的院门门楣上雕刻或书写着"耕读第"三个字,有的是为了寓示其家庭身份,有的是潜存于心的生活愿景。从此能看出,农村人把对未来生活的美好期望,寄托在下一代的身上,这正是他们积极人生态度的一个明证。

综括起来说,随着改革开放的深入,西北农村地区的经济社会有了较大的发展,农村人的生活无论是物质上还是精神上都获得了显著的提升。他们不再以单纯追求物质享受为目标,而倾向于对物质与精神的双重追求。当然,从调查中我们得知,仍有不少人的消费心理不尽合理,需要进一步去调适。农村人的消费,既不能因为倡导节约而思想落后、趋于保守,也不应走向现世主义,花钱无度,铺张浪费。应当树立以健康、文明为特质的合理消费观,在劳动与创造中提升生活质量、生活境界,达到物质文明与精神文明的完美统一。

第二章 西北农村地区政治
伦理的变迁与现状

　　在人类的社会生活中,政治和伦理从来都如影随形,不可分离。在中国这样有着漫长而浓厚的家族主义传统的国度里,所谓家国同构、忠孝一理,既是其伦理本色,又是其政治基础。近代以来,随着传统社会向现代社会的转型,国家与社会、公域与私域、政治与伦理不断分化,逐渐显现出比较清晰的界线,以致有人试图从政治中剔除道德。但这种努力不会成功,因为无论从政治的思想理念、价值追求来说,还是从政治的制度设计、制度运行以及政治主体的活动来说,都离不开伦理道德的规范和引导,因而政治伦理无论在理论上还是在实践上仍然是一个值得探讨的课题,对于正在进行以村民自治为宗旨的政治改革的中国农村来说,尤其如此。村民将成为农村政治生活的最重要的主体,他们的政治伦理也随之成为决定这场政治改革成败的关键因素。西北农村通常被认为是相对落后的地区,落后的意思不仅指经济上贫穷,也指日常生活及思想观念的传统和保守。从现行政治制度、思想路线及方针政策来说,西北农村与中国其他地方应该没有多少差异,比如村民自治同样是目前最基本的政治目标。因此,思想观念,特别是其中的政治伦理观念,将是我们这项研究课题的主要关注点之一。

一、概念的界定及相关研究述评

政治伦理虽然是个古老的话题,但在国内学术界作为一个重要论题受到关注还是近几年的事。学者对它的内涵作了多维度和多层次的讨论。概略地说,凡属于政治领域里的道德问题都可归结到政治伦理的范畴,正如有学者所说,政治伦理是社会政治生活中调节、调整人们政治行为、政治关系的道德规范和准则。[①] 所谓政治伦理,在现代意义上,应是指处理政治关系、解决政治问题、开展政治活动"应当"遵循的普遍法则。政治伦理就是回答政治的价值和政治的正当性。[②] 从内容上说,政治道德包括政治道德理念、政治制度道德、政治主体道德和政治活动道德,其中政治道德理念是根本性的,其他三者以之为核心。[③] 还有一种观点把政治伦理分为政治价值理念、政治制度伦理、政治组织伦理和政治主体伦理;同时强调,前三种政治伦理最终都将由政治主体来进行和完成。所谓政治主体,是指构成社会政治关系和进行社会政治活动的政治实体。政治主体分为广义和狭义两类,前者包括个体主体—政治人,即一切参与政治活动的人;集体主体—政治组织,如政党、政治集团、政府、社会组织等。后者主要指个体主体,即政治人。狭义的政治主体伦理又可分为政治家伦理和公民伦理。[④] 这两种观点其实大同小异。政治道德理念中肯定不能没有政治价值理念,政治组织与

---

① 参见贾红莲:《中国传统政治伦理思想的架构及现代价值》,《中国哲学史》2004 年第 2 期。

② 参见戴木才:《政治伦理的现代视阈》,《哲学动态》2004 年第 1 期。

③ 参见彭定光:《政治伦理的现代建构》,山东人民出版社 2007 年版,第 34 页。

④ 参见戴木才:《政治伦理的现代建构》,《伦理学研究》2003 年第 6 期。

政治制度及政治主体显然有重叠。因此,我们认为前一种划法更科学些,但后一种观点对于政治主体伦理意义的强调却更切近本书的旨趣。

有关政治伦理的理论研究和政治参与的实证研究已经相当多,也相当深入,但以西北农村政治伦理为课题的专门研究我们目前尚未见到,不过与之相关的内容我们可以在农村道德研究、村民政治参与及村民自治研究中看到一些。就我们检索到的结果来看,王宗礼、刘建兰、贾应生合作的《中国西北农牧民的政治行为研究》是与本课题的研究方向最切近的一本专著。它的中心是农牧民的政治行为,但广泛涉及政治人格、政治价值和政治态度、政治认同、政治参与等问题,并以此来揭示个体的政治行为。它把农牧民政治行为中的非理性归咎于传统的命定论、宗教观念、迷信观念、习惯传统以及感情等因素的影响,认为农牧民政治行为的理性化是这个地区实现经济、政治以及社会现代化的前提之一,为此,必须把农牧民的政治行为从上述消极因素中解放出来。① 另一项值得一提的成果是杨平主持完成的国家社会科学基金项目《中国西北乡村政治与公民参与问题研究》,它如此描述西北地区乡村公民政治参与的特征:参与意识表现为臣民、草民、教民、公民的复杂混合;参与态度表现为被动与主动参与的条件选择;参与目的表现为理性与盲从参与中的投机倾向。② 还有一项重要的研究,虽然调查的对象与我们不同,但关注的问题与我们比较接近,那就是李萍等人于 2003 年完成的国家社科基金项目《公民日常行为的道德分析》。这项研究把全国分成发达地区、发展

① 参见王宗礼、刘建兰、贾应生:《中国西北农牧民政治行为研究》,甘肃人民出版社 1995 年版,第 326—331 页。

② 参见《中国西北乡村政治与公民参与问题研究》成果简介,见全国哲学社会科学规划办公室网站,2011 年 11 月 5 日。

中地区和不发达地区,选取八个地点进行抽样调查,调查内容涉及公民道德的形成、公民认知、公民参与、公民交往与公民关系、公民美德状况、公民教育、社会信任等方面,强调公民道德的政治和社会属性,认为"公民道德体现在公民的生活方式之中,这样的生活方式的主要特征是:尊重个人尊严,容忍怀疑和差异,重视权利与平等以及笃信自由价值,公民能独立思考,也能合作地利用资讯,沟通、讨论、妥协,寻求解决问题的方案,满足社会中冲突的、重叠的、多样的需要和利益。"①公民在日常生活中逐渐形成美德,公民美德分为边缘性美德、日常性美德和理想性美德三个层次。边缘性美德是从臣民向公民过渡的最初阶段的或是公民能力非常低的情况下所表现出的道德层次。主要指虽在法律上有公民身份,却对自己的权利义务没有清晰的认识,也没有采取任何积极行为参与到公共事务中或认同其公民身份的人。具有日常性美德的公民对自己的身份和权利义务有清晰的认识,也了解和关心公共事务,但不愿主动参与公共事务,只有当自己的权益受到威胁时才愿意采取积极行动,是所谓企图"搭便车"的人,因而未能实现完全的公民角色。理想性美德是公民认知、行为及能力的完美结合,是公民美德的最高境界,达到这种境界的公民,第一,具有明确的法律、政治意识,关心公共事务,通过合法有效的手段,改善目前状况,纠正政府或其他组织、个人的不当行为;第二,具有公平观念,关心人们之间公平的利益关系,且这种关心不是出于纯粹的道义或宗教情怀,也不是出于单纯的个人私利,而是强调自己与他人互动和平等;第三,能够恰当地利用现有的条件,运用掌握的知识和各种人际资源,获得有关社会事务的信息,懂得怎样与政府部门、新闻媒体、民间组织等沟通。作者依据这样的道德层次对调

---

① 　李萍:《公民日常行为的道德分析》,人民出版社 2004 年版,第 27 页。

查对象进行了全面的分析和评价,认为我国绝大多数公民目前处于日常性道德层次。①

以上这些研究的结论我们并不能完全接受,但无疑对我们的研究具有重要的参考价值。根据我们这项课题的任务,本书调查研究的对象是狭义政治主体,具体来说就是西北农村的广大村民包括村干部的政治伦理观念和行为。"政治主体应该遵守的政治道德准则是政治主体道德的一个他律性的方面,是所有政治主体共同选择并一致达成的普遍性道德规范。政治主体所形成的政治道德素质包括政治道德思想观念水平、政治道德能力、政治道德智慧等,它是每个政治主体所独有的,因而,不同的政治主体在政治道德素质的内容和性质方面可能会存在明显的区别。"②普遍一致的政治道德规范无论是由国家制定推行的,还是由民间个体或组织相互约定俗成的,要真正起作用,还得内化于每个人的情感和观念中,体现于每个人的生活行为中,也就是说最终须形成个体的政治道德素质,而内化的程度、体现的方式肯定是千差万别的,惟其如此,才有调查研究的必要。这就是本书所要研究的公民政治伦理以及进行这种研究的理论根据。本书所谓的公民政治伦理主要体现为政治角色或政治身份认同、政治价值理念、权利和责任意识、政治情感和态度等。

阿尔蒙德等人在其著名的《公民文化——五个国家的政治态度和民主制》一书中,从文化的视野,以问卷访谈的方式研究了来自不同国家和文化传统的公民的政治取向、角色认同、价值追求、情感态度等问题。他们依据个人对政治对象的取向(包括认知的取向、情

---

① 参见李萍:《公民日常行为的道德分析》,人民出版社 2004 年版,第 205—207 页。

② 彭定光:《政治伦理的现代建构》,山东人民出版社 2007 年版,第 50 页。

感的取向、评价的取向)把政治文化分为村民政治文化、臣民政治文化、参与者政治文化三种类型。① 如果一个社会没有专业化的政治角色,其首领是混合的政治—经济—宗教的角色,社会成员对这些角色的政治取向没有从他们的宗教和社会的取向中分离出来,村民也不从政治系统那里期待任何东西,则这种社会的政治文化是村民文化。如果一个社会"存在着一个对分化了的政治系统和该系统的输出方面的取向的高频率,但是对特殊输入对象的取向以及对一个作为积极参与者自我的取向,却都近似于零",也就是说,臣民意识到专业化的政治系统存在,并在感情上取向于它、评价它,但只是消极地关注其法规政策的输出,而不是关注其输入,即积极地通过参与影响法规政策的制定和施行,则这样的政治文化就是臣民文化。如果社会成员公开地取向于作为一个整体的系统以及政治的和行政的结构与过程(换言之,取向于政治系统的输入和输出两方面),对政治对象的各个层次可以持赞成或不赞成的取向,则这种政治文化就是参与者文化。在这三种政治文化的纯粹形式之上,他们又提出了三种混合型的政治文化:村民—臣民文化、臣民—参与者文化、村民—参与者文化。以上各种可视为世界各国广泛存在的文化类型,但全书论述的中心——公民文化,却是从率先实现现代化的英国的近代历史变迁中总结出来的概念,它也是一种混合型的政治文化,既不是传统文化也不是现代文化,而是两者的结合,"是一种建立在沟通和说服基础上的多元文化,它是一致性和多样性共存的文化,它是允许变革但必须有节制地进行的文化","正是因为体现了多样性和一致性、理性主义和传统主义的相共存的文化,才使英国的民主制结构能

①　或译为地方型文化(parochialculture)、顺从型文化(subjectculture)、参与型文化(participant culture),似更恰当。参见[英]安德鲁·海伍德:《政治学核心概念》,吴勇译,天津人民出版社2008年版,第269页。

够发展"。"由于它强调理性地参与政治的输入结构,我们可以称之为政治文化的'理性—积极性'模型","个人不仅取向于政治输入,而且他们还积极地取向于输入结构和输入过程"。"更重要的是,在公民文化中参与者政治取向与臣民和村民政治取向是结合在一起的,而不是前者取代后者。个人在政治过程中成为参与者,但是他们并不放弃他们作为臣民或村民的取向",所以公民文化是一种混合的政治文化。① "人们相信,一个'好臣民'应该交税并遵守法律,这样的人也可以是一个'好公民'。只有当个人以其家庭利益作为他追求的唯一目标,或者以家庭的关系来推断他在政治体制中的作用,他才仅仅是一个村民而不也是一个公民。只有当个人认为他与他的国家的关系,由于他作为臣民的作用完全体现了,他才仅仅是个臣民而不也是公民。"②公民身份是由其所享有的政治权利和承担的政治义务所规定的地位与角色,"公民不同于臣民和外国人,因为他们依靠其所拥有的基本权利而成为其所属之政治共同体或国家的正式成员。"③

王宗礼等人的《中国西北农牧民政治行为研究》,则是采用心理学的概念和问卷访谈的方式研究西北农牧民的政治人格及以之为基础的政治行为。他们发现西北农牧民中存在着臣民、草民、牧民和公民四种政治人格。其中,臣民政治人格是一种理想的传统政治人格,它不单单是一种臣服人格,更是一种比较完整的自我伦理型人格,即以自我修养为根本,以伦理建构为核心,从自身推广到家庭、国家以

---

① 参见[美]加布里埃尔·A.阿尔蒙德、西德尼·维伯:《政治文化——五个国家的政治态度和民主制》,徐湘林等译,华夏出版社1989年版,第17—35页。

② 参见[美]加布里埃尔·A.阿尔蒙德、西德尼·维伯:《政治文化——五个国家的政治态度和民主制》,徐湘林等译,华夏出版社1989年版,第186页。

③ [英]安德鲁·海伍德:《政治学核心概念》,吴勇译,天津人民出版社2008年版,第147页。

至天下,参与政治体系的运作。这是一种现实的、稳定的、成熟的和进取的政治人格,在适当的条件下会成为向公民人格转化的主要人格力量。但它毕竟是一种理想的人格类型,西北农牧民中具有这种人格的人不到1%,多数人属于草民人格,这种人格是对传统和现代人格的双重丧失,与臣民一样具有臣服性,但却少了臣民的自觉修养意识、独立意识和进取精神,"他们犹如草木只对自然的寒暑有感知一样,仅对人生的饥饿和生存的欲望有感知,除此以外对于政治等问题几乎一无所知,所以其生存仅仅具有本能特性"。这是西北农牧民中普遍存在的人格类型,特别是妇女基本上属于这种人格。牧民政治人格是一种以宗教性为根本特征的既顺乎又超乎政治的非权力型人格,既关注政治又不参与政治,过着世俗的生活又憧憬着来世的福报,总之是一种复杂而特殊的政治人格。公民政治人格,作为现代民主政治的人格基础,是西北农牧民政治人格演进的理想。与一般对臣民人格的否定性评价不同,该论著认为,臣民政治人格以其较强的独立意识和主见、积极的进取心理和参与热情,务实精神,讲礼遵礼的秩序性,公正守信、正人正己的人格精神等,都与现代性人格最接近,有利于向公民人格转化。而草民人格的无知盲目、消极涣散以及游离于政治之外而无进取和创新意识的特点,使其成为向公民政治人格转化的最大障碍。①

　　这里所谓的臣民人格显然与我们通常所理解的依附、顺从型人格有差别,与前述阿尔蒙德等人笔下的臣民也不同。这种臣民是一种书面上的理想型人格,而非现实中真实存在的人格。首先,它完全建立在儒家(主要是先秦儒家)的经典论述之上,而非生活

---

① 参见王宗礼、刘建兰、贾应生:《中国西北农牧民政治行为研究》,甘肃人民出版社1995年版,第59—94页。

中的人所表现出的政治伦理和政治行为之上。其次,先秦儒家的论述是以西周宗法封建社会的礼乐制度为根据的,是对贵族、士大夫或君子的人格要求。秦以后虽然也不断重申儒家的人格道德教化,强调"自天子以至于庶人,一是皆以修身为本",但皇权专制时代的教化修养远不能与先秦时代的贵族君子人格相提并论。再次,注重自身的知识修养和道德修养并不能决定一个人的人格类型,决定性的因素是修养的内容。比如,专制时代臣民修身的最重要内容是忠孝,要求对父权和皇权的绝对服从,指向的显然是一种依附型奴性人格,与先秦儒家"从道不从君"的要求已不可同日而语,与现代公民人格的独立自主、开放多元、理性包容等特点更是格格不入。至于作者所着意否定的中庸、自足、保守、消极、不思进取等,与前述阿尔蒙德、李萍等人描述的公民人格并不完全对立,有的还可为公民人格所包容。

所谓草民人格,则是一个我们无法接受的概念,作者也坦承这不是一个严格的学术概念,而是一个比喻,但像草木一样"本能特性"的生存这样的比喻,不能说是在描述一种人格,只能说是在否定甚至侮辱人格。的确,在专制时代,统治者确有视民如草芥、如犬马,因而称治理国家为"牧民"的,但不等于人民甘心认同草芥、牲畜。草民以及类似的小民、蚁民、贱民乃至屁民这些带有强烈贬损意味的词,用以指人是蔑称,用以自指则是自轻自贱,但更可能是表露不满、抵触和抗议的激愤之词。例如在王宗礼等人所做的调研中,很多人对"你认为社会中的每个人是不是应该有一定的修养"的回答是:"不知道","啥叫修养","饭能吃饱就行了,还管得了那么多","那是人家能行人的事,我是个稀里糊涂推日子的人";对"你认为人们目前应不应该坚持忠诚老实、守信用、讲义气、讲道理的品格"的回答是:"啥叫个道理? 现在的道理说不清楚","老实好是好,就是吃亏";对

"你认为政府官员的行为是不是应该有自觉的约束？不合格的官员应不应该被撤换"的回答是："当官的嘛，他说有约束就有约束，他说没有约束就没有约束，你还管得了他"，"自古官官相卫，除非官和官斗败了才垮台，再没治"；对"你是否认为你或者其他村民有上告政府的权利"的回答是："我不知道，大概不行吧"，"听说古代有击鼓升堂的事，现在好像没有了"，"反正老百姓告不倒官，告也白告"；当问到"那么政府或者官员侵犯了你的利益，你该怎么办"时，回答是："那咋办哩？怪自己命不好吧"，"只有忍，除了忍再没办法"；对于"应不应该改革，怎样进行改革"的问题，一般表示不感兴趣，或"那是当官的人的事情，普通百姓晓得啥"等。他们据此总结出草民人格的特点：不注重修养；独立性比较差，判断力失灵，具有法盲倾向；政治意识差，对政府及其官员缺乏正确的期望，对政治基本上没有参与意识；缺乏进取意识和创新心理，具有很强的安逸心态和保守退缩倾向，等等。[1] 显然作者是抱定了某种先入为主的"正确观念"来看待村民回答中的态度和认识，因而感到失望和不满。其实，这看似麻木、糊涂、无所谓的回答背后隐含着真实而有价值的态度、情绪、认识、评价等，是表达其不满、批评、反对、抗议、希望、要求的方式，生动地表现了"农民式的狡黠"或所谓"弱者的武器"[2]。可见草民人格这个概念不能反映西北村民的真实人格。杨平新近完成的国家课题《中国西北乡村政治与公民参与问题研究》依然沿用了草民这个概念，这是令人遗憾的。

---

① 参见王宗礼、刘建兰、贾应生：《中国西北农牧民政治行为研究》，甘肃人民出版社 1995 年版，第 80 页。

② ［美］詹姆斯·斯科特在《弱者的武器：农民反抗的日常形式》（何穗等译，译林出版社 2007 年版）一书中，把东南亚农民的日常形式的反抗形式，如偷懒、怠工、开小差、假装顺从、装傻卖呆、偷盗、诽谤、纵火等，称为"弱者的武器"。相比之下，中国农民的日常反抗形式还要丰富得多。

至于牧民人格，是以生产和生活方式界定的一个概念，而且只用于特定的群体，本书姑置之论。

二、西北村民的政治身份认同和自我定位

基于以上论述，我们仍然采用臣民人格和公民人格这对概念来观照西北村民的政治身份和角色认同，这种观照是从政治伦理的角度进行的，间或引入村民人格这个概念作为对照，因为从整体倾向上来说，以臣民人格为基本判断当符合实际，但从局部、个体以及一时一事来说，村民人格也是广泛存在的。威廉姆·甘斯通认为公民应该具备以下四种政治美德：一般品德：勇气、守法、诚信；社会品德：独立、思想开通；经济品德：工作伦理、要有能力约束自我满足，要有能力适应经济和技术变迁；政治品德：要有能力评价官员的表现、要有从事公共讨论的意愿。普特南将公民的信任能力、参与愿望、正义感等公民品德称为"社会资本"。①

我们认为，臣民和公民之间主要有如下差别：臣民是一种依附并服从于权威的人格，公民是一种独立自主的人格。臣民的政治意识和政治取向表现为对政治决策或决定的被动期待，他对政治的要求仅限于按既定的正式法规条例行事，而不奢望影响政治结构和法规条例的制定；公民不但认为有权要求好的政策，而且认为有权参与法规的制定或修订。臣民对国家有强烈的忠诚和认同，还有基于民族主义或国家主义或其他群体意识的责任观念；公民也忠诚和认同于国家，但还有基于法律之上的个人权利意识和责任意识。臣民对政

---

① 转引自彭定光：《政治伦理的现代建构》，山东人民出版社 2007 年版，第272 页。

治对象的认同和评价主要基于以血缘、民族、国家等为基础的感情；公民对政治对象的认同和评价则主要基于理性认知。在个人的品行上，臣民表现出盲目、封闭、固陋、排外、自卑、怯懦、消极等特点，公民则表现出理性、开放、包容、合作、自信、勇敢、积极等特点。"国家将一个自然的、社会的人转变为一道德公民，主要是通过规定个人所具有的道德权利和道德义务来完成的。"①所以公民的特质必然体现于个体与共同体的关系上，公共意识、权利意识、责任意识、参与意识是公民所必备的。

我们从以下三个方面来考查西北村民的身份认同和角色定位。

（一）村民对政治身份、政治角色的认识和评价

我们设计了四个问题来考查村民对政治身份、政治角色的认识和评价。

从表2—1可以看出，选择"应该是主人，实际也是"和"应该是主人，实际不是"的人数基本相当，两者加起来占总数的近70%，说明大部分人至少在主观上肯定自己应该是国家的主人；其中认为实际是和实际不是的又差不多各占一半。如果在认为"应该是，实际上不是"的人数中再加上选择"应该不是主人，实际上也不是"的占6%，认为实际不是的占40.3%，这说明"应该"和现实之间还存在较大距离，村民不是缺乏主人翁的意识，而是缺乏使他们成为主人的条件。当然这客观原因中也可能包括自身的因素，比如态度、能力等。如果再考虑到选择两个消极答案"没想过"、"不清楚"的人中可能隐含着情绪因素的话，那么可以说，访谈对象对自己的真实身份和处境相当不满。

---

① 丁大同：《国家与道德》，山东人民出版社2007年版，第53页。

表2—1　常说人民是国家的主人,你觉得自己是国家的主人吗

你觉得自己是国家的主人吗		频率	百分比 (%)	有效百分比 (%)	累积百分比 (%)
有效	应该是主人,实际上也是	100	35.3	35.3	35.3
	应该是主人,实际上不是	97	34.3	34.3	69.6
	应该不是主人,实际上也不是	17	6.0	6.0	75.6
	没想过	48	17.0	17.0	92.6
	不清楚	21	7.4	7.4	100.0
	合计	283	100.0	100.0	—

表2—2　人民、群众、公民是不是一样

人民群众、公民是不是一样		频率	百分比 (%)	有效百分比 (%)	累积百分比 (%)
有效	一样	113	39.9	40.4	40.4
	人民就是群众,也就是我们大家	74	26.1	26.4	66.8
	人民是好人,群众是没有组织的随便一些人,不好也不坏	23	8.1	8.2	75.0
	公民是公家的人	9	3.2	3.2	78.2
	公民是有法定权利和义务的人	30	10.6	10.7	88.9
	不清楚	31	11.0	11.1	100.0
	合计	280	98.9	100.0	—
缺失	系统	3	1.1	—	—
合计		283	100.0	—	—

从表2—2可以看出,认为人民、群众、公民三者一样的访问对象最多,占总数的40.4%;认为"人民就是群众,也就是我们大家"的占总数的26.4%;认为"人民是好人,群众是没有组织的随便一些人,不好也不坏"的占总数8.2%,以上三项相加得75%,如再加上回答

"不清楚"的 11.1%，则这个比例达到 86%。这说明大部分人对人民、群众、公民三个概念的认识相当模糊，基本上不能判断它们的区别，而且不是从政治身份或角色的角度去认识它们，而是从政治上的"好"与"坏"区别它们。因此，对人民的认同度最高，这和我们在生活中所得的印象大体吻合，所以并不让人感到意外。这个结果不能说明访问对象的公民意识差，而只能说明我们有关公民的宣传和教育太少而且不到位。长期以来，在我们的官方用语和生活称谓中，"人民"、"群众"出现的频率远远高于"公民"，而且不容置疑地赋予"人民"以"政治正确"的意义；同时"人民"与"群众"是形影不离的固定搭配，因此给人造成两者差不多的印象也就很自然了。我们知道，"人民"和"群众"的深入人心，是战争年代、革命年代中国共产党反复宣传和动员的结果。强调"人民"的另一面是凸显"敌人"，而"群众"则是有待唤醒和动员的对象，是潜在的"人民"。它们反映的是一种战争伦理、革命伦理、阶级斗争伦理。这两个词的历史合理性和依然不减的现实必要性是毋庸置疑的，但在建设公民社会和法治国家的时代，对"公民"的宣传和教育应该给予更多的重视。在表2—2 中，虽然访问对象对公民的概念比较茫然，但其中还是有 10% 正确地选择了"公民是有法定权利和义务的人"，如果再联系表 2—1 中对"应该是国家主人"的高度认同，那么我们有理由相信，一旦他们了解了"公民"的含义，则不难与本来就有的主人意识结合，从而形成完整健全的公民意识和公民身份认同。

　　表2—3 的数据告诉我们，访问对象对这个问题的看法高度一致，认为自己与过去皇帝的臣民"区别很大"和"应该有区别的"分别占45.5% 和44.8%，两项相加达到90.3%。这说明，首先，村民的绝大部分已经不认同皇权专制下的臣民身份了；其次，将近一半的村民肯定自己现在的身份已经不同于皇帝的臣民了。

表2—3 作为公民,你觉得自己和过去皇帝的臣民有区别吗

你觉得自己和过去皇帝的臣民有区别吗		频率	百分比(%)	有效百分比(%)	累积百分比(%)
有效	区别很大	127	44.9	45.5	45.5
	应该有区别	125	44.2	44.8	90.3
	不清楚	27	9.5	9.7	100.0
	合计	279	98.6	100.0	—
缺失	系统	4	1.4	—	—
合计		283	100.0	—	—

当然,访问对象未必完全清楚"真实的身份"与"应该具有的身份"之间的差别,所以这两项数据之间或有交错;同时,他们对这身份与皇帝臣民到底有什么区别也可能不甚了了,但他们表达的态度和倾向性是毫不含糊的,那就是否定和拒斥臣民身份。

表2—4 你觉得自己与城里人相比有什么不一样

你觉得自己与城里人相比有什么不一样		频率	百分比(%)	有效百分比(%)	累积百分比(%)
有效	应该平等	145	51.2	51.2	51.2
	城里人地位比我们高,生活也比我们好	64	22.6	22.6	73.8
	城里普通人现在也跟我们差不多	61	21.6	21.6	95.4
	自己比城里人过得好	13	4.6	4.6	100.0
	合计	283	100.0	100.0	—

众所周知,由于我国长期实行城乡隔离的二元户籍制度,使得占人口绝大多数的农村人事实上没有享受到充分的国民待遇。与干部、工人相比,与城里人相比,农村人无论在物质生活上还是在精神生活上,都处于很不公平的地位,他们能享有的公民权利也更加有

限。长期生活在这样的状况下,农村人似乎逐渐接受了不公平的命运,也承认自己是"二等公民",随之也就产生了自卑自贱乃至自轻自弃的人生态度和不满激愤的情绪,前文所引王宗礼等人的调研就反映了这种情况。但是我们从表2—4看到的数据说明这种情况已经发生了比较明显的变化。首先,有超过一半的人认为自己应该与城里人平等,这当然是内心的国民或公民意识觉醒后的自然反应;其次,认为城里人地位比自己高,生活比自己好的人仅有64个,占总数的22.6%,而几乎同样多的人(61,21.6%)认为城里普通人现在跟我们也差不多,还有4.6%的人甚至觉得自己已经比城里人过得好。了解农村情况的人想必都知道,这样的回答对改革开放前的农村人是不可想象的。可见,以土地承包责任制为核心的经济改革、以村民自治为目标的政治改革、二元户籍制度的松动,以及城乡之间物资、信息特别是人员流动的频繁等,给农村带来了巨大的变化,村民的物质生活和精神生活水平有了大幅度的提高,自觉作为国民或公民的地位也随之提升了,自尊心、自信心也增强了。当然我们得承认,这种提升和增强也与部分城里人由于企业改革而导致的下岗和生活水平、社会地位的相对下降有关系。这些提升的方面,或者本身就是公民身份和公民意识的表现,或者也是构成公民身份和公民意识的要素,因而都是本书关注的重要方面。有必要指出的是,我们调查的地方是西北的偏僻农村,这里的经济水平实际上还相当落后,村民的物质和精神生活水平总体上还与城里人有较大差距。因此,我们也许应该说,他们的精神面貌、自我感觉的社会地位以及自信心、自尊心等的提升比他们的物质生活水平及实际社会地位的提升还要来得更大些。

(二)村民与政府及其官员的关系

我们通过以下问题了解村民心目中自己与政府及其官员的

关系。

表2—5　你觉得政府及其领导和人民的关系是

政府及其领导和人民的关系		频率	百分比（%）	有效百分比（%）	累积百分比（%）
有效	政府及其领导应该高高在上	20	7.1	7.1	7.1
	政府及其领导应该管理人民，人民应该服从并服务于政府及其领导	49	17.3	17.4	24.5
	政府的权力来自人民，所以领导应该服务于人民，人民有权监督领导	213	75.3	75.5	100.0
	合计	282	99.6	100.0	—
缺失	系统	1	0.4	—	—
合计		283	100.0	—	—

对政府及其领导和人民的关系问题，213个访问对象选择了"政府的权力来自人民，所以领导应该服务于人民，人民有权监督领导"，占75.5%，只有占总数7.1%的20个人选择了"政府及其领导应该高高在上"，说明大部分村民至少在观念上能够正确认识政府及其领导与人民的关系。与表2—1反映的主人意识、表2—3反映的拒斥臣民身份的态度联系起来，我们不难看出，村民的自我认同和定位已经相当接近公民。但值得注意的是，尚有占总数17.4%的49人选择了"政府及其领导应该管理人民，人民应该服从并服务于政府及其领导"，这说明在村民的观念中还留有不可忽视的臣民意识。这种意识我们可以说是传统政治的残留，但也应该承认现实政治在村民观念中产生的影响，因为现实中政府及其领导管理人民、人民服从并服务于政府及其领导的现象是普遍存在的，而且被许多干部和村民视为当然。

表2—6　你以及自己家里的事更愿意独立自主,还是希望政府指导帮助

你以及自己家里的事更愿意独立自主,还是希望政府指导帮助		频率	百分比（%）	有效百分比（%）	累积百分比（%）
有效	生活生产都由自己独立做主	69	24.4	25.1	25.1
	生活上自己独立自主,生产上希望政府指导帮助	165	58.3	60.0	85.1
	各方面都希望得到政府的指导帮助,但最后自己说了算	41	14.5	14.9	100.0
	合计	275	97.2	100.0	—
缺失	系统	8	2.8	—	—
合计		283	100.0	—	—

从表2—6可以看出,访问对象的大部分选择"生活上独立自主,生产上希望政府帮助",也有不少人选择了"生活生产都由自己做主"或"各方面都希望得到政府的指导帮助,但最后自己说了算"。政府虽然在村民的生产上仍发挥着巨大的作用,村民也在一定程度上认可和欢迎这种作用,但在生活上却坚决要求自己做主。这固然是愿望,但也未尝不是现实变化的一种反映。改革开放特别是农村实行土地承包制以来,国家政府不再像过去那样全面深刻地介入人们的日常生活和生产,村民可以独立自主的空间不断增大,独立自主的能力和愿望也相应增强,公私领域日益分离。这种变迁无疑是一种进步,是培养公民意识、增强参与能力、实现村民自治的必要条件。但另外也说明,由于以经济建设为中心的方针片面地体现为对GDP的过度追求,又集中体现为乡村政府及其干部的政绩考核,政府在农村经济发展中扮演了过于积极的角色,甚至发挥了主导作用。从好的方面来说,这帮助了村民,促进了生产;从不好的方面来说,干预了村民的生产自主权,不利于提高村民发展经济的能力,无意中增强了他们的依附性,这又与培养公民意识和实现村民自治的目标相背离。

表2—7 你觉得自己的生产与生活主要靠什么

你觉得自己的生产与生活主要靠什么		第一		第二		第三	
		频率	有效百分比（%）	频率	有效百分比（%）	频率	有效百分比（%）
有效	自己的能力与勤奋	239	84.8	20	8.8	4	2.6
	国家的法律和政策	34	12.1	107	47.3	14	9.2
	中央领导干部	4	1.4	7	3.1	15	9.8
	基层领导干部	1	0.4	17	7.5	30	19.6
	亲朋好友	2	0.7	44	19.5	43	28.1
	银行	—		6	2.7	17	11.1
	运气	1	0.4	25	11.1	25	16.3
	不清楚	1	0.4			5	3.3
	合计	282	100.0	226	100.0	153	100.0
缺失	系统	1	—	57	—	130	—
合计		283	—	283	—	283	—

"你觉得自己的生产与生活主要靠什么"这个问题的答案可选三项，而且要求按重要性排序。从表2—7看到，选择频率最高的排序是：第一，自己的能力与勤奋（239，84.8%），第二，国家的法律和政策（107，47.3%），第三，亲朋好友（43，28.1%）；选择频率次高的排序是：第一，国家的法律和政策（34，12.1%），第二，亲朋好友（44，19.5%），第三，基层领导干部（30，19.6%）。排序第一的选项几乎无可争议地属于自己的能力和勤奋；排序第二的选项中，除国家的法律政策外，亲朋好友、运气也较受重视；排序第三的选项中，亲朋好友、基层领导干部以及运气看起来具有同等的重要性。这说明村民相信只有自己的勤奋和努力是最靠得住的，这是一种独立自主的意识，也反映了一种自信，与表2—6反映的情况基本吻合。国家的法律和政策也受到足够的重视，说明村民意识到自己的生产生活离不

开法律和政策的保障。在表2—6中,很多人选了"生产希望有政府的帮助",我们从这个表中知道,这个帮助应该主要指法律和政策的帮助,也就是说政府的主要职责是提供好的法律和政策并保证其切实得到执行,其他比较具体的事村民有能力自行处理,政府及其官员不应也不必进行过多干预。这正是现代社会公民与政府关系的正常状态。但是,亲朋好友、运气及基层领导干部的作用也不容忽视,说明西北农村毕竟在很大程度上还是个乡土社会,而不是成熟的法治社会和公民社会,生产生活中还存在许多不确定性因素和人为因素。

(三)村民心目中的合格公民

表2—8　你觉得怎样才算一个合格的公民

你觉得怎样才算一个合格的公民		第一		第二		第三	
		频率	有效百分比(%)	频率	有效百分比(%)	频率	有效百分比(%)
有效	爱国、爱党,拥护社会主义制度	177	62.8	5	2.2	2	1.2
	听党的话,服从领导	17	6.0	43	18.7	4	2.3
	遵纪守法尽义务	40	14.2	109	47.4	36	20.9
	有公德	28	9.9	37	16.1	49	28.5
	关心政治,积极参与选举	5	1.8	15	6.5	36	20.9
	关心自己周围涉及大家利害的事	15	5.3	21	9.1	45	26.2
	合计	282	100.0	230	100.0	172	100.0
缺失	系统	1	—	53	—	111	—
合计		283	—	283	—	283	—

"你觉得怎样才算一个合格的公民"这个问题也要求选三项答案,并按重要性排序。结果首选的排序是:第一,爱国、爱党、拥护社

会主义制度(177,62.8%),第二,遵纪守法尽义务(109,47.4%),第三,有公德(49,28.5%);次选的排序是:第一,遵纪守法尽义务(40,14.2%),第二,听党的话,服从领导(43,18.7%),第三,关心自己周围涉及大家利害的事(45,26.2%);再次的排序是:第一,有公德(28,9.9%),第二,有公德(37,16.1%),第三,遵纪守法尽义务或关心政治积极参与选举(两项并列,36,20.9%)。这告诉我们,村民的政治意识远强于法治意识、公共意识以及权利义务意识,说明我们的政治宣传教育相当成功。选择"有公德"和"关心自己周围涉及大家的利害的事"的比例也不算低,说明村民的公共意识还差强人意。但"关心政治,积极参与选举"显然没有受到应有的重视,这就与现代公民的要求有了较大距离。如果考虑到以上几个选项相互间并非不能相容,而是具有重叠交叉的关系,同时在人们的心目中,党、国家、制度往往代表了最高的"公",那么实际的公共意识和参与意识可能要比表中反映的还高些。

以上的调查及分析,还可从我们有关"什么样的村民算好村民"的访谈结果中得到佐证:

个案1:甘肃临夏市陈方村书记C(男,汉族,48岁):我认为,作为村上的一个村民,要有集体观念,对自己村上的事要上心,要遵纪守法。如果村上要挑渠,要及时地尽义务,及时地完成分配的任务。要爱国,爱家乡,关心自己家乡的发展,力所能及地尽自己的一点力量。

个案2:新疆阿瓦提县阿依巴格乡十四大队村支书A(男,维吾尔族,55岁):好的村民,第一,就是要配合稳定工作,不做有害于社会、有害于国家、有害于民族的事情,要与恐怖动乱分子划清界限,保持头脑清醒,维护统一、和平与稳定;第二,作为家庭成员,必须要为整个家业的兴旺贡献自己的力量,尽职尽责,尊老爱幼,和睦相处;第三,思想上要开放,学会生活。社会在发展,生活水平在提高,在提高自己物质生活水平的同时,也要注意精神文化生活;第四,时刻保持有一个科学的头脑。

个案3:甘肃定西市李家堡镇村民L(男,汉族,36岁):好村民吗?服从领导,听话就是好村民。遵纪守法就是听话。老百姓、庄农人嘛,你不听话,不老实,还有日子过吗?

通过以上分析与个案访谈,我们可以大致得出以下初步结论:首先,西北农村地区的村民在观念和感情上对公民身份表现出相当强的认同,对臣民身份则表现出高度一致的否定和拒斥,而且也具备了一些必要的公共观念和权利义务意识。但他们对现代公民的认知水平还比较低,这一点尤其体现在他们对人民、群众、公民这三个概念的模糊认识上,也体现在对合格公民的认识上。认识上的差距将是影响他们真正成为现代公民、积极参与政治活动的一大障碍。其次,生活水平的改善和社会地位的相对提高使他们的自信和自尊有所增强,但是他们对自己现在的真实身份、生活状况以及自身的能力还很不满意,这将是促使他们由村民、臣民向公民转化的内在动力,但生活环境特别是政治环境的限制却可能阻碍这种动力的发挥。再次,从对自己与政府及其干部的关系的认识上,他们表现出比较理智和现实的一面,虽然欢迎政府的帮助,但并不愿意因此而牺牲自己生活上的私人空间,坚持自己的事情自己做主。对于自己的生产和生活,他们相信主要靠自己的勤奋和努力,而对政府的期待主要在法规和政策方面。这种独立自主的意识和能力正是一个现代公民应有的基本素质。总之,西北村民初步具备了公民身份认同的意识,但有关的认识及相应的政治道德素质还有待提高,可以说他们正处于由臣民向公民转化的阶段。最后,我们还得指出,从政治伦理的视角来看,要建设公民社会,实现村民自治,作为政治主体的村民的政治道德固然重要,但更重要的应该是制度伦理、政治运行伦理以及与此紧密相关的另一政治主体官员干部的政治道德建设。

三、西北村民的政治价值观念

"政治价值观是主体以自己的需要为尺度面形成的对政治理念、政治制度、政治组织、政治人物等各种政治对象的意义和重要性的总体认识和看法。"前引王宗礼等人的著作对政治价值观作出了这样的界定,然后根据调研把西北农牧民的政治价值观概括为四个"中心":以实惠为中心,以信仰为中心,以传统为中心,以权威为中心。① 根据我们的生活经验和调查了解的情况,这种概括基本符合实际情况,但需要指出的是,功利主义、传统主义和权威主义恐怕普遍存在于中国人的政治价值观念当中,只是有程度上的强弱差异,在西北农牧民身上并不见得比其他人表现得更强些。可能唯有以信仰为中心这一条才可以说是西北农牧民政治价值观上的特点,因为西北是少数民族聚居区,而少数民族大都比汉族具有更强的宗教信仰。本研究不打算概括西北村民的政治价值观的特点,只想通过问卷和访谈了解他们对自己的期许、对政府及其干部的评价和希望,我们认为前者能反映他们的个人追求,后者能反映他们的政治价值选择。

---

① 参见王宗礼、刘建兰、贾应生:《中国西北农牧民政治行为研究》,甘肃人民出版社 1995 年版,第 97—104 页。

（一）村民的自我期望

表2—9 你希望自己成为一个什么样的人

你希望自己成为一个什么样的人		频率	百分比（%）	有效百分比（%）	累积百分比（%）
有效	诚实、正直受欢迎的人	10	3.5	5.4	5.4
	有才有德，对社会有贡献，因而受人尊重的人	151	53.4	81.6	87.0
	成功、富有、被人嫉妒的人	17	6.0	9.2	96.2
	有权有势，宁愿被人当面畏惧巴结而背后怨恨咒骂的人	7	2.5	3.8	100.0
	合计	185	65.4	100.0	
缺失	系统	98	34.6	—	—
合计		283	100.0	—	—

我们已经从表2—8及以上的个别访谈看到了村民对"合格公民"的看法，如果说那些看法带有比较浓厚的政治色彩的话，那么表2—9反映的村民对个人的期许，则更能说明他们的价值追求。我们看到，访问对象的绝大部分希望成为一个"有才有德，对社会有贡献，因而受人尊重的人"；而对现实中很有诱惑力的成功、富有、权势等，他们似乎并不愿意以牺牲原则、尊严和名誉的代价去获得。但是，对于不带功利的纯粹的道德高尚，亦即通常所谓的"好人"，他们表现得更加冷淡。这一点并不难理解，因为在现实中如果你仅有诚实正直，则往往被视为无能窝囊。在不成功的"好人"、成功的"坏人"、成功的"好人"三者中选择成功的"好人"，应该说是很合情理的，但是并不能反映现实中的真实选择，因为现实中的选择情境可能是好人与成功不可兼得。对此，人们感到不平，也感到茫然。我们与村民的个别访谈或许能更好地说明这一点。例如，对于目前比较突出的贫富差距问题，甘肃定西市李家堡的村民L(男，汉族，36岁)是这样说的：

　　对贫富差距能不能接受？这不好说，大体上能接受，不接受又能咋的？但看见有的人其实又不聪明，又不勤奋，也不能干，还不能吃苦，就是靠着门路、关系、歪门邪道发家致富，而自己老老实实苦干下来，还是穷人一个，心里当然不平衡。现在许多人为了发家致富，确实不顾道德品行，只要能发财，啥事都敢干。按理说，当然要顾道德品行，不顾，那不就没哈数①了吗？可是顾了，你又干不成事，我也不知道该咋说才对。

　　这里反映的是在强大的现实面前的不解、不平、不满和无奈，也许更理性、更真实，但我们却不能据此就说上面设定情境下的选择是假的，因为主观愿望的真与现实选择的真是两回事。因此，我们相信上述调查所反映的道德选择、价值判断仍然是真实的。

（二）村民对领导干部的期许

　　我们再从村民对领导干部的要求和希望来考查他们的政治价值追求。

表2—10　你希望领导干部具有怎样的道德品质

你希望领导干部具有怎样的道德品质		第一		第二		第三	
		频率	有效百分比（％）	频率	有效百分比（％）	频率	有效百分比（％）
有效	公道	192	68.1	22	8.1	10	4.5
	勤恳	16	5.7	28	10.4	11	5.0
	廉洁	52	18.4	114	42.2	28	12.7
	有责任心	18	6.4	88	32.6	82	37.1
	诚实守信	4	1.4	18	6.7	87	39.4
	其他	—	—	—	—	3	1.4
	合计	282	100.0	270	100.0	221	100.0
缺失	系统	1	—	13	—	62	—
合计		283	—	283	—	283	—

---

① 当地方言，意为规矩。

表2—10的问题要求选三个答案,并按重要性排序。结果我们看到,首选的排序是:第一,公道(192,68.1%),第二,廉洁(114,42.2%),第三,诚实守信(87,39.4%);次选的排序是:第一,廉洁(52,18.4%),第二,有责任心(88,32.6%),第三,有责任心(82,37.1%);再次的排序是:第一,有责任心(18,6.4%),第二,勤恳(28,10.4%),第三,廉洁(28,12.7%)。毫无疑问,村民最看重的是公道。普通人所谓公道,就是政治伦理上最重要的价值公平、正义。仅次于公道的是廉洁,它与公道密切相关。一个领导干部办事不公道,往往因为私利作怪,而为了满足私利,他可能行贿受贿、贪污腐败,失去廉洁。村民对不公道、不廉洁的事最敏感,也最愤慨,不公道的直接受害者尤其如此。下面是一个生动的案例:

> 甘肃定西市李家堡村民M(女,汉族,71岁):自己盖房子,还得人家批,有的人给批,有的人不给批。我家申请了三年都没批下来,我就不明白,在自家的地里盖房子为啥还得他们批准。我家原来的房子都要塌了,你看这是我原来的房子(拿出几张照片,照片上的房子很破败,有很大的裂口),我和两个孙子就住这房子里,儿子儿媳都在新疆打工,儿子在建筑工地,儿媳打临工。我睡到半夜听见咯吱咯吱响,心里害怕得很。我这一把老骨头死了就死了,孙子要伤着了,我咋向儿子儿媳交代?赶紧把儿子儿媳叫了来,翻修房子。责任田里申请宅基地不批准,只得翻修这老房子。听说公家有盖房补助款,儿子拿着这照片去申请,也没申请下来,都怪他没门路,有门路的,人家比咱有钱多了,还是申请下来了。你们刚看见的那座大房子,李某某家的,去年盖的,申请得到一万块钱。

诚实守信对于所有人来说都是最基本的道德品质,对于官员领导来说则更为重要,因为他的言行关乎公众的利益,关乎政府的公信力。孔子论政,强调"足食、足兵、民信之矣",三者当中又最看重"民信之":"自古皆有死,民无信不立。"①政府及其官员一旦失去民众的信任,则国家无以立足。有责任心是对领导干部理所当然的要求,因而差不多与诚实守信一样受到村民的重视。

我们再来看看村民对领导干部有什么期望。表2—11中的问题可选两个答案,并要求按重要性排序。结果我们看到,首选的排序是:第一,"全心全意为人民服务"(222,79.0%),第二,"无论有没有本事、出不出政绩,首先要尊重老百姓的人格、权利和意愿,依法办事"(99,53.5%);次选的排序是:第一,"无论有没有本事……"(28,10.0%),第二,"敢想敢干,作风霸道,但有办法使地方经济发展,政绩突出"(57,30.8%)。对此我们的解释是:村民对领导干部的最一致期望"全心全意为人民服务"来自共产党的宗旨,是非常高的目标。村民选择它当然反映了对这个宗旨的认可,然而它是一个总体的、笼统的要求,再加上是耳熟能详的口号,所以这个选择很可能是不假思索的。如何落实这个宗旨应该是更有意义的问题。下面比较具体的几个选项作为对这个问题的回答,虽不全面,但在现实中却比较常见,有一定的代表性。在个别访谈中,有村民也提出了类似的看法。

---

① 《论语·颜渊》。有人把"民信之"解释为民的诚信,那不合孔子的原意,孔子的原意是指民对政府的信任或信心。

表2—11　你对领导干部有什么期望

你对领导干部有什么期望		第一		第二	
		频率	有效百分比（%）	频率	有效百分比（%）
有效	全心全意为人民服务	222	79.0	4	2.2
	敢想敢干,作风霸道,但有办法使地方经济发展,政绩突出	18	6.4	57	30.8
	遵纪守法,本分老实,尊重别人,但魄力不大,政绩不突出	13	4.6	25	13.5
	无论有没有本事、出不出政绩,首先要尊重老百姓的人格、权利和意愿,依法办事	28	10.0	99	53.5
	合计	281	100.0	185	100.0
缺失	系统	2	—	98	—
合计		283	—	283	—

甘肃定西市李家堡村民 H(男,汉族,38 岁):什么样的领导算好领导? 道德、能力、法律意识、政绩等各方面具备当然最好,但这样的人到哪里去寻? 总是办事公道,能听大伙意见的好一些。老好人,不办事也不行。有的领导,人好,遵纪守法,也尊重咱一般老百姓,但人太老实,不会跟上面打交道,啥也要不来,没有政绩,咱们指望不上他,光是个人好、守法律有什么用?

村民希望领导干部遵纪守法、尊重自己,又能够发展经济,做出政绩;但如果他为了政绩不择手段、霸道欺人的话,多数人宁可不要经济发展,不要他的政绩。这说明在村民的价值观中并不以功利实惠为第一位,而是把正义、公平以及尊严看得更重一些。这个结论可得到表2—6、表2—7结论的支持,但与前述王宗礼的等人的结论不合。也可能因为我们提问的侧重点不同,也可能因为这十多年中村民的政治价值观念已经发生了某种变化。

（三）村民的政治情感状况

我们还通过以下两个问题考查了村民的政治认同感情和基本的政治信任。表2—12告诉我们，村民作为一个中国人的自豪感主要来自国土山河和历史文化，也就是说来自自然的厚赐和祖先的遗产，这反映了一种朴素的自然感情，是爱国主义的坚实基础，也是形成政治价值观的基础。制度、领导、经济、国际形象、人民的地位和生活等选项被选的频率比较低，并不说明他们对这些作出了否定性的评价，只说明相对于国土山河和历史文化，这些因素在情感上唤起自豪的作用弱一些。

表2—12 作为一个中国人，什么令你感到自豪

作为一个中国人，什么令你感到自豪		频率	百分比（%）	有效百分比（%）	累积百分比（%）
有效	辽阔的土地，美丽的山河	101	35.7	35.9	35.9
	悠久的历史，灿烂的文化	99	35.0	35.2	71.2
	优越的制度，杰出的领导	34	12.0	12.1	83.3
	高速增长的经济	19	6.7	6.8	90.0
	在国际上作为大国强国的形象	6	2.1	2.1	92.2
	人民崇高的地位和幸福的生活	22	7.8	7.8	100.0
	合计	281	99.3	100.0	—
缺失	系统	2	0.7	—	—
合计		283	100.0	—	—

表2—13的问题相对于表2—12，认知的成分更大些，相应的选择可以进一步说明上面的观点。我们看到，对党和政府表示完全信任的访问对象并不多，只有65人，占23.2%，这是因为他们对中央和地方，党、政府和领导者个人是区别看待的，他们对中央、对党和政府的信任显然高于对地方、对领导者个人的信任。我们在生活中常

听人们这样说:党中央、国家的政策是好的,只是在下面执行的过程
中走了样。在个别访谈中,我们就听到了类似的话:

> 新疆塔城市和布克赛尔蒙古自治县夏孜盖乡教师 M(男,
> 汉族,31 岁):国家的政策很好,主要是下面的人操作坏了。比
> 如说家电下乡,只有一两家店铺能卖,而且产品类型很单一。按
> 理说,市场经济条件下,产品是流通的,老百姓有充分的知情权,
> 怎样选择都可以,只要按照国家的法律程序办事就可以了。所
> 以,我们更关心执行政策的人的素质,他们的好坏决定我们的切
> 身利益。

表中的回答印证了这种看法,一定程度上反映了西北农村真
实的情况和人们的情绪。但仔细分析起来,还有另一个原因应该
指出来:基层政府和干部是政策的执行者,直接与村民打交道,村
民对他们比较熟悉,较少神秘感,因而可以比较坦率地表达对他们
的意见。

表 2—13 你信任党和政府吗

你信任党和政府吗		频率	百分比（%）	有效百分比（%）	累积百分比（%）
有效	完全信任	65	23.0	23.2	23.2
	不信任	7	2.5	2.5	25.7
	信任中央,但不信任地方党和政府	97	34.3	34.6	60.4
	信任党和政府,但不信任某些领导干部	81	28.6	28.9	89.3
	说不清楚	30	10.6	10.7	100.0
	合计	280	98.9	100.0	—
缺失	系统	3	1.1	—	—
合计		283	100.0	—	—

从以上调查和分析来看,西北村民的政治价值追求倾向于正义、公平、权利、尊严等,与现代公民的价值追求比较接近。他们的政治感情主要表现为基于自然地理和历史文化的爱国主义;他们对党和政府的信任和评价比较复杂,需要把中央和地方、政府与个人分别来看。

四、西北村民的政治态度与参与意识

由于农村当前正在进行以村民自治为目标、村民直选村干部为主要内容的政治改革,因而村民的政治态度和政治参与活动成为当前最受关注、研究最多的一个问题。专门以西北村民为对象的研究,我们仍然主要以王宗礼等人的著作为例。它考查了农牧民的规范性政治参与和非规范性参与,前者以人大代表的选举为典型,另外还包括村委会的选举和议事、反映式的温和参与及诉讼式的法律参与等三种;后者则包括批判式的民怨、个体自裁行为、暴力反抗与集体行动等。作者得出的结论是:西北农牧民的政治参与意识较差,对选举的目的、意义不了解,参与行为盲目,对与自己无直接利害关系的选举态度冷漠,选举技能较差,对选举的认识与热情与年龄、受教育程度、性别及社会地位等因素高度相关。作者认为,政治制度化水平和政府的统治能力不够、农牧民受教育程度的普遍低下和政治素质的低下、缺乏非亲属的利益性社会组织、政治上的志愿社团、参与方式和目的不明确等是影响政治参与的障碍。[①] 杨平的研究是这样概括西北地区乡村公民政治参与的总体特征的:从参与主体看,西北

① 参见王宗礼、刘建兰、贾应生:《中国西北农牧民政治行为研究》,甘肃人民出版社 1995 年版,第 180—201 页。

地区乡村社会公民政治参与表现为精英主导下的大众参与;从参与意识看,表现为臣民、草民、教民、公民的复杂混合;从参与场域看,表现为乡镇、村庄、民间组织的密切结合;从参与态度看,表现为被动与主动参与的条件选择;从参与目的看,表现为理性与盲从参与中的投机倾向;从参与途径看,表现为制度性和非制度性共生;从参与层次看,表现为村落为主的底层政治参与;从参与效果看,表现为形式与内容一定程度的分离。作者把自然条件的恶劣、经济的落后和生活的贫困、教育的落后,以及民族意识、民族宗教、民族语言的差异性与民族分裂势力和非法宗教势力的活动、宗教文化、民族习俗文化、传统儒家文化的影响等看作制约村民政治参与的主要因素。①

本课题出于探讨村民的政治伦理观念的初衷,只关注村民的政治参与意识,即在参与中的认识、态度及评价等问题。

(一)政治参与意识

我们先来看村民有没有政治参与的动机和热情。从表2—14 可以看出,一半以上的访问对象表示关注国家政策和事务,这是公民意识的体现。37%的人表示"只关注与自己有关的事",这虽然表明公民意识差一些,但也无可厚非,关注与自己有关的事,必然进而关注国家的政策和公共的事务,因为自己的事不是独立的,必然要与国家政策及公共事务发生联系。关注实事求是的揭露批评和热点焦点问题的比例也比较高,这说明村民具有政治参与的动力和热情。不过,用政治系统论的概念和前文所引阿尔蒙德等人的

---

① 参见杨平:《中国西北乡村政治与公民参与问题研究》成果简介,见全国哲学社会科学规划办公室网站,2011 年11 月5 日。

观点来说,这还只反映了村民对政治输出的关注和期待;对政治输入的关注和影响才是真正的政治参与。表2—15和表2—16可以提供这方面的内容。

表2—14　你是否关注国家政策与事务

你是否关注国家政策与事务		频率	百分比（%）	有效百分比（%）	累积百分比（%）
有效	关注	145	51.2	51.4	51.4
	只关注与自己有关的事	37	13.1	13.1	64.5
	只关注热点焦点问题	31	11.0	11.0	75.5
	喜欢关注正面的宣传报道	16	5.7	5.7	81.2
	喜欢关注实事求是的揭露批评	47	16.6	16.7	97.9
	喜欢关注各种小道消息	6	2.1	2.1	100.0
	合计	282	99.6	100.0	—
缺失	系统	1	0.4	—	—
合计		283	100.0	—	—

在表2—15中,第一、第二两个答案的选择频率最高,两项相加达213人,占75.3%,说明绝大部分人认为普通老百姓对国家的方针政策有发言权,这无疑反映了明确的公民权利意识和责任意识,也反映了积极的政治参与热情。但是其中的多一半人又抱怨"不知到哪儿去发言",另有占总数18.7的53人表达了相近的意思:说是可以说,但说了也是白说。这就是说58.6%的人对政治参与的效果缺乏信心。这反映的不是参与意识方面的问题,而是参与机制、参与条件方面的问题,这些问题影响了村民的参与热情。

表 2—15　你认为普通老百姓对国家的方针政策有发言权吗

你认为普通老百姓对国家的方针政策有发言权吗		频率	百分比（％）	有效百分比（％）	累积百分比（％）
有效	有发言权	100	35.3	35.3	35.3
	有发言权,但不知道到哪儿去发言	113	39.9	39.9	75.3
	说是可以说,但说了也是白说	53	18.7	18.7	94.0
	那是当官人的事,普通老百姓不必管,也管不了	17	6.0	6.0	100.0
	合计	283	100.0	100.0	—

（二）对基层民主的看法

农村正在进行的村民自治可以说是一种具有中国特色的民主政治形式,是参与式的直接民主,学界视之为中国政治民主的逻辑起点,其意义之重大可见一斑。

表 2—16　你对民主怎么看

你对民主怎么看		第一		第二		第三	
		频率	有效百分比（％）	频率	有效百分比（％）	频率	有效百分比（％）
有效	民主就是人民当家做主	173	62.0	10	4.6	5	3.7
	民主就是老百姓自由地发表意见建议	55	19.7	96	44.4	6	4.4
	民主就是领导干部能接受群众的监督批评	12	4.3	58	26.9	43	31.6
	民主的关键在于公民有选举权	7	2.5	28	13.0	45	33.1
	民主并不重要,重要的是领导干部真正能为百姓谋福利	32	11.5	24	11.1	37	27.2
	合计	279	100.0	216	100.0	136	100.0

你对民主怎么看		第一		第二		第三	
		频率	有效百分比（%）	频率	有效百分比（%）	频率	有效百分比（%）
缺失	系统	4	—	67	—	147	—
合计	·	283	—	283	—	283	—

表2—17 你对村民自治怎么看

你对村民自治怎么看		频率	百分比（%）	有效百分比（%）	累积百分比（%）
有效	是实现基层民主的好办法	115	40.6	41.1	41.1
	只是上面搞的形式	73	25.8	26.1	67.1
	村民选举能选出大家信得过的人	46	16.3	16.4	83.6
	只会选出有钱有势的人	12	4.2	4.3	87.9
	选举只是走过场，上面早就定好了人	34	12.0	12.1	100.0
	合计	280	98.9	100.0	—
缺失	系统	3	1.1	—	—
合计		283	100.0	—	—

但是，农民自己对基层自治的认识、态度，特别是他们对民主的认识、对选举的态度，比学者们的观点更有实际意义。我们对西北村民的调查所得也许在一定程度上可以回答这个问题。

在表2—16中，访问对象对民主的看法，首选的排序是：第一，人民当家做主（173，62%），第二，老百姓自由地发表意见建议（96，44.4%），第三，关键在于公民有选举权（45，33.1%）；次选的排序是：第一，老百姓自由地发表意见建议（55，19.7%），第二，领导干部能接受群众的监督批评(58,26.9%),第三,领导干部能接受群众的监督批评(43,31.6%);再次的排序是:第一,民主并不重要,重要的是领导干部真正能为老百姓谋福利(32,11.5%),第二,关键在于公民有选举权(28,13%),第三,民主并不重要,重要的是领导干部真正能为老百姓谋福利(37,27.2%)。从首选的排序可以看出,村民对民主的本质和目的、民主保障的人民权利及实现民主的基本途径有最高的认同度。我们认为,这三者构成了比较完整的民主观念,是一个令人鼓舞的进步。次选的排序突出了民主的权利,也算抓住了民主的关键。最后的排序则多少显示了对民主的轻视或否定。当家做主是对民主最通俗也最常见的解释,与村民有亲身体验的农村基层自治也最吻合,因而得到高度认同。然而这种解释毕竟太笼统,容易让人忽视民主的实质内容,即应享的权利以及实现民主的程序,比如在以上的回答中,作为最重要的民主权利和民主途径的选举就明显地被忽视了。重整体轻具体、重目的轻程序,这是我们看待民主时常见的倾向,例如我们经常听见这样似是而非的说法:民主不民主并不重要,重要的是人民能不能当家做主,政府及其官员能不能真正为人民服务,提高人民的生活水平,等等。因此,西北村民有这样的看法本不足为怪,值得注意的是,村民轻视权利特别是选举,主要原因不在于观念而在于现实选举中存在的弊端,下面的问卷和访谈可以证明这一点。

在表2—17中,46.6%的人认为村民自治是实现基层民主的好办法,16.4%的人认为村民选举能选出大家信得过的人,这说明一半多一点的人对村民自治持肯定态度,但认为只是上面搞的形式的人也占到25.8%,如果再加上对选举持怀疑态度的人,这个数字就更大了。不难看出,村民对目前自治之所以还不太满意,主要原因是他们对选举不够信任。正因为如此,所以我们从表2—18看到,每次都参加选举的人还不到访问对象的一半,从不参加和不想参加的人合起来达到27%。表2—18反映了村民投票时的心态。虽然我们看到在回答这个问题的人中"相信我的一票很重要的"人最多,占70.6%,但回答这个问题的人仅有85个,占全部访问对象的30%,是整个问卷中回答频率最低的一个问题。另外,把参加选举看作自己的权利和义务的人加起来才有4个。与表2—17、表2—18联系起来看,说明村民参与投票的热情不高,对选举不太信任,对村民自治的态度不够积极。为什么会这样呢?下面的个案访谈所指出的选举形式和程序中存在的不合理现象多少能回答这个问题:

新疆塔城市和布克赛尔蒙古自治县夏孜盖乡乡村教师M(男,汉族,31岁):选举方式不对!先是县人大代表、乡人大代表选举,最后才是村干部选举。按理说,先是村级换完了,哪些人代表民众利益,选上级人大代表。先选乡里的,并且老百姓连乡里被选举的人都不知道,明天选举,今天把某某的生平事迹一念,老百姓认识都不认识,怎么谈他的生平事迹,怎么去评价?人们说,读生平的人,语速放慢,就像念悼词,大家来开追悼会了。基层选举有问题,老百姓有话不知道找谁说。每个县政府、乡政府,都搞光明栏,有书记信箱,有举报箱,都只是形式,没有实质性地解决问题。

表2—18　你参加过选举吗

你参加过选举吗		频率	百分比（%）	有效百分比（%）	累积百分比（%）
有效	每次都参加	110	38.9	39.0	39.0
	有时参加	96	33.9	34.0	73.0
	没参加过	53	18.7	18.8	91.8
	不想参加	23	8.1	8.2	100.0
	合计	282	99.6	100.0	—
缺失	系统	1	0.4	—	—
合计		283	100.0	—	—

表2—19　你参加投票时心里是怎么想的

你参加投票时心里是怎么想的		频率	百分比 （%）	有效百分比 （%）	累积百分比 （%）
有效	这是尽我的义务	2	0.7	2.4	2.4
	这是行使我的权利	2	0.7	2.4	4.7
	别人来投，所以我也来投	5	1.8	5.9	10.6
	相信我的一票很重要	60	21.2	70.6	81.2
	投的一票无所谓，只是走走过场而已	16	5.7	18.8	100.0
	合计	85	30.0	100.0	—
缺失	系统	198	70.0	—	—
合计		283	100.0	—	—

（三）维护权益的途径

如果我们把人大代表选举和村委会选举看作典型的规范参与，把向上级、向人大代表、向媒体等反映及到政府部门去上访等看作非典型的规范参与，把其他不符合法规的参与看作非规范参与，那么表2—20就大致反映了西北村民运用这三种参与方式的情况。当自己的利益受到损害或对某项政策某个领导强烈不满时，村民的首选是：第一，向上级部门写信反映（130，47.3%），第二，到地方政府上访（79，46.7%），第三，向人大代表反映（42，39.6%）；次选是：第一，忍受（51，18.5），第二，向媒体和网络反映（37，21.9%），第三，向媒体和网络反映（27，25.5%）；再次的选择是：第一，到地方政府上访（50，18.2%），第二，向人大代表反映（24，14.2%），第三，忍受（15，14.2%）。我们看到，村民还是倾向于采取规范而理性的方式来维权或解决问题，无论写信或上访，对象都是政府，特别是地方政府。虽然我们从表2—13知道，村民信任中央政府远胜于地方政府，但一则中央毕竟距离远而且有些神秘，反映或上访的成本必定很高；二则实际情况是只能向地方政府上访。选择其他维权或反映方式的都很少，特别向人大代表反映和联合抗议，一个规范，一个不规范，但都很少被选择。前者似说明，人大代表未能充分代表村民的利益，村民不够信任他们也不寄希望于他们，这也从一个侧面解释了村民为什么对人大代表选举比较冷淡；后者或说明村民比较理性，有较强的法律意识，或说明他们缺乏勇气。不少人表示"啥办法也没有，还是默默忍受"，这证明他们对维权或反映的结果缺乏信心，对自己的参与能力缺乏信心，当然也证明他们对表中提到的各种参与方式缺乏信心。相比较而言，由此反映的村民权利意识、参与能力方面的欠缺还是次要的问题，而村民对政府、领导、人大代表以及媒体等所抱信心的不足才是根本的问题。

表2—20　如果你的利益受到损害或对某项政策、
某个领导强烈不满，你怎么办

如果你的利益受到损害或对某项政策、某个领导强烈不满，你怎么办		第一		第二		第三	
		频率	有效百分比（%）	频率	有效百分比（%）	频率	有效百分比（%）
有效	向上级部门写信反映	130	47.3	9	5.3	5	4.7
	到地方政府上访	50	18.2	79	46.7	6	5.7
	去北京上访	6	2.2	5	3.0	2	1.9
	向人大代表反映	14	5.1	24	14.2	42	39.6
	向媒体和网络反映	17	6.2	37	21.9	27	25.5
	串联亲朋邻居等进行有组织的抗议活动	7	2.5	8	4.7	9	8.5
	啥办法也没有，还是默默忍受	51	18.5	7	4.1	15	14.2
	合计	275	100.0	169	100.0	106	100.0
缺失	系统	8	—	114	—	177	—
合计		283	—	283	—	283	—

　　通过以上调查及分析,我们看到,西北村民对国家政治特别是自己身边的村民自治活动还是比较关注的,出于对自身利益、地方利益乃至国家利益的关心,他们都不同程度地具有政治参与的动机和热情。他们对民主及自己的权利义务都有一定的认识,渴望当家做主,渴望享有正当的权利。但与之形成反差的是,他们对实际的政治参与活动却缺乏信心和热情,特别是对选举表现出的冷淡令人惊异。联系前文所述调查和个别访谈中了解的情况,我们不能轻率地得出这样的结论:西北村民公民意识差,权利义务观念淡薄,缺乏政治道德素质,还基本上处于臣民或草民的阶段。因为我们的调研和分析已反复证明,决定村民实际政治行为、政治选择的根本因素并不是他们的意识和观念,虽然意识和观念确实也是很重要的因素,而且还是本课题研究的中心。由于论题所限,我们不能提出更多的结论。

五、从政治伦理的嬗变看公民意识和公民参与

　　关于公民意识,朱学勤先生有过一个精辟的定义,他说:"公民意识是近代宪政的产物。它有两层含义,当民众直接面对政府权力运作时,它是民众对于这一权力公共性质的认可以及监督;当民众侧身面对公共领域时,它是对公共利益的自觉维护与积极参与。因此,公民意识首先姓'公',而不是姓'私',它是在权力成为公共用品,以及在政府与私人事务之间出现公共领域之后的产物,至少不会产生在这两者之前。"① 这个定义是就现代公民而言的,不包括古代如希腊城邦、罗马共和国以及中世纪城市国家的那种公民。由此来看,不

----

　　①　参见朱学勤:《书斋里的革命》,见《朱学勤文选》,长春出版社1999年版,第363页。

但我国传统社会缺乏产生公民意识的条件和文化,即使到了近代,尽管引入了国民、公民这样的概念,以取代专制时代的臣民、子民,但由于民主宪政始终未能实现,所以公民意识也难以真正建立起来。

以前文所述阿尔蒙德等人的理论来看,中国的政治文化最晚从西周时代起,就已经不再是村民型的了,因为至少从那时起,社会成员走出了分散孤立封闭的家族、村落、地方状态,而取向于相对集中的政治权威,已经出现了与宗教、社会相分离的专门的政治系统和专业化的政治角色。秦统一天下后更是形成了唯一的政治权威中心,尽管这种统一的局面不时被战乱和割据打破,但是中央集权的一统天下终归是人们心目中难以动摇的正统格局;尽管家族主义、血亲伦理一直是维系社会及政治结构的枢纽,但政治系统的相对独立性是显而易见的;尽管历代都有人幻想"凿井而饮,耕田而食,帝力于我何有哉"的自然开放的"无政治"生活,向往"不知有汉,无论魏晋"的与世隔绝状态,但毕竟无往而不生活在王权之下、政治之中,正所谓"君臣之义,无所逃于天地之间",所以也就不得不关注并且期待这个系统输出的法规和政策决定,但对于它的输入,即制度与法律的形成,除少数精英即传统的士绅阶层而外,大部分成员只有消极的期待而没有积极的参与;而对于政治对象的认同和评价,一般出于感情的取向,而非认知的取向、理性参与的取向。这些特点比较符合臣民政治文化类型,而少数精英或士绅则更接近混合型政治文化中的臣民—参与者文化;同时,还始终留有村民文化、村民—臣民文化的残余。这些当然与"理性—积极"型的公民政治文化还有本质的差别。但以阿尔蒙德等人的观点来看,公民文化并不完全排斥或取代村民、臣民的政治取向,而是结合后两者,而且在臣民文化向参与者文化的转变中,村民和地方自治可能有助于民主基础结构的形成和发展。因此,由传统的政治文化向现代政治文化、由臣民向公民的过渡,并不像我们通常认为的那样，是一个此消彼长、非此即彼的过程。

但是在20世纪初，当国民、公民等概念传入中国的时候，那些先觉者所持的正是此消彼长、非此即彼的主张，如邹容、梁启超等认为，中国只有奴隶性人格，没有国民或公民，只有私德，没有公德。应该承认这样绝对的主张在当时自有其合理性，因为非如此不足以扫除千年奴隶、臣民之习性，倡国民、公民之新风。经过梁启超等人的大力宣传，国民、公民的观念逐渐取代了臣民，人们开始有了这样的观念：其一，人民是国家的主人，主权在民；其二，国民具有独立自主的身份，享有平等、自由；其三，国民有一定的权利、义务。梁启超还认识到，仅有主人翁意识是不够的，还得有做主人的能力。他说："有国家思想，能自布政治者，谓之国民。"而公民的能力主要就是自治力："吾民将来能享民权、自由、平等之福与否，能行立宪、议会、分治之制与否，一视其自治力之大小强弱定不定以为差。"①平心而论，这样的认识在当时已经相当先进，但由于众所周知的历史原因，公民社会、民主制度始终未能真正建立起来，公民意识也未能普及和深入人心，人民没有享受到公民的权利，也不清楚什么才是自己应尽的义务。

新中国成立后建立了人民当家做主的社会主义制度，"人民"、"群众"等名词取代了"国民"、"公民"，但正如有学者所论，主人意识却发生了扭曲：其一是主人意识超政治化，主人意味着纯"领导阶级"（"统治阶级"），公民因包含"被统治阶级"成分而极易成为"专政"的对象。因此，人人争相进入"主人"行列并引以为荣，很少有人以"公民"自居，公民意识由此衰微。其二是主人意识高度泛化，形

---

① 张锡勤：《中国20世纪初"国民"问题讨论述评》，《求是学刊》1994年第1期。

成了与群众的大民主相应的"大主人"意识,严重制约着经济生活和社会生活中独立、平等的横向利益关系的确立,也制约着自由与责任观念、权利义务观念和自主自律观念的正确形成。其三是主人意识庸俗化、惰性化。一方面主人们有着盲目而泛泛的当家要求,并为争夺当家权而斗争;另一方面主人又简单、庸俗地认为,躺在给吃、给穿、给住、给工作的均贫富的安乐窝便成了主人,并在潜意识中等、靠、要和期待领袖为民做主。这既造成了主人真正民主权利的空泛和缺乏保障,也造成主人对其民主价值和权利的曲解和漠视。① 这番分析十分中肯,正是我们前文所说的战争伦理、革命伦理、阶级斗争伦理的生动反映,所指问题普遍存在于全体国民。但说到农村时,还必须强调以僵硬的户籍制度保障的城乡二元结构对农民的生活和观念造成的深刻影响,它使农民受到制度性的歧视,因而所谓平等的主人翁意识、权利义务观念就更无从说起。这种情况在改革开放后,特别是农村实行基层民主自治以来,已大为改观,村民已有了初步的公民意识、权利观念以及平等要求,但旧体制、旧观念的影响犹在,我们的调查已经证实了这一点。

人们有什么样的政治伦理观念,特别如权利义务观念、公德私德观念以及政治情感、政治态度、政治取向等,根本上取决于他们生活于其中的社会结构和政治制度。中国社会历来就是一个由官与民、统治者与被统治者构成的尊卑有等、贵贱有序的二元结构,相比于经济、文化等,政治权力才是真正的主导因素。忠、孝、仁、爱、礼、义、廉、耻等道德规范,从国家到家庭再到个人,融合渗透,共同服从于以父权、皇权为核心的等级秩序,所有这些道德规范都可说是政治性

---

① 参见刘雪松:《公民文化与法治秩序》,黑龙江大学马克思主义哲学专业博士学位论文,2005 年 9 月,第 142 页。

的,都是围绕权力展开和运作的,因而不可能有真正的权利意识和平等观念。中国基层的乡土社会又有其特点,众所周知,费孝通先生把它叫做差序格局,以与西洋的团体格局相对。在这个格局中,每个人以自己为中心,外推而与人形成多层次关系,这无数的关系构成富于伸缩的网络,其中人我、群己、公私都是相对的,没有截然的界限,因而不可能产生那种建筑在团体与个人关系之上的权利与道德,也不可能有真正的个人主义和集体主义,而只能有私人意义上的交情和利害。这种社会既不是人治的,也不是法治的,而是"无法""无讼"的礼治秩序、长老统治。[①] 新中国成立后,对这种社会结构和道德秩序进行了彻底的改造和重建。随着基层政权的建立和集体化、公社化的展开,家族衰落了、乡绅地主消亡了,原有的自治秩序不存在了,国家权力全面嵌入乡村,阶级忠诚代替了家族忠诚,行政空间代替了家族—村落空间,控制型道德范式代替自治型道德范式,道德建设的资源和权威都由行政来提供。[②] 在这种结构和基础上,只能产生一种以国家权力为主导的道德体系,不能产生以权利和义务为基本内容的公民意识和公民道德,当然更不会有真正的公民参与,只会有动员式的群众革命运动。

当我们明白了中国政治伦理、特别是乡村道德秩序嬗变的大致历史之后,再来看以上的调研所反映的西北乡村政治道德和村民政治参与现状,我们就会意识到,农村实行土地承包和村民自治的改革以来,村民的政治道德观念、公民意识和政治参与都发生了巨大的变化,尽管还存在诸多不尽如人意的地方,但根本问题已不在村民的道

---

① 参见费孝通:《乡土中国》之《差序格局》、《系维着私人的道德》、《礼治秩序》、《长老统治》等篇,三联书店 1985 年版。

② 参见谢迪斌:《破与立的双重变奏——新中国成立初期乡村社会道德秩序的改造与重建》,湖南人民出版社 2009 年版,第 243—269 页。

德观念或文化素质。比如,村民对选举的冷漠和消极态度,并不表明他们反对选举、反对民主自治,而是表明他们要公正透明的选举、真实可靠的自治。那种所谓农村"经济文化落后"、"农民素质太低,搞不了民主"的观点早已被事实否定。已故著名宪法学家蔡定剑先生早在 2002 年就通过"公民素质与选举改革调查"证明,可否实行直接选举不完全是经济、文化和公民教育程度的问题,关键在于选举行为与选民利益的联系程度。只有选举制度与选举行为利益联系密切,才能充分激发选民的积极性和主动性。① 另一位"三农问题"专家赵树凯也说:"目前的村民自治,一方面受制于村民组织与政党组织的关系的牵扯,也受到政府过程开放不够的制约,步伐依旧沉重。"②我们这次调研的结果可算是进一步的证明。公民意识与公民社会、政治素质与政治民主,到底孰先孰后、孰本孰末,也许是个见仁见智的问题,但可以肯定的是,公民意识须在公民参与中培养,民主素质须在民主实践中提高。"民主是一种参与机制和监督机制,如果这种机制还没有在政治制度和决策程序中真正建立起来,则'公民身份'和'民主'也无从谈起。"③有关公民身份的理论,历来都存在自由主义传统和共和主义传统的差别,前者立足个人主义,强调对公民权利和自由的法律保护,意图塑造一种消极的公民形象;后者立足集体主义,强调个体的责任和义务,意图塑造一种积极的公民形象。④ 显然两者结合才能塑造出完整的公民形象,但是从我国的政治传统、伦理传统以及公民理念传入以来,特别是新中国成立以来的

① 参见蔡定剑:《公民素质与选举改革调查》,中评网,2002 年。

② 赵树凯:《农民的政治·前言》,商务印书馆 2011 年版。

③ 潘一禾:《观念与体制——政治文化的比较研究》,学林出版社 2002 年版,第 199 页。

④ 参见[英]德里克·希特:《何谓公民身份》第 1 章、第 2 章,郭忠华译,吉林出版集团 2007 年版。

有关政治实践和宣传教育来看,共和主义传统无疑更受青睐,而自由主义传统所强调的个人权利和自由则至今仍受到曲解和压抑,殊不知权利和自由是责任和义务的基础,在此基础上,才能形成真正的公民身份以及相应的公德意识。公德"代表一种新的态度、新的价值观和新的处理人际关系的方式,而这些只有在自由的价值中、民主的方式中,以及自由、民主的心态中才能培养出来。""一个社会在伦理生活中如果不能相当程度地实现自由的价值,就不能普遍地提高它的道德水平。"①自由是价值,民主是实现自由的方式,然而在我们的有关理论和实践中,自由要么被忽略,要么被误解。所以本书特别提出来加以强调,以期在实现村民自治的过程中受到应有的重视。

---

① 韦政通:《伦理思想的突破》,四川人民出版社 1988 年版,第 129、130 页。

第三章　西北农村地区婚姻家庭
伦理的变迁与现状

家庭,是构成社会最基本的单位要素。国是大家,家是小国,家庭是个体最稳定的集结地,而婚姻是缀结的纽带。在传统中国社会,国就是依赖家庭、宗族来治理的。改革开放以来,中国进入向现代工业化社会转变的高速转型期,中国的社会结构、社会关系与生活方式的剧烈变化引发社会伦理观念的矛盾和冲突。家庭作为所有社会组织中反应社会生活变化最敏感、最迅速的单元,其结构以及相应的家庭伦理关系、道德规范也必然会作出相应的反应,现代婚姻家庭的矛盾冲突既是家庭伦理关系变化、道德价值观念冲突的折射,也是社会结构、社会生活方式变化的结果。

一、婚姻家庭伦理的概念及相关研究述评

(一)婚姻家庭伦理的概念

婚姻家庭伦理也称家庭道德,是指"在一定历史条件下,以社会舆论、传统习惯、内心信念、约定俗成或法律法规为约束力和推动力,形成旨在调整家庭成员之间以及个人与社会之间在婚姻家庭问题上相互关系的价值观念与行为规范的总和,是社会伦理道德的组成部分。"①林建

---

① 姚和霞:《当代我国家庭和谐的伦理审视》,河北师范大学出版社 2007 年版。

初指出，我们的祖先在几千年的家庭生活实践中，总结和概括出一系列的婚姻家庭生活准则，用以调节婚姻家庭关系，使家庭成员和睦相处，由此形成的一整套家庭生活的内心信念就是婚姻家庭伦理。①

（二）中国传统家庭伦理

我国古代社会基本上是宗法性的农耕社会，家庭不仅是生活单位，而且也是基本生产单位。要较好地维护家庭中的长幼、尊卑的秩序，要使其家族得以顺利延续，必须有一套适应当时情况、促进社会稳定的家族伦理规范，而这种伦理规范又必须是一套普适的、在整个社会中实行的伦理规范，这样社会才会稳定。② 儒家思想在中国传统文化中占有重要地位，我们根据一些儒家经典，归纳出传统家庭伦理的一些基本内容：

"君君、臣臣、父父、子子。"③

"弟子入则孝，出则悌"。④

"人人亲其亲，长其长，而天下平。"⑤

"父母在，不远游，游必有方。""不孝有三，无后为大。"⑥

"民是故明君制民之产，必使仰足以事父母，俯足以畜妻子；乐岁终身饱，凶年免于死亡，然后驱而之善，故民之从之也轻。"⑦

"天下之本在国，国之本在家。"⑧

---

① 参见《中国大百科全书〈社会学〉》，台北锦绣出版社1993年版，第105页。

② 孟子关于父子、君臣、夫妇、长幼、朋友五种人际关系的伦理规范，即"父子有亲，君臣有义，夫妇有别，长幼有序，朋友有信"。

③ 《论语·颜渊》。

④ 《论语·学而》。

⑤ 《孟子·离娄》。

⑥ 《孟子·离娄》。

⑦ 《孟子·梁惠王》。

⑧ 《孟子·离娄》。

1. 父慈子孝与父为子纲

在中国古代社会,父子关系是家庭关系的核心,父慈子孝在古代家庭伦理道德中处于中心位置。由于古代家庭的宗法等级结构,父与子有严格的尊卑之别,即所谓的父为子纲,这也就决定了孝在家庭伦理道德规范体系中的核心位置。父慈就是父对子物质上的供养、满足,精神上关爱、呵护,对子女承担起抚养教育的责任。父母对子女施以"慈道",子女对父母则要尽以"孝道"。正因为"父慈",所以"子孝",子女要赡养父母,是理所应当的责任与义务。由于多民族多宗教的原因,西北农村少数民族地区许多方面和汉文化有很大的差异,但是,百善孝为先,父慈子孝的传统家庭伦理道德却是西北传统农村社会所尊崇的。①

2. 夫义妇顺与夫为妻纲

夫妻关系是一切家庭关系的起源,有了夫妻然后有父子兄弟。在夫妻关系上,儒家的主流倾向是主张以夫为纲、夫主妻从。《白虎通义》说:"夫者,扶也,以道扶接;妇者,服也,以礼屈服。"意思是丈夫以道扶接妻子,妻子以礼顺从丈夫。儒家在主张夫为妻纲的同时,也强调夫妇相敬如宾,以求家庭和谐的理念。把夫妇相和看成是家庭兴旺的重要条件。如孔子说:"父子笃,兄弟睦,夫妇和,家之肥。"(《礼记·礼运》)可见,在处理夫妻关系上,一方面要求妻子听从、顺从丈夫,另一方面也强调丈夫尊重、重视妻子,做到夫敬妇听。我国传统社会强调夫主妇从是为了维护社会的人伦秩序,然而在夫妻之间的关系上也有重感情的因素,既要做到长久,也要相敬如宾。②

---

① 参见高乐田:《传统、现代、后现代:当代中国家庭伦理的三重视野》,《哲学研究》2005 年第 9 期。

② 参见高乐田:《传统、现代、后现代:当代中国家庭伦理的三重视野》,《哲学研究》2005 年第 9 期。

3. 兄友弟悌与长尊幼卑

兄弟姐妹乃手足同胞,是家庭重要的亲缘关系。悌就是处理兄弟关系的行为规范,它的具体内容是指兄友弟恭。"友"是兄对弟的道德规范,它要求兄长要爱护、关心弟;"恭"是弟对兄的道德规范,它要求弟对兄敬从、恭顺、谦恭而有礼。兄友弟悌是建立在封建长幼秩序基础上的,所以也就产生了兄弟之间的另一种关系,即长尊幼卑,长尊幼卑是与封建宗法等级制度联系在一起的。总体上说,它是一个以血缘关系为依据、以家或家族为本位、以等级差序为基本结构、以父子关系为轴心、以孝为主要运行手段的超稳定的伦理系统。①

(三)传统家庭的现代转向

费孝通在《生育制度》"夫妇的配合"一章中就指出:"因为自从工业革命以来,西洋社会发生了很大的变迁……一个理想的夫妇关系是要具有双重职能的,一方面是能胜任社会所交给他们抚育孩子的事务;一方面是两人能享受友谊爱好的感情生活……以我看来,文化的职志是在实现比较理想的生活。夫妇感情生活的未尽发展确是中国传统文化的一个弊端……这个风气流传到中国,传统文化的流弊被更清楚地反映了出来。青年中自然会感觉到配偶的社会安排是可憎的了……现在中国的青年对于婚姻有了一种以前的人所没有的,或可以没有的新要求。他们要在婚姻配偶身上获得感情上的满足。"②费孝通在书中指出,在禄村及他的家乡还存在童养媳、中表婚,这些习俗也受人攻击,但这也是文化塑造的。由于时代变迁,两

---

① 参见高乐田:《传统、现代、后现代:当代中国家庭伦理的三重视野》,《哲学研究》2005 年第 9 期。

② 费孝通:《生育制度》,天津人民出版社 1981 年版,第 59 页。

代人所处文化环境不同,缺少共同的婚姻标准,于是产生很大的隔膜。

(四)现代中国农村家庭伦理的变迁

20世纪50年代以后,在西方家庭社会学领域,"现代化理论"的代表人物斯梅尔塞认为,现代化会导致社会的政治领域、教育领域、宗教领域、家庭领域的深刻变化。就家庭领域而言,现代化会促进扩大血缘组织的普遍消亡。他指出,工业化以后,由于家庭经济功能的衰退,导致父系的权威逐渐下降,家庭内部的活动更多地集中于情感依恋。总之,现代化形成了以情感吸引和爱妻为基础的家庭,除了每个家庭成员各自与外部的联系外,家庭不再作为重要的社会领域。[1]

伦理学界普遍认为,虽然现代农村家庭仍是作为生活单位存在着,但是其作为生产单位的角色却在逐渐变化之中。在家庭伦理中"孝"的内涵发生了变化,传统的家庭伦理关系是有差序的关系,男性家长处于这一差序结构的中心地位。男女平等原则的确立使现代家庭伦理发生了结构性转换,夫妻关系取代父子关系成为家庭中的主导关系,从而,代际伦理(孝)从家庭伦理的中心地位降至边缘地位,以爱情为基本尺度的夫妇伦理取代了孝伦理。[2]

郭于华通过对位于华北地区京、津、保三角地带的 XY 村的实地调查,指出传统的代际交换关系发生了转变,反馈型代际关系模式发生了巨大变化,代际均衡交换关系已经被打破。他指出,"家庭中的权力关系在代际和性别两个层面都已发生了转变,作为长辈的老人因这一转变随着自然生理的衰败日益退到家庭生活的边缘甚至外

---

① 参见赵孟营:《新家庭社会学》,华中理工大学出版社 2000 年版,第 227 页。
② 参见吴俊、郭志民:《家庭伦理传统的嬗变——第四届海峡两岸伦理学研讨会综述》,《伦理学研究》2005 年第 1 期。

面。非正式的亲缘群体如宗族组织已不复存在,相应的道德约束和社会评价力量趋于消解,对于失范者的制约和处罚力量业已丧失。而属于国家政权系统的正式机构和正式规则对这一领域的介入较少,调解系统的干预仍使用传统代际交换的公正原则进行说合,法律机构的介入和依条文作出的判决常常无法对农民实在的生活世界产生结果。换句话说,在礼治秩序趋于消解后,法治秩序并未能提供使乡村社会正常运行的替代机制和规范。这表明传统代际交换关系的维系力量和存在基础已经完全改变,这是致使传统交换逻辑发生变异的重要原因。"①

阎云翔在其代表作《私人关系的变革》中重点表述了下岬村村民在养老方面的变革的情况,他得出的结论是:"老有所养、幼有所恃的传统相互赡养机制已经被新的道德逻辑与交换关系所取代。"谈到孝道衰落的原因,阎云翔认为,"在传统中国,法律、公众舆论、宗族社会组织、宗教信仰、家庭私有财产(在非集体化前夕,年长的村民手里就没有什么财产了。家庭财产主要都是在改革期间聚集起来的。而在这期间,年轻一代已经证明自己比老一代更适应市场经济)这一系列因素在支持着孝道的推行。在 20 世纪 50—70 年代的社会主义革命中,所有这些机制都受到了根本性的冲击。阎云翔将这一过程称为父母身份与孝道的世俗化过程,市场经济改革一系列价值观的进入,替代了孝道等一些家庭伦理,致使年轻人更多地从理性的、平等的交换关系这一角度来重新审视赡养老人的问题。"②

贺雪峰在《农民价值观的类型及相互关系——对当前中国农村

---

①　郭于华:《代际关系中的公平逻辑及其变迁——对河北农村养老事件的分析》,商务印书馆 2001 年版。

②　阎云翔:《私人生活的变革:一个中国村庄里的爱情、家庭和亲密关系(1949—1999)》,龚小下译,上海书店 2006 年版,第 208 页。

严重伦理危机的讨论》中探讨了当前中国农村出现的严重的伦理危机问题,他指出现代性因素的进入,致使中国农民传宗接代的本体性价值开始理性化,从而导致传统的构成农民安身立命的基础价值发生了动摇,伦理危机发生的根本原因是中国农民安身立命基础的本体性价值出现了危机。

从以上文献回顾中我们可以看出,国内外学者们对伦理变迁问题进行了广泛的研究,但就时间而言,较少涉及改革开放 30 年来的变迁情况,并且更多地关注于普遍家庭伦理,就西北地区乡村家庭伦理的变迁问题较少涉及。下面,我们就以课题组的调查问卷和个案调查资料为例,对西北农村地区婚姻家庭伦理观的现状及其嬗变进行深入分析。

二、社会转型期西北农村地区婚姻家庭伦理观的现状及其嬗变

下面,我们将从七个方面对西北农村社会的家庭伦理变迁状貌进行深入的分析。

(一)家庭结构和功能的变化

家庭结构是家庭的构成,但不是指家庭的经济、职业、文化的构成,而是特指家庭成员的构成及其相互作用、相互影响的状态,以及由于家庭成员的不同配合和组织的关系而形成的联系模式。家庭结构包括代际结构与人口结构,它们的组合形成了不同的家庭结构模式。由于家庭结构是家庭关系的整体模式,所以也称其为家庭类型。社会学一般把家庭分为四类:(1)单身家庭:只含一个人的家庭;(2)核心家庭:含一对夫妇及其未婚子女的家庭;(3)主干家庭:含三代

以上成员但每代最多只有一对夫妇的家庭;(4)扩大家庭:含三代以上成员且一代有两对以上夫妇的家庭。

表3—1　你结婚后选择哪种居住形式

居住形式		频率	百分比（%）	有效百分比（%）	累积百分比（%）
有效	和父母同住	144	50.9	53.5	53.5
	和兄弟同住	6	2.1	2.2	55.8
	和父母兄弟同住	19	6.7	7.1	62.8
	和妻子或丈夫单独住	98	34.6	36.4	99.3
	其他	2	0.7	0.7	100.0
	总计	269	95.1	100.0	—
缺失	系统	14	4.9	—	—
总计		—	283.0	100.0	—

从表3—1可以看出,在"你结婚后选择哪种居住形式"的回答中,有53.5%的人选择和父母同住,有36.4%的人选择和妻子或丈夫单独住,而只有7.1%的人选择和父母兄弟同住,有2.2%的人选择和兄弟同住。我们可以看出,西北农村家庭结构由传统的扩大家庭逐渐变为主干家庭和核心家庭,家庭规模逐步缩小。

下面,我们就以调查地点的个案作进一步分析,比如,从家庭人口结构变化来看,对甘肃省和政县科托村的访谈资料表明:该村东乡族、回族穆斯林家庭夫妇平均初婚年龄是20—21岁。也有十七八岁结婚的。依据每个家庭平均生育两个孩子计算,在这两个孩子成婚后,父母与一个已婚儿子同住,形成主干家庭,另外一个孩子分出去形成核心家庭。倘若该村一夫一妻20岁左右结婚,在孩子没有出生之前,为夫妻家庭。如果起初这对夫妻在结婚时,不与男方父母同住,生育第一个孩子,其家庭结构从夫妻家庭变为核心家庭。时隔5

年,生育第二个孩子。这时,家庭从 2 人增长为 4 人,人口结构发生了明显的变化。当第一个孩子到结婚年龄 20 岁左右,这对夫妇 40 岁时。这个时候大致有两种情况:如果他们已婚的第一个孩子与这对夫妻同住,则这个家庭的结构为主干家庭;如果他们分家不同住,家庭结构仍然是核心家庭。如果他们的第二个孩子婚后不分家,仍然和这对夫妻同住,这个时候的家庭结构就是扩大家庭。调查中我们发现,在西北农村地区扩大家庭较少,如果有也是暂时的。如果他们的孩子结婚后就分家,他们与结婚的幼子或其他某一子女同住,便形成主干家庭结构。因而我们可以说,在西北农村地区家庭中,家庭代际层次主要以两代或三代人同住为主的主干家庭、核心家庭为主。

等子女长大成人,结婚成家、另立门户的时候,父母的义务便从养育、教育子女转变为帮助子女建立新的家庭——夫妻家庭了。父母从住宅的扩建、准备婚礼、家庭财产的分配以及财产继承等事务入手,开始筹措,家庭由此分化。例如,回族、东乡族、保安族、撒拉族的民居主要以"庄廓",即庭院为主。分家时,多是在老"庄廓"附近建新"庄廓"。新疆地区的哈萨克族分家时,如果是牧区,子女会在父母毡房旁边搭建新毡房另居;如果是农区,他们就会在父母的房屋旁续建或在附近建新居。哈萨克族在财产分配上,一般遵从幼子继嗣制度,但是在平均分配家庭拼地与生活财产的基础上,一般会给幼子或长孙多分一些,实际上分家析产的过程,并非仅仅是个体家庭的事情。往往家族成员纠合在一起,体现家庭中"家"及"家产"的"祖业"观念。

(二)婚姻伦理及其变迁

1. 婚姻途径

从图 3—1 可以看出,在对"你的初次婚姻的途径是"这一问题

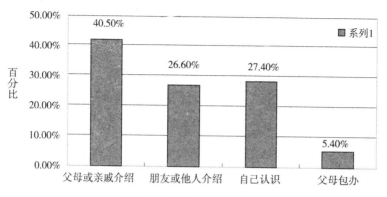

图3—1　你初次婚姻的途径是

的回答中,"父母或亲戚介绍"的占 40.5% ,"朋友或他人介绍"的占 26.6% ,"自己认识"的占 27.4% ,"父母包办"的占 5.4% 。我们可以看到,自由恋爱这一择偶方式的增幅不及经人介绍这一择偶方式的增幅大。经过深入调查,我们发现自己找对象的人主要是那些外出务工或者上学的青年,而那些留在村中的青年自己谈恋爱找对象的机会要相对少得多。我们可以看出,西北农村地区择偶方式的一个显著变化,就是父母包办婚姻所占的比重明显下降,但是从数据看,包办婚姻的现象仍然没有彻底消失。

我们在对宁夏回族自治区固原市西吉县红耀乡驼昌村的调查资料显示:新中国成立前,该村没有自由恋爱的,也没有别人介绍的,几乎是清一色的包办婚姻,这也是宁夏乃至西北农村普遍存在的情况。新中国成立后,1950 年颁布的《婚姻法》尽管废除了以包办强迫、男尊女卑、漠视子女利益为特征的婚姻家庭制度,确立了以婚姻自由、男女平等、一夫一妻为原则的新的婚姻制度,但在宁夏的一些农村,这种婚姻自主、自由恋爱的观念还无法得以百分之百地贯彻。所以该村到了 20 世纪 70 年代,择偶方式基本上是以父母包办为主。到了 20 世纪 90 年代,当地市场经济日益繁荣起来,人们的受教育程度也有所提高,加之人口流动的加剧,男女青年之间相互接触的机会增多,自由恋爱与经家人、朋友介绍这两种择偶方式所占比例都有所提高,父母包办婚姻的情况不再居于主导地位。2000 年以来,由于国内经济、文化、教育等方面的变化,这一地区民众的择偶方式发生了巨大变化,自由恋爱与经人介绍这两种择偶方式所占比例上升,对宁夏的这个小村庄带来深远的影响。

2. 择偶观念及标准

表 3—2 　在选择结婚对象时你最看重对方的什么

在选择结婚对象时你最看重对方的什么		响应		个案百分比
		人数	百分比	
	人品	245	36.4%	87.8%
	家庭背景	99	14.7%	35.5%
	经济收入	99	14.7%	35.5%
	社会地位	20	3.0%	7.2%
	外表	70	10.4%	25.1%
	学历	57	8.5%	20.4%
	职业	77	11.4%	27.6%
	其他	7	1.0%	2.5%
总计		674	100.0%	241.6%

人们常把择偶标准视作社会、文化转型的晴雨表。从表 3—2 可以看出,"在选择结婚对象时你最看重对方的什么(最多选 3 项)"问题的回答中,有 36.4% 的人选择"人品",有 14.7% 的人选择"家庭背景",有 14.7% 的人选择"经济收入",有 11.4% 的人选择职业,有 10.4% 的人选择外表,有 3% 的人选择社会地位,还有 1% 的人选择其他。我们可以看出,人品、家庭背景、经济收入排在前三位。

表3—3　在选择结婚对象时你最看重对方的什么

选项		人品	家庭背景	经济收入	社会地位	外表	学历	职业	其他	总计
汉族	计数	184	20	16	2	7	1	2	2	234
	A3 内的%	78.6	8.5	6.8	0.9	3	0.4	0.9	0.9	—
回族	计数	14	4	4	0	0	0	0	0	22
	A3 内的%	63.6	18.2	18.2	0	0	0	0	0	—
维吾尔族	计数	15	0	1	0	0	0	0	—	16
	A3 内的%	93.8	0	6.3	0	0	0	0	0	—
藏族	计数	4	1	0	0	0	0	0	0	5
	A3 内的%	80	20	0	0	0	0	0	0	—
总计		217	25	21	2	7	1	2	2	277

我们再按民族区分作进一步比较。从表3—3可以看出,通过问题"在选择婚姻对象时,你最看重对方的什么"的回答来看:"人品"在汉族、回族、维吾尔族和藏族中的比例分别为78.6%、63.6%、93.8%、80%,可见"人品"占绝对第一位,并没有族群的差异。这说明,随着西北社会经济的发展和变迁,西北农村地区各族民众对于传统婚姻观所倡导的"门当户对"考虑较少,而更加注重社会评价机制所倡导的个人化因素,比如"人品"等得到重视,这一变化反映了西北农村地区各族民众在选择婚姻对象时开始更加理性地考虑个人的婚姻问题。同时,从"家庭背景"在汉族、回族、维吾尔族和藏族中的比例分别为8.5%、18.2%、0%、20.0%,(除了维吾尔族)"家庭背景"排在第二位来说,西北农村地区各族民众在选择婚姻对象时十分注重对方的家庭及其家庭背景。而这些反映出西北农村地区社会的结构、文化依然有着传统性的特征,因为从传统的婚姻伦理观来看,婚姻不仅是两个人之间的事情,而是嵌入整个社会人际网络之中,脱离不开双方家庭在社会关系方面的支持,并

且会牵扯、影响到两个婚姻对象之间的社会关系网络。再从经济收入排在第三来看,西北农村地区在择偶时对今后家庭潜在发展能力、家庭生活的考虑更加务实,因为家庭生活涉及方方面面,不仅仅只是两个人之间的爱情。从以上分析可以看出,西北农村地区民众的择偶标准观逐渐从传统的以家庭为主逐步向现代的以个体为主、理性择偶转变。

在宁夏、甘肃、新疆的农村地区,尤其是一些偏远地区,回族、东乡族、保安族、撒拉族、维吾尔族男青年选择对象的年龄,一般只有十六七岁,新中国成立前这些民族的农村女性结婚年龄更小。我们回顾一下历史:20 世纪 70 年代,这一地区的少数民族有着较强的宗教意识,所以表现在宗教上的民族认同感更为强烈,结婚的青年在择偶标准中,对于宗教信仰以及家庭出身及政治面貌要求较高,所以这一时期的择偶标准会呈现出上述对宗教信仰以及家庭出身、政治面貌要求较高的特点。而在择偶时对于自身条件如个人能力、人品等方面一般不是十分看重。当然,由于受包办婚姻的影响,男女青年在择偶时对于感情因素似乎无从考虑。到了 80 年代以后,男女青年对于自身条件,尤其是人品、相貌以及对方家庭经济条件等标准的要求越来越高。而对于宗教信仰以及家庭出身、政治面貌的考虑已不及 20 世纪 70 年代了。

我们对甘肃省临夏市城郊镇陈方村 2005 年以后结婚的 12 对男女青年的访谈发现,他们普遍认为现在找对象只要是回民就行了,宗教信仰差不多就可以,对宗教信仰也不必要求那么高。在调查时发现,自身条件几乎成了男女青年择偶时最重要的标准,而且在自身条件里,人品等条件几乎是居于首位的。同时,由于这一时期全国经济的迅速发展,市场经济意识已对农村社会的影响变大,人们对对方家庭背景和经济条件也十分看重。因为西北农村社会传统性特征,人们还是十分注重传统的婚礼习俗,如彩礼、陪嫁等,所以对方家庭条件的好与坏,直接影响到择偶时彩礼、陪嫁的多与少,以及婚后生活水平的高与低等诸多问题。这三十多年西北农村地区人们择偶标准发生的变化,正折射出西北农村地区在经济、政治、文化、教育等方面发生的巨大变迁。

3. 族际婚姻伦理

表 3—4　你对不同民族间通婚的态度是什么

| | | | 你对不同民族间通婚的态度是什么 | | | | 合计 |
			认可	不认可	不太认可	无所谓	
你的民族是	汉族	计数	112	17	37	68	234
		你的民族是中的%	47.9%	7.3%	15.8%	29.1%	100.0%
	回族	计数	0	14	5	2	21
		你的民族是中的%	0.0%	66.7%	23.8%	9.5%	100.0%
	维吾尔族	计数	7	3	4	2	16
		你的民族是中的%	43.8%	18.8%	25.0%	12.5%	100.0%
	藏族	计数	4	0	0	1	5
		你的民族是中的%	80.0%	0.0%	0.0%	20.0%	100.0%
合计		计数	123	34	46	73	276
		你的民族是中的%	44.6%	12.3%	16.7%	26.4%	100.0%

随着近些年社会转型及市场经济的发展,西北农村地区社会流动频率和范围的扩大,劳务输出频繁,族群文化的涵化和认同程度的提高,使西北农村地区族际婚姻现象逐渐增加,那么,西北农村地区不同民族的族际通婚观念有什么差异呢? 如表 3—4 所示,通过问题

"你对不同民族间通婚的态度是什么"的回答来看,汉族中选择认可的为47.9%,选择不认可和不太认可为23.1%,选择无所谓的29.1%;回族中选择认可的为0%,选择不认可和不太认可为90.5%,选择无所谓的2%;维吾尔族中选择认可的为43.8%,选择不认可和不太认可为43.8%,选择无所谓的12.5%;藏族中选择认可的为80%,选择不认可和不太认可为0%,选择无所谓的20%。以上表明,在西北农村地区,汉族和藏族族际通婚现象的认同度、婚姻的开放度较高,而回族和维吾尔族为代表的信仰伊斯兰教的两个民族对族际通婚现象的认同度、婚姻的开放度较低。究其原因,伊斯兰讲究缔结婚姻必须信仰一致,我们通过数据可以看到这种传统观念尤其是在回族中根深蒂固。而维吾尔族虽然也信仰伊斯兰教,对族际通婚认可度为43.8%,明显高于回族。通过调查我们发现,维吾尔族这种族际通婚现象也多半是限于和信仰伊斯兰教的民族的通婚。

我们以个案为例,根据对青海湟中县拉尔干村的通婚范围的调查,该村的通婚范围主要在湟中县,说明在这个区域人们的流动范围、通婚范围狭小,使他们通婚范围主要局限在县、乡内,甚至更小,这是因为当地藏族保持着血缘外婚制的传统。同时,调查也发现,随着当地传统自然经济的打破,目前,该村藏族通婚圈正在急剧扩大,这说明现代化潮流已经使这个偏僻、封闭小村的通婚范围不断扩大。

甘肃穆斯林民族中回族、保安族、东乡族、撒拉族在历史上是与其他民族的人通婚,融合形成现有的族群,我们也可以称之为"再生民族"。也就是说,这些民族曾经有过民族外婚制度。后随着民族心理的强化,或者说在内婚成为可能的情况下,他们逐渐形成穆斯林民族内婚制,即缔结婚姻的双方都是穆斯林的制度,除非是外族人"随教"皈依伊斯兰教成为穆斯林,方可与外族通婚,而一般情况下是要以"只许娶进,不许嫁出"、"妇女外嫁禁忌"为表象。再比如,新疆的哈萨克族是从氏族部落逐渐形成的原生民族,他们实行氏族外婚姻制度下的族内通婚及穆斯林民族内婚姻制。

4. 婚前性行为的观念

表3—5　你对婚前性行为怎么看

看法	人数(个)	百分比(%)
不道德,坚决反对	90	32.7
如果是真心相爱,无须指责	67	24.4
可以理解	38	13.8
属于个人隐私	64	23.3
无所谓	16	5.8
合计	275	100.0

从表3—5可以看出,对于婚前性行为,仅有32.7%的人认为不道德,要"坚决反对";13.8的人虽认为不道德,但可以"理解";24.4%的人则认为,只要真心相爱,无须指责;还有23.3%的人把婚前性行为划入了"个人隐私"的领域。从以上统计数据可以看出,西北农村地区性开放从表层走向深层,性越轨行为容许度增加。

(三)夫妻关系、家庭质量评价

正如社会生活中男女是否平权,主要取决于他们在社会经济生活中是否处于同样的地位,享有同样的权利一样,在家庭中夫妻是否平权首先取决于夫妻在经济上是否处于同等的地位。如图3—2所示,"你认为夫妻在家庭的角色应当怎样"的回答,有21%选择"男主女从",有3%选择"女主男从",有59%选择"男女共同主内外",有 17% 选择"谁有本事谁主内外"。调查结果显示,随着农村女性经济地位的改善,使夫妻关系从传统的"男主女从型"正在向"男女平权型"转变。传统社会的婚姻关系倡导"男主女从"、"男尊女卑"、"夫为妻纲"的伦理道德规范,正在实质性地发生改变。

在我们的调查中发现,近年来,西北农村地区许多地方的妻子和丈夫一样都要出去做买卖、种地。在我们调查的甘肃和政县科托村,从 2002 年以来,该村东乡族男性出外打工比例很高,同时该村的女性也开始步出家门,到新疆摘棉花、去西藏挖虫草等劳务输出工作,这种比例正呈现逐年上升趋势。

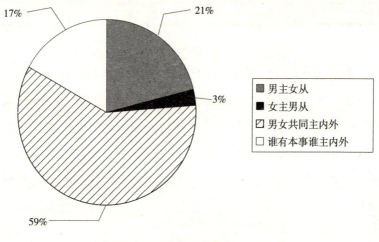

图 3—2　夫妻间的角色

新疆阿瓦提县阿依巴格 14 大队的 W(村委妇联主任,女,汉族,35 岁)在访谈中说:

　　我一直在农村长大,高二就不念书了,原因很多。我结婚的那时候,村上的人对于婚姻问题很保守,自己相中的,也不敢说,爸妈也会骂的。后来别人介绍,爸妈打听了一段时间,说可以,我就结了,结婚前见现在的老公只有两面。那时候自己也没啥想法,也许是太乖了! 丈夫家的经济条件不错,地也多,人也很勤劳,也很体贴我。通常是我在家做家务、看孩子,照看公婆,丈夫下地干活。忙时,我把家务活扔下,也下地干活,但主要是丈夫做,我做也是给他帮个小忙。在 2008 年左右,国家支持妇女创业,提供贷款,我征得丈夫同意,抵押家产贷款搞养殖,主要是养鸡,我们这里有维族,大家都不养猪。高中学了点文化知识,也能看懂养鸡的一些书本资料。几年来,我已经养到 2000 只了,也是家里的一笔收入。公公婆婆有养老保险,也单独过,我们只是提供一些生活日用品。地里忙的时候,我和丈夫一起下地,也雇用一些人,从地里忙回来丈夫帮我给鸡拌饲料。现在孩子大了多少也能帮点忙了。我对这种分工很满意,因为我这样做在家里有地位,也有说话的权利,能分担家里的困难。我在妇联,也没什么重要事可干。说起妇女问题,最主要的是妇女要在经济上独立,一切问题就好解决了。国家支持妇女创业,这政策很好。

阿瓦提县阿依巴格乡大学生村官 P(女,维吾尔族,28 岁)在访谈中说:

> 在选择对象时,我主要依靠熟人介绍。我老公暂时没有工作,在家务农,只有我在外面挣钱。以前男人在外面干活挣钱,女的在家做家务,而在我们家,现在反过来了,我觉得不公平。但社会现实是这样,我也没有办法,总得过日子。我是大专文凭,老公是本科文凭,我相信他以后会找到好的工作,为家里挣钱,我们共同为家庭出力。

可以看出,在阿依巴格乡,妻子通过出外挣钱,地位得到了空前提高。丈夫以前是家里收入的主要贡献者,妻子几乎没有可见收入。

但现在妻子地位提高了,在家务活上边投入的精力就非常有限,这显然是一种角色规范的变迁,丈夫和妻子在经济收入上能平起平坐,但丈夫还是想以传统的方式来"统治"妻子,相反,妻子对自己的劳动所得有强烈的成就感,不想再完全服从于丈夫。

表3—6 你认为影响夫妻感情的最主要因素是什么

		响应		个案百分比
		人数	百分比	
你认为影响夫妻感情的最主要因素是什么	相互的理解与信任	231	32.4%	82.8%
	孝敬父母	142	19.9%	50.9%
	经济收入	145	20.4%	52.0%
	性生活	28	3.9%	10.0%
	爱情	47	6.6%	16.8%
	孩子	84	11.8%	30.1%
	社会地位	34	4.8%	12.2%
	其他	1	0.1%	0.4%
总计		712	100.0%	255.2%

在传统西北农村地区,对于夫妻关系、家庭质量的评价中,对丈夫多强调的经济能力,而对妻子强调较多的则是孝敬父母、相夫教子的态度和能力等。那么,在当今西北农村地区,以上标准是否出现了一些变化呢? 如表3—6所示,从"你认为影响夫妻感情的主要因素是什么"的回答来看:选择"相互理解和信任"的占32.4%,位居第一;"经济收入占20.4%,位居第二;"孝敬父母"占19.9%,位居第三;其他依次是:"孩子"占11.8%;"爱情"占6.6%;"社会地位"占4.8%;"性生活"占3.9%;其他占1%。分析这一排序,我们以为,转型期的西北农村地区民众越来越看重夫妻感情、彼此的理解与信任;同时,夫妻感情也强调伦理道德、孝敬父母。从经济收入排在第二

位,选择孩子、爱情排在第四、五位,社会地位位居第六,性生活居第七来说,西北农村地区民众在重视伦理道德的基础上,逐步形成以夫妻关系为轴心的家庭关系,正在逐渐建构着具有现代特征的、更加理性的婚姻家庭评价标准,这些变化很显然也是社会转型期所具有的一些特征。

(四)对婚姻问题的评价

1. 感情破裂后的选择方式

表3—7　如果夫妻感情破裂,你是否会离婚

如果夫妻感情破裂, 你是否会离婚		频率	百分比 (%)	有效百分比 (%)	累积百分比 (%)
有效	会	93	32.9	33.2	33.2
	不会	58	20.5	20.7	53.9
	说不清	129	45.6	46.1	100.0
	总计	280	98.9	100.0	—
缺失	系统	3	1.1	—	—
总计		283	100.0	—	—

　　离婚可以说是重视婚姻质量的表现,婚姻的超稳定状态不是现代开放社会的特征,而是传统社会的历史产物。社会学家李银河认为,离婚是一个趋势,是传统社会向现代社会过渡中不可避免的现象。改革开放以来,我国的离婚率有不断上升的态势。那么,在西北农村地区,人们在夫妻感情破裂后,是否会选择离婚呢?从表3—7可见,选择"会"的人占33.2%,选择不会的人占20.7%,选择"说不清"的人占46.1%。这说明,西北农村地区在夫妻感情破裂的情况下,人们对选择离婚还是持相对谨慎的态度。

　　调查中我们发现,青海藏区拉尔干村这个村子中大龄青年明显

增多,青年结婚年龄呈推迟趋势,该村青年男女婚姻自主性增强,离婚率逐年提高。据我们对村里老人的访谈,他们对村里的私生子女和别的孩子一样,观念上不受歧视和亏待,并对男女青年的恋爱、结婚、离婚及生活方式选择都十分宽容。在婚姻方式上,他们更偏好嫁儿娶婿的婚姻方式。

2. 对离婚问题的看法

表3—8　你对离婚问题怎么看

	你对离婚问题怎么看	频率	百分比（%）	有效百分比（%）	累积百分比（%）
有效	感情不和的夫妻解脱的一种方式	61	21.6	22.3	22.3
	不光彩的事	40	14.1	14.7	37.0
	离婚会给孩子带来精神痛苦,最好不要选择	116	41.0	42.5	79.5
	视情况而定	56	19.8	20.5	100.0
	总计	273	96.5	100.0	—
缺失	系统	10	3.5	—	—
总计		283	100.0	—	—

那么,转型期西北农村地区民众如何看待离婚问题呢? 如表3—8所示,通过对问题"您对离婚问题怎么看"的回答来看,选择"感情不和的夫妻解脱的一种方式"的占22.3%;选择"离婚是不光彩的事"的占14.7%;选择"离婚会给孩子带来精神痛苦,最好不要选择"的占42.5%;选择"视具体情况而定"的占20.5%。这一结果反映出,西北农村地区大多数民众已经不再把离婚视为一种不光彩的事,同时也认为非到万不得已不会采取离婚的行动,人们对离婚的后果也加以十分理性地考虑。

（五）生育伦理

1. 性别偏好

表3—9　你是否更喜欢男孩

观念	人数（个）	百分比（％）
是	119	45.6
否	142	54.4
总计	261	100.0

表3—10　你的性别是/你是否更喜欢男孩（交叉制表）

			你是否更喜欢男孩		合计
			是	否	
你的性别是	男	计数	84	86	170
		你的性别是中的%	49.4%	50.6%	100.0%
	女	计数	33	54	87
		你的性别是中的%	37.9%	62.1%	100.0%
合计		计数	117	140	257
		你的性别是中的%	45.5%	54.5%	100.0%

　　生育不仅是家庭的重要功能，也是人们缔结婚姻的主要目的。我们在这次调查中也分析了西北农村地区人们对子女数量及子女性别的偏好，因为对子女性别的要求是婚姻家庭伦理观中很重要的组成部分。在问题"您是否更喜欢男孩"的回答中（见表3—9），选择"是"的占45.6%，选择"否"的占54.4%。我们再看交叉数据，男性中有49.4%的人选择"是"，而女性中则只有37.9%的人选择"是"（见表3—10）。可见男性更倾向于男孩的性别偏好。比如，甘肃省定西市安定区李家堡镇李家堡村民 L（男，汉族，36 岁）在访谈中说：

"我家两个孩子，一男一女，要都是女娃，我还得再生一个，农村没有男娃不行，家家都这样，都两三个孩子。"但是从总体上看，西北农村中男孩偏好的观念已经发生了转变。

2. 对多子多福的看法

由于经济、社会模式的影响，西北农村地区在传统社会中形成了一些生育观念，如多子多福等。所以我们通过对"你对'多子多福'的观念怎么看"问题的调查，观察在社会转型期人们传统生育观念的变化。由表3—11可见，有29.8%的人持不赞同的态度，有40.8%的人持不很赞同的态度，有8.5%的人持无所谓的态度，有14.9的人持比较赞同的态度，只有6%的人持赞同的态度。这与计划经济时代人们的生育观形成了较大区别。可见，30年来，由于中国社会转型、经济结构变迁、分配格局分化、计划生育政策实施以及社会抚育成本、生育孩子边际成本增高与收益的下降，"多子多福"的观念在西北农村地区民众之中逐渐淡化。

3. 子女数量

表3—11 你对"多子多福"的观念怎么看

你对"多子多福"的观念怎么看		频率	百分比（%）	有效百分比（%）	累积百分比（%）
有效	赞同	17	6.0	6.0	6.0
	比较赞同	42	14.8	14.9	20.9
	不太赞同	115	40.6	40.8	61.7
	不赞同	84	29.7	29.8	91.5
	无所谓	24	8.5	8.5	100.0
	总计	282	99.6	100.0	—
缺失	系统	1	0.4	—	—
总计		283	100.0	—	—

表3—12　你认为生育几个孩子最为理想

个数	人数（个）	百分比（%）
一孩	63	22.4
二孩	199	70.8
三孩	15	5.3
四孩	4	1.4
总计	281	100

从表3—12可以看出，在"你认为生育几个孩子最为理想"的问题中，回答"二孩"的占70.8%，位居第一；回答"一孩"的占22.4%，位居第二；回答"三孩""四孩"以上的分别位居第三、第四。近年来，我国政府在农村地区的计划生育政策趋于多元化，对农村地区少数民族及一女户相继出台了一些优惠政策，这在很大程度上可以满足部分西北农村家庭在生育方面的要求。

（六）亲子伦理观念

1. 对子女教育程度的期望

表3—13　你对子女受教育方面的期望是

你对子女受教育的期望是		频率	百分比（%）	有效百分比（%）	累积百分比（%）
有效	希望上大学	225	79.5	81.5	81.5
	随孩子，读不下去就算了	43	15.2	15.6	97.1
	上学没用，早点打工挣钱	6	2.1	2.2	99.3
	其他	2	0.7	0.7	100.0
	总计	276	97.5	100.0	—
缺失	系统	7	2.5	—	—
总计		283	100.0	—	—

从表3—13可以看出，在对"你对子女受教育方面的期望是"的

回答中,有81.5%的人选择"希望上大学",而选择"随孩子,读不下去就算了"、"上学没用,早点打工挣钱"、"其他"的人分别只占15.6%、2.2%、0.7%,可见大多数人希望通过上大学改变孩子的命运。但是另一调查项让我们非常担忧,孩子由爷爷奶奶带的比例为41.15%。近些年来,随着西北地区劳务输出越来越频繁,许多家庭年轻父母都选择外出务工,农村留守儿童在生活、学习、安全、教育等各方面出现了许多问题,已引起很大的社会关注。西北地区的农村人不愿意自己的孩子继续务农,他们非常希望自己的子女通过受高等教育方式等跳出农门,在城镇找到一份稳定的工作。我们认为,城市高收入和相对稳定的生活和西北农村地区较少保障的状况所形成的鲜明对比是这里的农村人重视其子女受教育程度的重要原因。

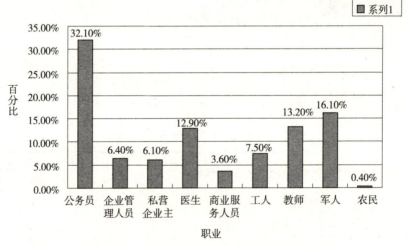

图3—3　你希望你的子女以后从事哪一项工作

2. 职业偏好

在传统家庭中,子女在家庭中具有不可忽视的地位。如图3—3所示,在"你希望你的子女以后从事哪一项工作"这一问题的回答中,32.1%的人期望子女从事"公务员"职业,位居第一;有16.1%的人选择"军人"职业,位居第二;有13.2%的人选择"教师"职业,位居第三;有12.9%的人选择"医生"职业,位居第四;排在之后的职业分别是"企业管理人员"、"私营企业主"、"商业服务业人员"、"工人"。值得一提的是,选择"农民"的只占0.4%,位居最后。在调查中,宁夏回族自治区中卫市沙坡头区史湖村村民R(汉族,30岁)的观点具有代表性,他说:

> 我有两个孩子,都是男孩子。我的期望是他们都能考个好大学,走出农村,这里的日子太苦了。我受苦了,再不能让孩子受苦,就说现在年轻孩子找对象,农村的男孩子不好好念书,没有特殊的技术或职业,只是务农,讨个媳妇很困难。我希望儿子考上大学,有文化,有工作,媳妇也好找。

以上个案反映了西北农村很多人的观念。英格尔斯在研究社会变迁与社会性格的关系时指出,经过急剧社会变迁的父母,都会在实践中有目的地进行调整,寻求用与本人成长迥然不同的方式来教育孩子,以训练孩子更好地适应父母眼中变化着的世界。我们可以看到,随着近年来土地的低回报的加剧,城乡之间的差距也越来越大,这让西北农村地区的农民不愿意让自己的子女从事和他们一样的职业。

(七)养老方式的选择

表3—14　你认为最理想的养老方式是什么

你认为最理想的养老方式是什么		频率	百分比（%）	有效百分比（%）	累积百分比（%）
有效	靠子女或直系亲属养老	64	22.6	22.9	22.9
	靠自己存钱养老	74	26.1	26.5	49.5
	参加社会养老保险	135	47.7	48.4	97.8
	到敬老院或托老所	6	2.1	2.2	100.0
	总计	279	98.6	100.0	—

你认为最理想的养老方式是什么		频率	百分比 (%)	有效百分比 (%)	累积百分比 (%)
缺失	系统	4	1.4	—	—
总计		283	100.0	—	—

从表3—14可看出,在问题"你认为最理想的养老方式是什么"的选择中,选"靠子女或直系亲属养老"的占22.9%;选"靠自己存钱养老"的占26.5%;选"参加社会养老保险"的占48.4%;选"到敬老院或托老所"的占2.2%。从统计数据可以看出,在西北农村地区大多数人选择参加社会养老保险或自己存钱养老,许多农民更愿意选择社会化的养老方式或靠自己存钱养老,或者说,至少在这一代中青年人眼中,他们已经认同社会化养老方式,不再把子女作为年老时唯一的依靠,子女的家庭养老功能已经弱化。我们在个案访谈中作了进一步的分析:

新疆塔城市和布克赛尔蒙古自治县夏孜盖乡托热特村夏孜盖乡托热特村 W(男,汉族,38 岁)说:

> 我们村的养老问题是这样的:因为都有儿女,轮流给老人拉个煤炭、送生活用品等,偶尔给点钱。只是生活上儿女帮一下,大多时候都是单独住。老人中有一部分错过了买养老保险的年龄。2008 年和丰县搞过一次养老保险,有一部分老人买了。现在我们村除了那些错过的老人,年龄不是很大的老人都有养老保险,只有一户两个人没有。政府补贴了一部分,我们自己也出了一部分。

宁夏回族自治区中卫市沙坡头区史湖村村民 R(女,汉族,30 岁)说:

> 对我来说,指望儿女养老是不明智的。我上有老,下有小,希望自己的公婆有能力,我们和他们一起出钱买养老保险,自己照顾自己。我也想着要孝敬老人,现在只是心理上的安慰,生活上简简单单地照料,没有给老人提供很幸福的生活。因为两个孩子都上学,同时还要考虑孩子未来花钱。我老了,只要我和孩子他爸能干活,没什么疾病,自己养老,不给孩子添麻烦。只要孩子过好了,我们生活好坏都无所谓。

新疆塔城市和布克赛尔蒙古自治县夏孜盖乡托热特村夏孜盖乡托热特村 M(男,汉族,31 岁)说:

> 我希望能自己交钱,国家补贴,60 岁以后,到社保部门领取养老金。

甘肃省定西市安定区李家堡镇李家堡村民 L(女,71 岁,汉族)在访谈中的观点代表了许多老年人群的看法,他说:

> 老了不靠儿子养活,还能靠谁? 女儿嫁出去是别人家的人,不能指望,公家也指望不上,好赖总得靠自己的儿子。没儿子就没指望了。我靠儿子,我的儿子还得靠他这个儿子,家家都这样。

从以上个案我们可以看到,接受社会化养老方式的主要以中青年为主,而老年人的养老观念还是趋向于靠子女或直系亲属养老,这说明西北农村地区人们的养老观念在代际间发生了改变。在对宁夏、甘肃的调查中发现,回族、东乡族、撒拉族、保安族等一些少数民族家庭的养老观念更趋向于传统。甘肃省临夏市城郊镇毛园村的一位 M(男,回族,37 岁)在访谈中说:"《古兰经》中说,真主只惩罚忘恩的人,对人们恩德最大的,第一是真主,第二是父母。孝顺父母是报答父母恩德的唯一途径,所以老人老了赡养是我们应尽的义务。"我们了解到,在这个村子里,监测子女是否孝顺的方式是很多的。首先,如果阿訇听说哪家的子女不孝顺,会在主麻聚礼的时候用《古兰经》或圣人圣迹来正面教育该人。其次,这个村子形成的回坊是一个熟人社会,大家如果听说哪家的子女对老人不孝顺,村里有权威的长辈会主动批评教育他,而村里其他人也会以疏远、舆论等方式惩罚他。再次,其他家庭成员或亲戚,特别是舅舅之类的人,会给当事人很大的习俗压力。比如,在我们的个案调查中发现,老年"夫妻家庭"和"空巢家庭"在甘、青、宁农村地区的穆斯林家庭中较为少见,家庭类型主要是以父母与一成婚的子女及其孙子女共同生活的"主干家庭"为主。我们还发现,在新疆地区,由于哈萨克族有"还子"习俗,大多数老人老有所养,能够找到合适的家庭养老归宿。

但是,我们在访谈中也同时发现,如今西北农村有些地方出现了赡养问题,一般是在多病老人和女性老年群体中发生的。多病老人需要很多钱治疗,而某些子女只是满足老人饮食等基本生活需求,对于老年人的病却漠不关心。案例反映的情况虽属个别人的行为,但是,人们对这类事件的态度已经发生了变化。以前,如果有这类情况发生,有权威的老年人一定会上门对年轻人进行批评教育,但是,现在大家以为上门去处理是多管闲事,只是在背后悄悄地议论。

"传统家庭伦理道德的核心是孝道。作为伦理观念的'孝'在西周时期产生,它的发展演变经历了从祭祀祖先的宗教伦理到家庭伦理,再到政治伦理的过程。传统孝道具有两面性,在现代社会面临着家庭结构变迁与代际鸿沟的严峻挑战。'孝'如果发展到一个极端,就是所谓的'愚孝',这是不利于社会发展的;如果发展到另一个极端,就是不赡养父母,使父母'老无所依、老无所靠'。"①通过我们的

---

① 杨璐瑶:《从家庭伦理角度看乡村伦理道德与社会关系》,《科教文汇》(中旬刊)2010 年 2 月 20 日。

调查数据和个案访谈的资料可以看出,虽然西北农村地区的养老观念上人们普遍接受社会化养老方式,但是在现实中人们还是比较注重传统的以孝道为核心的家庭伦理道德。

三、西北农村地区婚姻家庭伦理观 变迁的主要原因

(一)家庭之间血缘性的疏淡削弱了传统家庭道德社会控制功能

随着社会的发展,西北农村地区家庭的血缘性逐渐淡化,血缘关系作为形成传统社会控制模式基础的作用明显降低了,血缘关系对家族成员家庭生活中的影响越来越小了,而因生产、生活出现的联系正逐渐成为家庭之间联系的主要模式和途径。杨善华指出,家庭核心功能即"在家庭的诸功能中,与一定的生产方式相适应,具体体现着一定社会的家庭制度和家庭本质的功能。"[①]随着改革开放,越来越多的西北农村人放弃了原有的自给自足的家庭生产模式,进入城市成为工人。我们知道,在现代社会中,家庭的核心功能是情感满足的功能,只有当夫妻双方不是因为生存问题结合在一起,当家庭不再承担生产功能时,情感满足功能才有可能成为家庭的核心功能。这种变化影响了传统精神文化对西北农村传统家庭道德社会控制作用的发挥。

(二)家庭生活中传统宗教文化的影响逐渐减弱

我们知道,政权与神权相结合是传统社会中的社会控制的特点。如回族、东乡族、保安族、撒拉族的阿訇作为宗教职业者,不仅从事宗

---

① 杨善华:《家庭社会学》,高等教育出版社 2006 年版,第 32 页。

教仪式和活动,又有根据习惯法调解家庭生活中日常纠纷的权力,这种形式都使得宗教文化能够以这种模式为中介在其社会和家庭道德调节中发挥作用,例如通过宗教节日不仅可以强化人们对宗教的认同,而且宗教活动通过在日常生产活动的渗透和融合,从而为宗教的社会控制功能的发挥奠定了基础。然而,在现代农村社会中,根据我国的民族宗教政策,宗教文化对社会和家庭的控制大大减少了,宗教仪式的复杂程度、持续的周期、具体内容等方面都大大地简化了,因此,通过宗教文化调节家庭道德的事项也大大减少了,这加速了西北农村家庭道德的变迁。

(三)现代社会规范与传统道德规范交互作用

"传统道德规范是根据传统的道德、习俗、习惯法、宗教精神以及相应的文化价值体系等来作为社会控制的依据。在此状况下,传统道德规范是传统社会控制模式的重要组成部分,因而,传统伦理道德规范作用的发挥也是保证传统社会正常社会秩序的手段之一。"[1]改革开放以来,随着西北农村地区社会跨越式的发展,其传统文化结构性变异,其传统文化模式发生了转型,相应的其规范社会的道德模式的社会功能也逐步发生了变迁。这表现在:首先,随着国家法的确立,传统道德规范在西北农村社会中的作用明显减弱。我国现行的《婚姻法》在规范西北地区婚姻行为上发挥了很大作用。我们在个案调查的分析中也指出,西北农村地区男女青年在结识方式、择偶标准方面发生了明显的变化。这种变化反映了传统习俗对婚姻的控制力在减弱,而且双方结识方式的变化必然引起婚姻的连锁变化:结识

---

[1] 李晓斌、龚卿、胡兴:《东云南人口较少民族传统精神文化社会控制功能弱化相关因素分析》,《中央民族大学学报》2006 年第 3 期。

方式的变化、择偶观的变化使得族际通婚的比例提高,反映在空间地理上就是通婚距离呈现不断增加的趋势。这种变化显示了西北农村地区人们新型婚姻观的形成。

四、西北农村地区婚姻家庭伦理观变迁的趋势

通过对西北农村地区婚姻家庭伦理观的调查分析,现在可以得出一个基本结论,即:在处于传统向现代转型时期的西北农村地区,传统文化中的家庭本位、亲情伦理、宗教伦理等文化传统仍然强有力地影响着西北地区民众的婚姻和家庭伦理。与此同时,现代文化所表现出的多元化、世俗化、理性化、个体化倾向已经逐渐进入西北农村地区民众婚姻家庭构建过程中,这两者交融的状态使得当代西北农村地区民众的婚姻家庭伦理观显示出更加理智、务实的特点。总体而言,西北民族农村地区婚姻家庭伦理观表现出传统与现代互动、融合的特点,并逐步形成了与现代社会相适应的新型伦理观。

(一)家庭伦理开始从传统的家庭本位向个人与家庭双重价值取向转变

"从个体与家庭关系的角度讲,传统家庭道德是一种依附性道德。传统家庭伦理强调家庭本位,个人利益必须服从家庭利益,并形成了个体对家庭的依附;而现代家庭伦理是建立在个体平等、个性独立的基础上,它强调个人和家庭的双重价值取向。"①首先是家庭结

---

① 参见刘怀光、鲍友宏:《社会转型与家庭伦理地位转变》,《甘肃联合大学学报》2009 年第 2 期。

构的变化。家庭结构由传统的扩大家庭逐渐变为主干家庭和核心家庭,家庭规模逐步缩小,家庭类型呈现多样化趋势。其次是家庭功能的变化。家庭功能正在从传统的生产功能、生活功能、性的功能、养育功能、赡养功能,向现代家庭更多内容、更高层次的功能演变。

(二)婚姻评价标准逐渐从传统神圣的文化习俗向祛魅的现代标准转变

一是择偶观的变化。择偶行为趋向于自主化,人们的择偶标准向更综合的方面转变。人们择偶的理性选择和自主意识均有所增强,婚姻中来自家庭其他成员的干预在减少;择偶标准方面发生了很大的变化,社会因素、爱情因素、经济因素(如人品、学历、职业、能力、住房、收入等)日益成为人们择偶条件中更重要的部分。婚姻开始由追求功利向追求婚姻质量转变。二是夫妻关系观的变化。夫妻关系由"男主女从型"向"男女平权型"转变。夫妻平等已成为共识,妻子的人格在家庭生活中受到尊重。家庭中妻子的角色从传统的依附、被动、服从逐渐向主动、平等、自主、独立的现代文明型夫妻关系转变。尤其是随着农村生产生活方式的实质性改变等新的时代背景下,以往"男主外,女主内"的夫妻关系已经发生了一些实质性的转变。夫妻地位由过去的妻子依附丈夫的主从关系向夫妻共同承担家庭责任和义务的平等关系转化。三是性观念变化。西北农村地区性越轨行为容许度增加。四是离婚观的变化。很多人不再视离婚为不光彩的事,而是把离婚看成那些感情不和的夫妻追求自由、获取幸福的一种方式,妇女在离婚问题上的自主意识明显增强,这表现了过去在这一地区人们的传统的"从一而终"的观念受到了严重的冲击,当然,人们对选择离婚还是持相对谨慎的态度。

（三）家庭轴心逐步从纵向的亲子关系转为横向的夫妻关系

一是家庭伦理轴心逐步从纵向的亲子关系转为横向的夫妻关系。人们越来越重视夫妻关系在家庭中的重要性，更多的人从传宗接代、延续香火的任务压力下解放出来。二是生育观发生了根本的变化。多子多福的观念有所淡化，传统观念上所认为的"不孝有三，无后为大"、"养儿防老"的观念已被越来越多的年轻人抛弃；"少生、优生、优育"及"生男生女都一样"的观念为大多数家庭所接受，人们不像原来那样只强调生，而是更注重对子女的教育。

（四）以孝道为核心的传统家庭养老功能出现弱化并趋向社会化养老

国家实行计划生育政策后，国民响应号召，少生优育。为此，全国的人口出生率在逐年下降，农村人口大幅减少，家庭小型化已成事实。虽然西北农村地区的养老观念上人们普遍接受社会化养老方式，但是在现实中人们还是认同以孝道为核心的家庭伦理道德，农村家庭人口的减少，使得小户型家庭养老的压力明显加大。由于西北农村地区多民族、多宗教的文化多样性特征，他们的婚姻家庭伦理观在总体上有这些变化的同时，存在着家庭伦理观向多元化发展的趋势。

（五）婚姻家庭伦理观呈现出传统与现代互动的特点

需要说明的是，我们所说的西北农村地区的这些变化只是从总体上来说的，这些家庭伦理观具体到每个家庭往往有很大的差异。我们认为，传统社会的社会结构、文化场域形塑了西北农村地区民众的传统婚姻家庭伦理；同时，这一惯习又把传统西北农村社会构建成一个充满意义的世界，共同构建着西北农村地区传统社会。随着中国改革开放的到来，市场经济体制的逐步建立，西北农村社会也开始步入从传统社会向现代社会转型的过程。在这一过程中,现代文化以及其张扬的理性化、世俗化、多元化价值观念和思维方式也逐渐传入中国农村社会,西北农村社会的经济结构、人际关系、利益分配格局均发生了较大的变化,可以说,这一社会转型过程,使得西北农村社会的经济、文化及婚姻家庭的场域被重构。与此同时,人们的婚姻家庭伦理观及其行为在这一再生产过程中逐渐从传统型向现代型转变。需要指出的是,这一互动和双重建构的过程是一个动态的过程,所以,西北农村地区民众的婚姻家庭伦理观也就呈现出传统与现代互动、融合,多元化、世俗化的特征。

第四章　西北农村地区人际交往伦理的变迁与现状

改革开放以来,由于市场经济与农村民主政治的发展,西北农村地区的人际交往关系发生了很大的变化,从传统的重地缘、血缘、人情、面子、关系等逐步发展为重人品、利益、能力等。我们在已有研究成果的基础上,考察西北农村地区人际交往伦理变化的特点及这种变化产生的原因、动力及影响等,目的在于为人们正确认识当代中国农村社会人际交往伦理提供理论与事实依据。

一、人际交往伦理研究的现状述评

"交往"这个概念被多种学科共同使用。心理学、社会学以及民族学和哲学等领域,都在研究交往问题。交往指的是在个体与个体之间或者群体与群体之间发生的一种比较普遍的与人类自身的心理及行为有关的活动。这种心理与行为活动有着内在联系,呈现为一个由低级向高级发展的序列。而且,不同的社会交往形式,对应着不同的社会结构。在心理学研究领域,交往的内涵指的是,人与人之间或是通过心理接触,或是直接沟通,从而达到一定的目的和认知的过程;在社会学的研究领域,交往被定义为,主体通过一种刻意的交往行为而形成的特定的社会关系;民族学研究领域的交往,是一种族群之间的交往,它主要研究的是民族共同体之间为什么会发生这种社会关系,即主要研究它们之间发生交往的动机与原因,以及发生交往关系的方式及其结果,是一个民族与其他民族关于经济、政治、思想文化等的交流与往来的总和,它与民族的生存、变迁、发展与繁荣息息相关。

从历史到现在,人类的交往活动的各个领域都发生了重大而又深刻的变化。从人类社会的历史发展演变到社会制度的更替,从民族的分裂到民族的融合,从国家疆域的变化到资源配置的变化,以及民族的兴衰等,这些都与人们之间的物质交往和精神交往有关。"交往"作为人类特有的一种生存方式与活动方式,是民族社会发展的动力、源泉和结果。

人与自然、人与社会之间的紧张关系,都要通过交往来解决。如今,交往从形式到内容,都得到了普遍的发展,而且呈现出多元化的时代特征。作为主客体交互关系的中介的交往,是马克思主义实践观的一个重要范畴,是实践在社会历史领域的拓展和延伸,是人与人以及人们之间物质、能量、资源、信息的一个交换过程。它使得人们的物质空间和精神空间都得到了极大的扩展,从而可以实现个人或者一个民族的跨越式发展。

按照马克思、恩格斯科学的实践观和历史观,交往是为满足人们生产和生活中日益扩大的物质及精神需要而进行的活动;交往手段和交往方式是不断创新、普及和进步的;交往联结生产和再生产过程,表现生产实践活动的中介性、接力性特征;交往体现一定的社会关系,表示一个民族、国家和世界等范围内人们的生产单位和生产活动的联系方式;交往以巨大能量在社会现实的发展过程中客观地发挥了难以想象的作用,交往使得各地域、民族之间产生相互影响,同时交往是民族、国家走向世界的重要条件;交往"首次开创了世界历史,因为它使每个文明国家以及这些国家中的每一个人的需要的满足都依赖于整个世界,因为它消灭了以往自然形成的各国的孤立状态"①。由于交往,人类的文明成果才得以交流、保存和传承,社会才得以进步和发展。德国著名哲学家、社会学家于尔根·哈贝马斯(Juergen Habermas)认为:"社会交往以一定的形式成为社会发展的动力,社会交往不仅是现存发展方式的再生产过程中的动力,而且也是社会发展模式改变的动力。"②

对于农村人际关系伦理的研究,是人们理解农村社会的一个重要切入点。目前关于农村传统人际关系的研究方法,一种是借鉴与移植西方的相关理论,另一种是本土化的理论探索与构建。这些研究方法大致包括三种:本土化的个体视觉研究、家族视觉研究、社会网络视觉研究。其中本土化的个体视觉研究最具代表性的是费孝通先生的"差序格局理论"与黄光国的"人情与面子理论"。

费孝通先生关于农村社会人际关系研究的差序格局理论认为,中国传统的社会关系就好像是把一块石头,丢在水面上所发生的一圈圈推出去的波纹。用费孝通先生的话说,传统乡村中国是一种"差序格局",不仅有差异,而且有秩序。在这种"差序格局"中,尊卑大小,各有名分。所以传统中国的社会交往,首先得正名分。"名不正则言不顺,言不顺则事不成"。"守名分"就是"遵礼法",就是"恪守传统"。传统乡土中国的"伦理"也就是"有差等的次序";而"人和人往来所构成的网络中的纲纪",实质上也是一个"差序",也就是"伦"。在此前提下,"家国同构",互助合作,形成利益彼此相关的乡

①　马克思、恩格斯:《马克思恩格斯选集》(第 1 卷),人民出版社 1995 年版,第 114 页。

②　[德]哈贝马斯:《交往行动理论》,洪佩郁、蔺青译,重庆出版社 1994 年版,第 23 页。

村共同体。每个人都是他社会影响所推出去的圈子的中心。被圈子的波纹所推及的就发生联系。① 这种理论模式勾画出的是一个以自我为中心，逐渐向外侧推移，以显示出自我和他人关系的亲疏远近程度的关系图景，形成这种亲疏远近的最基本因素是人们之间的血缘关系，以及在血缘关系投射基础上所形成的地缘关系。它们构成了传统的人际关系中不可分离的两个因素，也就是说，血缘关系和地缘关系是中国传统农村社会人际关系的基础或两个基本维度，依靠二者的运作来维系中国农村社会人际关系的正常交往。本土化的差序格局理论就是从个人视角出发描绘了我国传统农村社会的人际关系面貌，客观地体现了根植于传统的农村社会的土壤之上的以血缘、亲缘和地缘关系为基本因素的人际交往模式。

随着社会的发展与变迁，农村社会经济意识的逐渐强化以及个人的独立意识不断加强，原有的传统农村社会人际关系也相应发生了变化。情感因素在农村人际关系交往中的作用不断弱化，而理性因素或利益性因素却不断增强。利益驱动的人际关系，也开始出现。因此，人际关系的差序格局，也不再单纯是儒家基于情感的伦理差序，而是包括情感与理性交织叠加而成的立体差序，差序关系形成了某种情感与利益的混合。这也体现了农村人际关系的复杂性与时代性，是时代变迁以及人们思想观念变化在人际关系上的客观显现。

同时，由于社会转型的加快，社会资源分配渠道多样化，特别是资源的非制度渠道的渗出或资源的非行政分配，致使农村的人际交往趋于功利化。利益的吸引使他们不断扩大自己的交际范围，尽量扩大自己的关系网络，努力利用原有的或创造自己的关系渠道，拓展交际圈。因此，姻缘、拟血缘关系和业缘也逐渐成为构成差序格局的

------

① 参见费孝通：《乡土中国生育制度》，北京大学出版社 1998 年版。

重要因素,团体格局也逐渐地增多。姻亲主要是指女系亲属家庭,包括母、妻两方面的亲属关系。拟血缘关系是通过认同宗、认干亲、拜把子等形式,把原有的业缘关系(正式)转换成一种类似血缘的关系(非正式),从而纳入差序格局的范围。这些现象表明,现代的农村社会人们在以自我为中心的基础上,不断扩大关系维度,构建交际圈,以获得社会资源满足自身需要的人际交往动机。总之,这些研究结果是在费孝通差序格局的基础上发展而来的,其不仅反映了随着社会的不断发展,人际交往的不断理性化和不断进步的过程,同时也揭示了农村人际交往的发展脉络,这对于我们把握农村人际交往的未来具有指导意义。

当然,根植于乡村社会的差序格局理论的不断发展与完善,不仅体现了本土化理论自身的生命力及价值性,同时也客观地反映了农村社会发展变迁的过程图景。

除了以上费孝通先生基于人际关系的形象描绘的差序格局理论,本土化地对农村人际交往关系的研究,还有黄光国的"人情与面子理论"、梁漱溟的"伦理本位"等,这些都对中国的人际关系有着较为深入的研究,同时也能更有效地解释中国人际交往关系的特征。

黄光国、翟学伟等学者认为,传统的人际关系由人缘、人情和人伦构成,其中核心是人情。[①] 这一概念主要包括:一是人生而有之的一种心理状态,即喜、怒、哀、惧、爱、恶、欲七类人之常情;二是"人情债",即有形或无形的资源交换过程中形成的无法衡量的交换关系,它维持了人们长期的交往;三是人与人交往中所形成的规则。与这

---

① 参见翟学伟:《中国人际关系的特质——本土的概念及其模式》,《社会学研究》1993 年第 4 期。

种人际关系相对应,也就有了讲责任(责任原则)、讲人情(人情原则)、讲利害(利益关系)等的关系原则。黄光国将人际关系分为情感关系、工具关系和混合关系。①

但是,由于社会的发展变迁以及其他因素的介入,原有的人情关系也具有了其他含义,如李伟民通过对人缘、人情和人伦进行研究与考察后归纳出了人情的三种含义:人的情感、互动时用以交换的资源以及交往相处应遵守的规范准则,认为后两种构成了中国人际交往活动的内容和形式。② 当然,我们也由此可以看出,针对人情,不同的研究者有着不同的理解与解释。但无论怎么说,建立在血缘宗法制与儒家伦理基础之上的中国传统的农村人际关系交往,"人情"、"面子"、"关系"等在传统的中国农村中都有着极为重要的意义。

而在梁漱溟看来,中国是一个关系本位的社会,中国传统的社会结构没有个人和社会,只有不断排列组合的关系。③ 人们总是处于各种关系网或正在建构新的关系网,并从中不断实现与他人的各种交换活动,以此达到自身所需的目的。梁漱溟从关系的角度研究中国社会结构可谓开了中国社会学研究乡村社会关系之先河。

还有学者通过网络视觉重新审视差序格局,把差序格局看成一个平面多结的网络。他们认为,差序格局的维系有赖于尊卑上下的等级差异的不断再生产,而这种再生产是通过伦理规范、资源配置、

---

① 参见黄光国:《人情与面子:中国人的权力游戏》,巨流图书公司1988年版。
② 参见李伟民:《论人情——关于中国人社会交往的分析和探讨》,《中山大学学报》(社科版)1996年第2期。
③ 参见梁漱溟:《中国人:社会与人生——梁漱溟文选》,中国文联出版公司1996年版。

奖惩机制以及社会流动等社会文化制度实现的。① 这些都拓宽了差序格局的内涵，也更全面客观地体现了农村人际关系的交往复杂性与理性。

还有一种研究视觉，就是家族视觉研究。一个家族，同样是一张人际交往的大网，如林耀华先生所说：我们的生活可以冷静客观地用图表说明。我们日常交往的圈子就像一个用有弹性的橡皮紧紧连在一起的竹竿构成的网，这个网精心保持着平衡。拼命拉出一根橡皮带，整个网就散了。每一根紧紧连在一起的竹竿就是我们生活中所交往的每一个人，如抽出一根竹竿，我们就会痛苦地跌倒，整个网络便立刻松弛。② 家族视觉的研究，可以弥补其他视觉研究的不足，为我们研究农村人际交往关系，提供了不同的观察方式。

在此之外，周建国在对中国人际关系结构进行研究时，综合了国内外的相关理论后认为，现代社会的中国还有以资源为中心的人际关系的结构，人们的行为取向一般总是指向资源中心的。并把社会资源分为三个资源圈：财富圈、权力圈和声望圈。由于各种社会资源的吸引，使现代社会的人们不断向资源中心靠近，形成紧缩状态，同时，社会还存在多个纵向的层，越往上，社会资源的密度越大，在人们不断的追求下，都向最顶端流动，这样就形成了人际关系的紧缩圈层结构。③ 这种网络理论视角是对个体及家族视角下的农村人际关系研究的有益补充，它的出现，更能使我们真正把握中国乡村社会关系的全貌。

---

① 参见阎云翔：《差序格局与中国文化的等级观》，《社会学研究》2006 年第4 期。

② 参见林耀华：《金翼——中国家族制度的社会学研究》，庄孔韶、林宗成译，三联书店 2000 年版。

③ 参见周建国：《紧缩圈层结构论——中国人际关系的结构与功能分析》，三联书店 2005 年版。

随着中国社会的改革以及社会的发展与变迁,随着地域、空间的重组,传统的人际交往的社会关系被打破,农民的价值取向、行为选择和交往方式也随着出现改变。从物质层面到精神层面,人们的思想观念正在发生着根本的改变。这些变化,也使得农村的人际关系产生了根本的改变。人际关系的交往,也由重亲缘、血缘、地缘的关系向重能力、财力、地位等方向变化。尤其是农村社会相对不流动的社会状态被打破,农民开始了由农村向城市、由农业向工业进军。人际交往也由以前的熟人社会逐步向接纳陌生人方向转变。"人情"、"面子"等传统的人际交往关系,也逐渐被弱化甚至被取代,情感因素在农村人际关系交往中的作用不断弱化,理性因素或利益性因素却不断增强,更注重理性与利益的交往关系。

同时随着改革开放,西北农村地区人际关系发生了明显的变化。这种转变,一方面反映了市场经济的影响已经深入农村,农民的思想观念已经发生改变,人际交往对象已经扩展;但另一方面,传统人际关系在农村中,虽然在减弱,但仍然是不得不考虑的因素。

以上对几种研究视觉的概述,就是我们在问卷调查与采访中所要采用的研究视觉与方法。但是,我们的问卷调查与访谈,也不独遵其中的某一种,而是通过我们的问卷调查与访谈,提出我们自己的一些发现与思考。

二、西北农村地区人际交往伦理的变化

由于市场经济的发展、乡村民主政治的影响,西北农村地区的人际交往伦理发生了很大变化。

表4—1　你觉得和他人交往应当看重的是什么

和他人交往应当看重什么		频率	百分比（%）	有效百分比（%）	累积百分比（%）
有效	人品	211	74.6	74.6	74.6
	缘分	50	17.7	17.7	92.2
	金钱	5	1.8	1.8	94.0
	权利	1	0.4	0.4	94.3
	地位	2	0.7	0.7	95.1
	说不清	14	4.9	4.9	100.0
	合计	283	100.0	100.0	—

（一）人际交往看重人品与利益

我们的调查显示，在西北农村地区的人际交往关系中，人品仍然是人际交往的决定性因素（见表4—1），占被调查比例的74.6%，其次就是缘分，占17.7%，这说明在人们的人际交往中，理性的成分占主要部分。但同时，我们也应当注意到，家庭收入的多少，同样是影响人际交往的主要因素（见表4—2），占被调查比例的53.0%，也就是说，有一半的人在人际交往中是注重经济因素的。认为家庭收入对人际交往没有影响的人，占到30.7%。这其实是说，人际交往的关键是人品与经济，而当两者不可兼得时，人们会选择人品而忽略经济。在表4—1中"金钱"与"人品"并存时，金钱的比例只占到1.8%，说明的正是这一点。这也可以看出，传统的以"人情"、"面子"等血缘关系为主的人际交往已在弱化。也就是说，西北农村的人际交往关系已由重血缘的关系向重财力的方向变化。同时我们还应当看到，在城市交往中较为重要的"地位"关系，在农村的人际交往中，比例很低，只占0.7%。

表4—2　你认为家庭收入的多少对人际交往有什么影响

你认为家庭收入的多少对人际交往有什么影响		频率	百分比（％）	有效百分比（％）	累积百分比（％）
有效	有影响	150	53.0	53.2	53.2
	没影响	87	30.7	30.9	84.0
	收入多的与收入少的不太交往	37	13.1	13.1	97.2
	其他	8	2.8	2.8	100.0
	合计	282	99.6	100.0	—
缺失	系统	1	0.4	—	—
合计		283	100.0	—	—

既然经济因素已经开始主导人们的交往,当我们问到他们最关心的问题,如何提高自己的经济收入时,我们在表4—3 中可以看到,他们认为主要的困难在于文化水平低;缺乏途径,不知该如何提高收入;信息来源少,消息闭塞。这三个因素各占 36.0％、38.2％、24.7％。我们在采访中也了解到,大人总是竭尽全力供自己的孩子上学念书,其实正是为了解决这些他们觉得制约自己的问题。而表4—4 中所显示的他们闲暇之余主要是看电视与书报杂志,其实也是获得信息与娱乐的需要。

(二)社会风气明显好转

当我们在访谈中问到这些年的变化对农村人际交往有什么影响时,他们普遍认为,"比以前人情淡了,以前收庄稼互帮,现在雇人,碰见哪里人是哪里人,不固定,大活一天 150 多元。以前没有其他收入,主要靠种庄稼,没有其他活可干,现在是农闲时就去打工,所以有了收入,打牌等也就很少了。"

表4—3　你认为提高自己收入的主要困难是什么

主要困难		频率	百分比 （%）	有效百分比 （%）	累积百分比 （%）
有效	文化水平低	102	36.0	36.4	36.4
	缺乏途径,不知该如何提高收入	108	38.2	38.6	75.0
	信息来源少,消息闭塞	70	24.7	25.0	100.0
	合计	280	98.9	100.0	—
缺失	系统	3	1.1	—	—
合计		283	100.0	—	—

表4—4　你平时劳动之余在闲暇时间主要做什么

闲暇时间主要做什么		频率	百分比 （%）	有效百分比 （%）	累积百分比 （%）
有效	看电视	118	41.7	41.8	41.8
	看书报杂志	43	15.2	15.2	57.1
	打牌、打麻将	39	13.8	13.8	70.9
	学习、钻研技术	28	9.9	9.9	80.9
	其他活动	54	19.1	19.1	100.0
	合计	282	99.6	100.0	—
缺失	系统	1	0.4	—	—
合计		283	100.0	—	—

　　"以前女人不外出打工,现在也变了。人际关系淡了,但经济收入增加了,民风比以前好了,以前喝酒打架的多,现在都忙着挣钱,见面时间都少了,哪有时间喝酒打架。喝闲酒的人没有了。""以前的人素质差,现在素质高了,偷盗减少,赌博减少。主要是现在政策好了,钱比原来挣得多了,素质比原来提高了。"还有被访问者说:"现在人情很淡,都是利益关系。富人不愿意与穷人交往,还

怕你借他钱哩。穷人也不愿低声下气跟富人交往。反正现在人与人关系很淡了,不像从前。交往少,也就没什么矛盾。有矛盾也就是土地纠纷。(问:跟公家还是跟私人)都有。私人间的吵架;跟公家的,找领导,上访。反正都不好解决。村与村基本没有什么关系,闹不起矛盾。"

表4—5中,说明的就是上面我们访谈中他们谈到的问题:

这其中一个很有趣的现象是"人情淡了,民风好了"。这一点应当引起我们足够的重视,同时,他们对这一点的解释,也值得我们思考。

社会风气,更多的是关于伦理道德的问题。道德是一种依靠社会舆论和人们内心信念来约束人们思想、行为的规范和准则,是社会对人们思想、行为的是非、善恶、荣辱的评价标准。它属于社会上层建筑的范畴,是由一定的社会经济基础所决定并为一定社会经济基础服务的。在社会经济发展的不同历史阶段,必然会产生和要求不同的伦理道德。

表4—5 你们村里的社会风气如何

	你们村里社会风气如何	频率	百分比（%）	有效百分比（%）	累积百分比（%）
有效	风气很好,没有不和谐现象	61	21.6	21.8	21.8
	风气比较好,但有个别不和谐现象	194	68.6	69.3	91.1
	风气比较差	25	8.8	8.9	100.0
	合计	280	98.9	100.0	—
缺失	系统	3	1.1	—	—
合计		283	100.0	—	—

伦理道德是道德作为社会意识形态调节人与人、人与自然之间

关系的行为规范的总和。伦理,从本质而言,是关于人性、人伦关系及结构等问题的基本原则的概括。伦理范畴侧重于反映人伦关系以及维持人伦关系所必须遵循的规则,道德范畴则侧重于反映道德活动或道德活动主体自身行为的应当;伦理是客观法,是他律的,道德是主观法,是自律的。中国传统道德是以儒家的道德精神为主,西方伦理道德观则以个人主义为核心。

伦理道德是一种社会秩序,对于有五千年文明发展史的中华民族而言,儒家伦理道德是其传统美德,是为人处世的底线。

在对于农村的研究考察中,普遍的结论是认为随着市场经济的进一步深化,农村社会的道德观念在变坏,但事实是怎样的呢? 通过在西北农村的调查与访谈,我们看到的是一个不尽相同的结论。为什么会是这种结果呢? 需要更多的研究者在更多的地方进一步调查与考量。我们也可以看到,农民对于农村的发展,有着自己的期望与想象。所以他们对于文化教育的要求,也比以前有了很大的不同。表4—6所显示的有41.7%的人对文化教育设施认为一般的结论,就可以给我们启示。

表4—6　你认为你们村的公共服务设施(文化教育)是否完善

完善		频率	百分比 (%)	有效百分比 (%)	累积百分比 (%)
有效	很好	34	12.0	12.4	12.4
	比较好	74	26.1	27.0	39.4
	一般	118	41.7	43.1	82.5
	差	48	17.0	17.5	100.0
	合计	274	96.8	100.0	—
缺失	系统	9	3.2	—	—
合计		283	100.0	—	—

（三）接纳陌生人的心理趋于成熟

对于陌生人的接纳与否,在人际交往中是一个很有趣的问题。它显示着一个社会的开放程度。当一个社会过于封闭时,会对陌生人的到来表现出少有的热情或冷漠。所以过于热情或过于冷漠,都是会阻碍一个社会发展的。而提防心理的出现,正是在交往过程中产生的。表4—7中,热情招呼与提防分别占到了34.6%与44.2%,比例之高正说明西北农村社会在走出以前的封闭,但同时,提防心理的比例又比较高,也说明了人们在交往中的矛盾态度。

如在访谈中,当问到怎样对待陌生人时,被访问者说:"主要看他面相。因为现在的社会骗子太多了,如果面相恶,当他问路时,就说不知道。此外,以前来的人少,如有人问人家,会领到那一家去,现在可能会说不知道,因为不知道你是干啥的。""以前村子里不让外面的人进来,只有货郎可以进村子,现在什么人都可以到处去。"

表4—7　你与陌生人会怎么交往

你与陌生人会怎么交往		频率	百分比（%）	有效百分比（%）	累积百分比（%）
有效	热情招呼	98	34.6	34.6	34.6
	不理睬	31	11.0	11.0	45.6
	提防	125	44.2	44.2	89.8
	其他	29	10.2	10.2	100.0
	合计	283	100.0	100.0	—

（四）宗教信仰是人际交往中的一个主要媒介

宗教信仰可以看作是全人类所具有的普遍特征。信仰是人类的一种本能天赋的主观反应,是人类对于宇宙天地命运历史的整体超越性的意识,是统摄其他一切意识形态的最高意识形态,是人类对人自身存在与客观世界的整体性的反应,是一种形而上的意识形态。

宗教的本质既不是思维也不是行动,而是知觉和情感。它希望直观宇宙,专心聆听宇宙自身的显示和活动。从字面上来看,它的本质就是人类对自己心中王国宗主的向往与精神皈依。

宗教信仰就是相信神的存在。人生的目的与意义,人生的来处与归宿,都与神的存在有密切的关系。宗教信仰使人类产生崇高伟大的理想,使人生有崇高伟大的目标。事实上,无论何人都想做一个高尚的人,愿意向着一个理想的目标发展。宗教信仰能给人以推动的力量,提高人格,增进心灵的能力,帮助人向着远处的崇高的目标走去,实现他们理想中高尚而有意义的生活。

表4—8　参加宗教活动对人际交往有什么影响

影响		频率	百分比 （%）	有效百分比 （%）	累积百分比 （%）
有效	联络感情	41	14.5	16.0	16.0
	增进互信	54	19.1	21.1	37.1
	扩大交往范围	88	31.1	34.4	71.5
	获得信息途径	30	10.6	11.7	83.2
	其他	43	15.2	16.8	100.0
	合计	256	90.5	100.0	—
缺失	系统	27	9.5	—	—
合计		283	100.0	—	—

在调查问卷统计中,我们看到(见表4—8),宗教活动在扩大人们的交往范围等方面,起到了重要的作用,有31.1%的人认为宗教活动扩大了他们的交往范围。同时有14.5%与19.1%的人认为宗教活动可以让他们联络感情与增进互信。也有10.6%的人认为这是他们获取信息的一个途径。在青海湟中县鲁沙尔镇的访谈中有村

民说:"由于村子离塔尔寺较近,佛教带动地方村民大多信佛,使人心向善。宗教对人产生了约束。"

(五)不同民族间的交往更加频繁

民族交往是民族共同体间的交流与往来。民族间的交往取决于各民族的生产力发展水平、分工状况和内部交往的发展程度。他们共同遵循交往的某些范式或规则。民族交往是民族发展的不竭动力。不同民族间怎样交往,同样可以看出一个社会的开放程度。在青海湟中县鲁沙尔镇的访谈中,对于不同民族间的交往,被访问者说:"不同民族间打交道,如藏汉间,我们这个村子里,基本没区别。如结婚,两家商量,尊崇一方习俗就行了,或藏族习俗,或汉族习俗。主要是非牧区的种田藏族,已经汉化,不会说藏语了。牧民说藏语。语言不同交往就有差别。"下面的调查问卷统计中(见表4—9),"与同民族交往一样"一项的比例就占到42.0%。而有选择的交往,其实就是在同民族间,也一样是存在的,占到38.5%。这些都说明民族间的交往已经由于社会的发展,彼此间差异在缩小。

表4—9 你与自己不同民族的人怎样交往

你与自己不同民族的人怎样交往		频率	百分比(%)	有效百分比(%)	累积百分比(%)
有效	有选择地交往	109	38.5	38.8	38.8
	避免交往	32	11.3	11.4	50.2
	与同民族交往一样	119	42.0	42.3	92.5
	其他形式	21	7.4	7.5	100.0
	合计	281	99.3	100.0	——
缺失	系统	2	0.7	——	——
合计		283	100.0	——	——

（六）人情在农村社会人际交往中仍然占主导地位

西北农村的传统人际交往关系,主要是以礼物流动的形式实现,这是表达人际关系存在的工具与方式,是一种符号性表现。农村中人情交往可以满足现在农村社会生产的正常进行,维持一种互帮互助的联系。在农村人际交往关系中,"随礼"是人际关系表达的突出形式,承担着许多方面的意义与功能。但现在,我们看到,"随礼"这一形式的意义与功能在衰退,而更多地被"随钱"取代。有被采访者说:"红白喜事中,人情、面子、关系都重要,但钱最重要。钱多人情多,有面子,有关系。没钱,啥都没有。"

表4—10　如果在红白喜事上搭礼,你一般搭多少

如果在红白喜事上搭礼,你一般搭多少		频率	百分比（%）	有效百分比（%）	累积百分比（%）
有效	50元	141	49.8	51.3	51.3
	100元	120	42.4	43.6	94.9
	多于100元	14	4.9	5.1	100.0
	合计	275	97.2	100.0	—
缺失	系统	8	2.8	—	—
合计		283	100.0	—	—

通过"人情"、"面子"等在"红白喜事"中的体现,我们可以观察到西北农村人际交往中的变化。被访问者说:"原来娶亲,也就几千元,现在八九万,送礼也是5—6万元,对农村是负担。况且,村子里姑娘外出打工就不回来,在外边找对象了。现在搭礼,亲戚在100元左右,其他人50元左右。""人情"、"面子"等也更多地表现在钱上面,占到57.6%（见表4—10）。

从表4—11、表4—12中可以看出,"人情"、"面子"等在西北农村的人际交往关系中,仍然占有比较重要的位置。纯粹的以钱搭礼,

也只占到20.8%。在搭礼的同时干些力所能及的事,其实就是还有"人情"、"面子"在里面,这一项占到60.1%。

表4—11　现在红白喜事上搭礼,相比以前有什么变化

现在红白喜事上搭礼,相比以前有什么变化		频率	百分比（%）	有效百分比（%）	累积百分比（%）
有效	以前只是一般物品随礼	53	18.7	20.5	20.5
	现在更多的是钱	163	57.6	63.2	83.7
	与城市的人际交往模式靠近	42	14.8	16.3	100.0
	合计	258	91.2	100.0	—
缺失	系统	25	8.8	—	—
合计		283	100.0	—	—

表4—12　如果村里有红白喜事,你一般怎样处理

如果村里有红白喜事,你一般怎样处理		频率	百分比（%）	有效百分比（%）	累积百分比（%）
有效	只干些力所能及的事	42	14.8	15.2	15.2
	只搭礼就行了	59	20.8	21.3	36.5
	搭礼的同时干些力所能及的事	170	60.1	61.4	97.8
	其他形式	6	2.1	2.2	100.0
	合计	277	97.9	100.0	—
缺失	系统	6	2.1	—	—
合计		283	100.0	—	—

从以上分析我们可以看出,西北农村的人际交往范围已经扩大,开始由村庄发展到村庄以外,人际交往中的人情因素也在淡化,利益因素在不断增加。这都与市场经济的介入以及农村剩余劳动力向城市的流动是分不开的。由于剩余劳动力向城市的流动,他们为农村带来了城市的新观念与技术信息,还有各种信息传播渠道,如广播、

电视等在农村的普及,这些都在改变着农民的思想观念,使得西北农村人开始在人情之外更多地考虑金钱利益因素。

三、西北农村地区人际交往伦理变化的原因

在传统农村社会,农民需要通过劳动交换来完成盖房、农业生产等家庭任务,这些家庭任务一般需要较多的劳动力和物质资源(生产工具、牲畜、生活用品等)在较短的时间内完成。传统农村社会劳动交换的特点是周期长、效率低,但具有保证传统农村家庭生产生活顺利进行、减少传统农村家庭生产生活的风险、维系传统农村社会的社会关系格局、加强传统农村的社会整合、维护传统农村的社会风气等社会功能。这是传统农村各相关的社会结构要素之间较为稳定的相互作用的结果。传统农村劳动交换的特点反映了传统农村社会结构的特点:农村人口众多、家庭物质资源与金钱缺乏、村庄道德规范与集体意识约束力强、人际关系偏重于感性和建立在互助伦理基础上的资源分配规则。

在转型时期,西北地区农村劳动交换出现了市场化的特点。劳动交换的主体、客体、规则等要素都发生了市场化的转变。

随着农村生产效率的提高,西北农村地区出现大量剩余劳动力。对农村人来说,如果依靠剩余劳动力进行简单的劳动交换完成家庭任务和目标,不仅效率低下,对于缓解家庭的货币化压力也毫无帮助。出于这方面的考虑,剩余劳动力转向非农职业,多元化的非农收入逐渐成为农户收入的主要来源,这种收入结构使得农户抵御单一农业生产风险的能力不断提升,从而保障了农户的基本生活。与收入多元化紧密相连的是农民职业结构的多样化,农村的非农职业包括本地打短工、商业经营、非农技术、农副加工业、运输等。大量的非农职业使得

农村剩余劳动力就地转移到二、三产业,为农村城镇化作了铺垫。

(一)传统道德的变迁

对于祖祖辈辈都生活在西北农村的农民而言,人与人之间的交往,主要是为了维护已经存在的各种社会关系,反而对于经济、权力等不太看重。"人情"关系要比金钱关系重要得多。但是随着中国的改革开放与市场经济建设的深入农村农民的生产生活与交往等,利益驱动越来越明显,更由于城市的各种观念进入西北农村,使得他们不再以"人情"、"面子"等作为人际交往的中心,而是以现实利益,甚至以金钱作为交往的准则,而且这种交往准则也越来越为农民所接受,农村的伦理道德也发生了很大的变化,突破地缘、血缘关系的经济利益关系更加普遍。从某种程度上说,农村传统自然经济及其生产观念的变迁无形中消解了传统道德的承载基础。

改革开放以来,随着社会主义市场经济体制的确立及乡村生产经营方式的不断变革,农村传统道德的承载基础受到连续淘蚀和冲击。加之农村大批劳动力外徙,打工或经商,使个体家庭生产经济重心从乡村移向城镇、从农业转向非农产业,打破了以土地为核心生产要素的自给自足的传统小生产经营模式,村民的日常生产生活行为日益商品化、市场化和社会化,历史沿袭下来的宗法伦理道德观念随之逐渐瓦解。

交往中利益因素的出现,也使人们的视野落在了更为广阔的新的交际领域,使人们可以在更广阔的范围里得到自身所需的社会资源。我们也应看到,农村人际交往中,利益关系其实一直是存在的,不过在"人情""面子"等传统交往中,强调的是"长期的交往关系",而变化后的人际交往关系,更注重"利益"的短期内兑现。所以,在农村的人际交往中,"人情"、"面子"等的变化流动较小的人际交往关系与短期兑现的利益交往,仍然是处理农村人际关系不可回避的两个方面。

总的来说,随着当前农村人际关系的转型,农村人际交往的动机、需要和特点等发生了复杂的变化,如何正确看待与解决农村人际关系中出现的传统与现代、人情与利益、血缘与理性等之间的关系,是问题的关键所在。

(二)市场经济意识的介入

市场经济是一种经济体系,又称为自由市场经济或自由企业经济。在市场经济体系下,其产品和服务的生产及销售完全由自由市场的自由价格机制所引导。相对而言,主要由国家所引导的经济,则一般称为计划经济。随着中国改革开放的深入,国家原有的计划经济格局已经被打破,市场经济已经越来越深入人们经济生活的各个角落,传统的人际交往关系也随之改变。

费孝通曾在《乡土中国》中指出,"乡土社会的信用并不是对契约的重视,而是发生于对一种行为的规矩熟悉到不假思索的可靠性"。[①] 也就是说,传统的农村社会是一个熟人社会,人们可以熟悉到互通有无,心理没有多少防备,由于血缘与地缘的稳定性,他们之间的交往是相互信任的,他们之间本来就有或远或近的血缘关系,从而在这种相互信任中形成互惠合作的关系网络。这个网络中有同乡、朋友等,更是家属、亲戚与家族成员,形成一个由近及远的交往网络。但是,在市场经济的观念中,商品交换成为人际交往的媒介,在这里,"人们扮演的经济角色不过是经济关系的人格化,人们是作为这种关系的承担者而彼此对立着的。"[②]竞争、效率、法治、平等诸观

---

① 费孝通:《乡土中国生育制度》,北京大学出版社 1998 年版。
② 《马克思恩格斯选集》第 2 卷,人民出版社 1995 年版,第 143 页。

念意识是人际交往的主要内容。制度、规则等高于"人情",适应市场交往的网络已经冲破血缘、地缘,甚至国家、民族的疆界,越来越多的交往出现在陌生人中间,这些都使得以信任为基础的人际交往受到冲击。同时,随着城市生活方式对农村的影响的增强,市场经济意识在西北农村村民中的影响也越来越多。

(三)农业生产方式的转变对人际关系的影响

当我们在访谈中问到近年来农村农业生产方式与以前比较,发生了怎样的变化时,被访问者说:"主要是老人在家种庄稼,青壮年都外出打工了。"当我们问到庄稼没有青壮年劳力怎么收割时,被访问者说:"收庄稼现在主要靠收割机,主要来自河南,收割一亩麦子、菜籽60多元。山地收割机不能收割的雇人,或亲戚互帮来收割。地不多,每个人也就1.7亩多地。人增加了地没有增加。我们都鼓励娃娃念书,向外走,寻出路。"

表4—13的调查统计中,我们也可以看出:由于地少,他们收割庄稼,主要还是靠家里的劳力与亲戚帮助,各占到51.2%与21.6%。其次就是付钱雇用劳力,占到13.1%。

表4—13　农忙时节,你所在的村子农作物的收获主要采取什么形式

采取什么形式		频率	百分比（%）	有效百分比（%）	累积百分比（%）
有效	主要靠家里劳力	145	51.2	51.4	51.4
	依靠家里劳力和亲戚帮助	61	21.6	21.6	73.0
	依靠本村劳力之间相互帮助	25	8.8	8.9	81.9
	付钱雇佣劳力	37	13.1	13.1	95.0
	其他	14	4.9	5.0	100.0
	合计	282	99.6	100.0	—
缺失	系统	1	0.4	—	—

采取什么形式	频率	百分比（%）	有效百分比（%）	累积百分比（%）
合计	283	100.0	—	—

正是由于互帮互助仍然是农业生产的主要方式,所以影响到他们的人际交往关系,他们仍然认为互帮互助是人际交往的主要形式,在调查问卷中,占到70.0%的人还是认为互帮互助是增进感情的主要方式(见表4—14)。

表4—14　平时你与村里的人交往,是怎样增进感情的

平时你与村里的人交往,是怎样增进感情的		频率	百分比（%）	有效百分比（%）	累积百分比（%）
有效	通过娱乐活动,如打麻将、喝酒等	42	14.8	15.0	15.0
	互相帮助	198	70.0	70.7	85.7
	其他形式	40	14.1	14.3	100.0
	合计	280	98.9	100.0	—
缺失	系统	3	1.1	—	—
合计		283	100.0	—	—

与这一人际关系相适应,当村里人与人之间发生矛盾,他们的解决方式也就相应地主要是自己处理,这在调查问卷中占到40.6%(见表4—15)。其次是通过村委会调解,占到34.3%。而以前的传统的邻里之间产生矛盾时,主要由家族中有威望的人处理这一方式所占的比例,已在降低,只占到18.7%。同时,我们也应当看到,传统地处理邻里之间矛盾的方式,仍然有它的作用,因为这样最终避免了"对簿公堂",而"对簿公堂",对农村人来说还是一件不太光彩的事。

表4—15　如果你与村里的人发生矛盾,怎样处理

如果你与村里的人发生矛盾,怎样处理		频率	百分比(%)	有效百分比(%)	累积百分比(%)
有效	自己处理	115	40.6	40.8	40.8
	通过村委会调解	97	34.3	34.4	75.2
	让村里有威望的人处理	53	18.7	18.8	94.0
	其他	17	6.0	6.0	100.0
	合计	282	99.6	100.0	—
缺失	系统	3	1.1	—	—
合计		283	100.0	—	—

(四)农村劳动力进城对农村人际交往关系的影响

在访谈中我们了解到,比如拉尔干村的村民外出打工挣钱,主要是靠他们的手艺,这一点与靠体力打工的方式不同。他们大多是铜银器加工匠、泥匠、箍瓦工、刺绣工等,而且,他们的打工主要是在拉萨、格尔木、成都、西藏等藏传佛教盛行的地区。铜银器加工匠、刺绣工等也主要是从事与藏传佛教有关的佛事用品与工艺品的制作,而泥匠、箍瓦工等,也主要是从事与佛教有关的建筑工作。

被访问者说:"他们通过外出打工认识老板,下次打工时带村子里其他人去,互相帮助,人际关系也比以前好了。同时,他们中还有一部分在本地的工业园区(青海西宁经济技术开发区甘河工业园区)打工,还有一部分跑公路运输。"

被访问者还说:

"现在都忙着挣钱,相互间农忙时帮忙的少了。"

谈到外出打工对村里的影响,被访问者说:

"外出打工在外地安家不回来的少,大部分还是在本村安家。"

"外出打工回来后,学到的新东西会用在本村,如回来后自己买车做生意。"

"大部分打工从外面带来好东西,少部分带来不好影响。好的影响是,如用收割机收割庄稼,以前就不接受,但现在已普遍使用。此外,外出打工也为村子里带来新的打工信息。"

"我进城打工的时间短,才两年,还断断续续的,交往的还是跟我差不多的民工,没多少影响。但是也算开了一点眼界。"

同时,也由于受外出打工时人际交往的影响,一些城市人际交往的模式,也被带到农村来,农村的人际交往也在一些地方开始模仿城市的人际交往方式。如交往中以前会受到压制的短期利益交往方式(当场清算),法治、平等等观念意识,在村民们交往之间开始增强,也开始逐渐被视为正常。

四、西北农村地区人际交往变化的主要走向

(一)西北农村地区传统的人际关系逐渐改变

传统农村的人际关系具有长期性与持续性,较少变化而且相对封闭,主要是熟人之间的社会关系,"人情"、"面子"等在这种关系中的表现十分明显。对于他们来说,"人情"、"面子"等是他们为人处世的主要方式。在这种交往中,人们十分重视与顾及他人的看法,也很重视村里的各种舆论。但是随着中国社会改革开放的发展与深入,这一传统的农村人际交往方式受到很大的冲击与挑战,人情正变得越来越淡漠,渐渐成为金钱关系的一种附加形式,虽然这种情面上的顾及还是一个不可忽视的人们交往之间的因素。

（二）西北农村地区人际交往对象、交往范围扩大

在改革开放前，村民之间的交往，多限于大家庭兄弟间、邻里和亲戚间的互帮互助，此外还有相互间关系比较好的村民之间的相互帮助。交往中的血缘、情感色彩浓重，交往过程中表现出浓厚的人情味；但随着市场经济的发展对农村的影响，由本村村民到外村村民甚至打工过程中认识与交往的人，都扩大了他们的交往对象与交往范围。在他们的人际交往关系中，也就越来越更多地开始接纳陌生人。

（三）金钱交易与人情交易并存的新的农村人际交往关系出现

随着改革开放的深入，多元化生产经营在农村出现，乡镇企业蓬勃兴起，农民进城务工更加频繁，金钱交易与人情交易并存的新的人际关系已经在西北农村出现。费孝通所讲的传统的发生在不同场域的"当场清算"①的"无情"与"人情"的交易，现在已经可以在同一场域内出现。农村多种生产经营方式的出现，农村城镇化以及外出打工人员新观念的导入农村，都使得这种并存局面进一步加剧。但我们也应当看到，许多农民工进城后，一般经城里的亲戚、朋友或在城里定居的老乡介绍找到工作。这也是在农村人际交往关系中，为何"人情"与"利益"会并存的原因之一。同时，无情的市场经济大潮仍然使得他们并不能完全抛开土地，所以纯粹的"当场清算"并没有出现，而是辅之以传统的"人情"交往。

（四）劳动力的流动改变了以血缘、地缘等关系为核心的农村人际交往关系

随着劳动力的流动转向城市，传统的以血缘、地缘等为核心的人

---

① 参见费孝通：《乡土中国生育制度》，北京大学出版社 1998 年版。

际关系,也随之发生了变化。劳动力的流动削弱了这种以血缘为根基的家族势力交往关系,他们一年中大部分时间外出打工,在城市生活,人际交往关系也发生了变化,更多的是工友同事,所以血缘关系变得越来越淡,经济的、情感的联系也越来越弱。同时,由于他们一年中大部分时间都外出打工,他们与村里人的交往,也就变得越来越少。邻里之间的情感交流与互相帮助也变得越来越少,村里人与人之间的互动降低,关系也变得有些生疏。现在西北农村大部分是老人与孩子,这些都影响到了传统的农村人际交往的变化。

(五)农村生产中出现雇用关系和租赁关系

雇用关系和租赁关系,也正是因为农村青壮年劳动力外出到城市打工,所以农村没有太多的劳动力,这样一到农忙时间,以前农村中所有的互帮互助,现在也就没有那么普遍了,而只是小范围的。这样,势必就需要雇用劳动力,而且,这样做的结果是,进一步淡化了农村的人际关系,他们之间的"人情"也就越来越淡。最后的结果是,劳动力、土地等生产资料向商品化转变。但同时,由于中国农村发展的不平衡性,在一些西北农村,由于农民人均占地较少,所以在一些地方,亲戚之间在农忙时互帮互助,还是一种比较重要的生产协作形式,生产中的雇用关系还不是特别突出,但是,生产中生产工具的租赁关系却相对普遍。

(六)农村人际交往发展的不平衡与反复性

通过以上分析,我们可以看到,农村的人际交往关系正在发生着很大的变化,传统的农村人际交往已经被现代的人际交往逐渐打破。但是我们也应当看到,传统与现代之间,并不是简单的相互替代的关系,这种发展是一种相互作用的关系,发展也并不是直线型的,而是时有反复;同时,这种发展,在农村也还有不平衡性,即并非所有的农村都是同步发展的,尤其相对于生产与信息等相对比较落后的农村,传统的力量还很强大,对于现代人际交往关系的接受,也不是全部接纳,而是有着它自己的渐进性与反复的特征。

第五章 西北地区农民职业分化和职业道德的变迁与现状

在当下,考察农民的职业道德必须从其职业分化入手,以农民职业分化为内核的农民分化是中国农村社会变化最明显、最剧烈的一环。农民分化是世界各国工业化、城市化、现代化过程中的必然现象。中国也不例外,我们的发展道路也终将是农民非农化。农民分化程度是一个国家工业化、城市化、现代化的重要标志。

一、几个前提性概念的回溯

研究的前提,必须是研究者对于问题的准确界定。因而,这里,首先需要回溯和解释相关的几个前提性概念,否则,问题研究的起点可能含混不清。

(一)"中国农民"

准确地说,这里的"农民"应当作当代中国"农村居民"理解。这与文献中的解释相去甚远。《现代汉语词典》常常将"农民"解释为"长期从事农业生产的劳动者。"更不同于古代文献的解释,《穀梁传·成公元年》说:"古者有四民。有士民,有商民,有农民,有工民。"北齐颜之推《颜氏家训·勉学》说:"人生在世,会当有业,农民则计量耕稼,商贾则讨论货贿。"由此可见,文献中的"农民"称谓内涵有更多的职业成分。而在现实生活中,到了 20 世纪中叶,我国的农民概念开始演变成了一个复杂的身份概念,而非单纯的职业概念。1958 年 1 月 9 日,《中华人民共和国户口登记条例》正式颁布实施,依此条例,凡是具有城镇户口的居民(无论其从事何种职业)都是城市居民,凡是具有农村户口的居民(无论其从事何种职业)都是农民。由此,"中国农民"的概念,因为一部法律而重新界定,他们不再是词典中那些"长期参加农业劳动的劳动者",而演变成为当代中国社会现实中的"农村居民",即指所有未获得城市户口的具有农民身份的一切农村人口。在现实生活中,无论他们从事农业生产,还是实际从事非农业生产,只因他们的户口被登记在农村,因而,他们初始的身份就是农民。所以,本书中所指称的"农民"是在户籍制度之下的"中国农民"。

(二)"农民职业分化"

"农民职业分化"是指农民由原来单一的农业职业向非农业职业转移,从而在农村或城镇从事多元化职业的一种现象和趋势。学术界普遍认为,农民职业分化是农民阶层分化的主要标志。随着市场经济的深入发展,我国农民阶层的分化程度会日益加深。恰如社会学家陆学艺所言:"发达国家发展史表明,工业化、现代化的过程,就是农民逐步离开土地,走进工厂、走进城市、转化为非农业劳动者的过程。农民分化的过程就是农民脱离土地的过程,就是农村城市化、农业产业化、国家工业化、最后实现现代化的过程。"[①]所以说,以农民职业分化为标志的农民分化是世界各国发展过程中的必然现象。但需注意一点,我们这里所言的职业分化意义上的"农民"仍然

---

① 陆学艺:《改革中的农村与农民》,中共中央党校出版社 1992 年版,第 4 页。

指全部具有农村户口的农民。

（三）"农民职业道德"

社会职业是社会分工的产物,职业分化现象往往表征一个国家、一个社会、一个时期的发展水平。同时,人们的职业生活实践也会催生职业道德。社会逐渐要求特定的职业从业人员不但应具备特定的知识和技能,而且要求从业人员具备相应的道德、情操和品质。随之,各种职业集团为了维护其职业利益和信誉,适应社会的需要,从而在职业实践中,根据一般社会道德的基本要求,历史地形成了各类职业道德规范。如,公元前6世纪的中国古代兵书《孙子兵法·计》中,就有"将者,智、信、仁、勇、严也"的记载。智、信、仁、勇、严这五德被中国古代兵家称为"将之德"。被医学界奉为职业道德经典的"西方医学之父"希波克拉底的《希波克拉底誓言》,其深远影响从公元前5世纪的古希腊传播全球至今。农民的个体德性,主要是在经济伦理、政治伦理、家庭婚姻伦理、人际交往伦理等方面表现出来的,我们已在前面各章作了较为详尽的解析,不再赘述,本章着力于农民职业分化后的道德考察。良好的职业道德才能谋求已经多元分化的农民职业群体的积极自律和持久发展。严格意义上的农民职业道德应该仅仅指农业农民的职业道德,但由于在我国将那些已经分化出来的非农业农民仍然称为农民,所以,在我们的课题研究中"农民职业道德"泛指所有农业农民和非农业农民的职业道德,并以农民职业分化为逻辑起点。

二、西北地区农民职业分化的变迁与现状

（一）传统意义上西北地区农民职业分化的简要描述

长期以来,西北地区以典型的农业文明为基础,绝大多数农村人

是以稼穑为终身职事。一些偏远地方的少数民族在 1949 年之前社会发展水平很低，还处在狩猎、采集或传统农耕生产状态。

在这里，有极少一部分人会游离出农业生产，从事其他营生，但往往是利用农闲时间，仍然不脱开侍弄土地这个本职。常见的职业有：泥水匠、木匠、石匠、铁匠、银匠、铜匠、毡匠、皮匠、风水先生、庙倌、筏子客、脚户、牙子、媒婆，等等。由于农村金属原料一直短缺，多是以木材、石头、泥沙等自然原料为主的工匠。这些行当，多为祖上传承，也有跟着师傅学出来的，他们所从事的职业与农村人的生产生活息息相关。西北农村经济一直欠发达，许多农村人辛辛苦苦仅仅为了达到一个很低的生活目标：吃饱穿暖。他们手里的现钱很少，商品交换经常是以物易物。而这些有手艺的农村人，能跨村越乡甚至走州过县去挣钱，从事的是智力型职业，比一般单纯从事农业生产的人挣的钱显然要多，日子就比较宽裕，见识也多，思维也活络，因而在村子里容易受到人们的羡慕与尊重。

新中国成立后，随着人民公社制度的确立，实行了城乡分割的二元社会体制，原先的那些从事传统行当者都被赋予"社员"身份，同时也出现了一些新的职业：民办教师、赤脚医生、手工业社职员，等等，从事这些工作的人，一般要有一定的文化素质，这些人通常是大队或生产队派出的，和社员一样记工分，不同劳但同工，有些职事国家会给一定的补助。大集体时期，为了增加生产队的收入，队里会选派一些人到煤矿、建筑工地、工厂等地方去务工，当时的称谓是"搞副业"，显然是相对于农业生产这个正业而言的。这些外出务工的人，每天所挣的钱按规定的数额要上缴生产队，剩余的归自己所有。生产队给这些人每天所记的工分为满分。从土地以外更广阔的空间寻求出路，在农村人潜意识里早就存在着，但由于制度、机会、能力等方面的原因，他们的闯劲和冒险精神受到了很大的限制。家庭联产承包责任制实行以后,许多职业因社会与制度的变迁退出了历史舞台。从传统意义上农民职业分化的效果来看,尽管原来农民的职业分化处于"半分化"状态,但对农村人的生活方式、思维方式都有很大的影响,他们在人生价值选择和道德判断上与单纯从事农业生产者基本上是同质的,但也有一定的差异。

(二)西北地区农民职业分化的现状

20世纪80年代以来,随着改革开放的深入,农民是否阶层分化逐渐成为学术界研究社会变迁的热点问题。学者对于农民阶层的划分也是说法不一。其中,陆学艺、张厚义是较早研究农民分化问题的学者。他们认为中国农民的分化发生在农村出现了多元化的职业、多样化的生产资料使用方式和多样化的生产资料经营方式的背景下产生的。他们依据职业、使用生产资料的方式及对所使用的生产资料的权力,将改革开放以来的农民分为八个阶层。这一对于我国农民以职业分化为中心的阶层划分观点,由于提出时间较早,又合乎中国农村实际,影响较大,学术界普遍认同。因而,本课题组在试图了解西北地区农民的职业分化状况时,也采纳并预设了八大职业分层的划分法(见表5—1)。

表5—1　西北地区农民职业分化现状

职业分类	频数	百分比	有效百分比	累计百分比
农业劳动者	155	54.8	55.6	55.6
农民工人	39	13.8	14.0	69.5
农民雇工	13	4.6	4.7	74.2
农村知识分子	29	10.2	10.4	84.6
个体劳动者	31	11.0	11.1	95.7
农民企业家	1	0.4	0.4	96.1

职业分类	频数	百分比	有效百分比	累计百分比
乡镇企业管理者	1	0.4	0.4	96.4
农村社会管理者	6	2.1	2.2	98.6
其他	4	1.4	1.4	100.0
总计	279	98.6	100.0	

1. 农业劳动者阶层

这是一个以承包集体耕地、以农业劳动和农业收入为主要生存方式的农村劳动者组成的职业群体。调查显示,在被抽样的279个农村居民中,农业劳动者有155人,占54.8%(见表5—1),是农村居民中的主体,在被调查职业中,位列第一。该职业群体的整体文化水平较低,在被调查人数中,初中文化程度者有82人,小学文化程度者有32人,未上过学者有6人(见表5—2);他们占有的生产资料人均规模较小,以分散经营为主;有较大的独立性和自主权;在农村社区等级中属于被支配和被领导的地位。从调查问题"在八类职业群体中,你认为哪个职业群体收入最低、最辛苦、社会地位最低?"统计结果显示,45.6%的农村居民普遍认为,农业劳动者是他们中间收入最低、最辛苦、社会地位最低的职业群体。

表5—2 西北地区农民职业分化与文化程度交叉统计表

职业分类	文化程度							总计
	未上过学	小学	初中	高中	中专	专科	本科	
农业劳动者	6	32	82	22	7	2	4	155
农民工人	0	4	22	8	3	0	1	38
农民雇工	0	2	7	4	0	0	0	13
农村知识分子	0	1	2	10	5	4	7	29

职业分类	文化程度							总计
	未上过学	小学	初中	高中	中专	专科	本科	
个体劳动者	2	1	12	14	1	0	1	31
农民企业家	0	0	1	0	0	0	0	1
乡镇企业管理者	0	1	0	0	0	0	0	1
农村社会管理者	0	0	2	1	0	1	2	6
其他	0	0	1	2	1	0	0	4
总计	8	41	129	61	17	7	15	278

2. 农民工人

这是一个以在城市第二、第三产业和乡镇集体企业中从事非农业劳动为主的职业群体。调查显示,该群体的人数仅次于农业劳动者,在279个被调查人数中,有39人属于农民工人,占到总人数的13.8%(见表5—1),在被调查职业中,位列第二。其辛苦程度及社会地位在八大职业群体中,被认为位列第三,仅次于农民雇工。该职业群体常年像候鸟一样,游移在农村和城市之间,他们的职业是工人,但他们的身份是农民,在现行制度框架下,他们是不被认可的边缘性弱势群体。其在就业、工资待遇及子女教育等方面常常备受歧视。

3. 农民雇工

这是一个受雇于私营企业主、个体工商户以提供劳动力而获得工资收入的农村劳动者组成的职业群体。调查显示,在279个调查样本中,农民雇工有13人,只占4.6%,在被调查职业分类中,位列第五。该职业群体的特点是:他们与雇主之间是一种雇用关系,服从于雇主;其职业压力和劳动强度一般高于农民工人。从调查的数据可以印证这一特点,28.6%的农村居民认为,农民雇工的辛苦程度、收入多少以及社会地位处于农业劳动者和农民工人之间。

4. 农村知识分子

该群体是指具有一定专业技能,从事农村教育、科技、文化、医疗卫生等智能型职业的农村劳动者。他们大多属于回乡知识青年,在失去跳出龙门继续升学的机会后,自觉或不自觉地选择了一条有别于一般农民体力劳动但又脱离不了农村和农业的职业。调查显示,在 279 个被调查样本中,农村知识分子有 29 人,占 10.2% ,在被调查职业分类中,位列第四(见表5—1)。其社会地位及收入排位最高,被认为是八类职业中最不辛苦的职业,其文化程度在八类被调查职业中最高,中专以上的人数共 16 人(见表5—2),其中,中专文化程度者有 5 人,专科文化程度者有 4 人,本科文化程度者有 7 人。

5. 个体劳动者

该职业群体是指生产资料归劳动者个人所有,以个体劳动和个体经营为基础,劳动成果归个人占有或支配。调查显示,在八类职业中,个体劳动者有 31 人,占 11%(见表5—1)。在被调查职业中,其工作辛苦程度被认为位列第四。

6. 农民企业家

这是一个以生产资料归私人所有、以雇用劳动为基础的营利性经济组织的经营者组成的职业群体。这一群体在被调查人数中只有 1 人,占 4%(见表5—1)。显然,他们人数较少,但他们属于农村的富裕阶层,调查同时也显示,该阶层的文化程度不高(见表5—2)。

7. 乡镇企业管理者

这是一个由乡、村集体企业的厂长、经理、会计、主要科室负责人及供销人员所组成的职业群体。他们对企业的经营管理有决策权、指挥权,与企业职工是管理与被管理的关系。调查显示,乡镇企业管理者在八类职业群体中只有 1 人,占总人数的 4%(见表5—1)。显然,他们占有的总人数也很少,而且其文化程度偏低(见表5—2)。

8. 农村社会管理者

这是一个由村民委员会成员、村党支部成员以及村民小组长所组成的职业群体。他们是农村政治、经济和社会生活的主要组织者,是集体财产所有权的主要代表者,是各项方针政策在农村基层的具体执行者。在本次被调查的279个样本中,有6人,占2.1%(见表5—1)。文化程度高于农民企业家和乡镇企业管理者,但远远低于农村知识分子(见表5—2)。

(三)西北地区农民职业分化的不足

农民分化程度几乎是一个国家工业化、城市化、现代化的标志。而我国整体的工业化、城市化进程仍然与发达国家有很大的差距,这种差距,在国内主要体现为东西部地域上的巨大差距。1999年11月,中央经济工作会议提出了西部大开发的战略决策,2000年国家关于西部大开发战略的各项措施开始逐步出台并加以落实,因此,2000年才是西部开发的起点。所以说,较之于东部沿海地区、发达城市,西部地区整体的工业化、城市化的起点很晚,水平较低,具体表现为经济发展水平低,农民的职业分化程度低、分化速度慢。本课题组此次对于我国西北地区农民的职业分化的调查研究证实了这一点,具体表现如下:

1. 西北地区整体就业结构不合理

如果把问卷调查中,被调查的八大职业群体依照三个产业进行划分,可以认为,农业劳动者属于第一产业;农民工人、农民雇工、农民企业家、乡镇企业管理者属于第二产业;个体劳动者、农村知识分子、农村社会管理者属于第三产业。通过统计显示,从事第一产业的人数为155人,占总人数的54.8%;从事第二产业的人数为54人,占总人数的 19.4%；从事第三产业的人数为 66 人，占总人数的 23.7%（见表5—1）。显而易见，西北地区农民的职业分化的现状是从事第一产业职业的人数依然远远超过从事第二产业和第三产业的人数之和。从事第三产业的人数略多于从事第二产业的人数。

2. 西北地区农村劳动力市场发展缓慢

西北农村地区，劳动力市场发展缓慢是影响农民分化的一个十分重要的因素。劳动力市场发展缓慢的表现包括：职业信息渠道单一，职业教育、职业培训缺乏，职业保护不足。在本次调查中，当被问及"你是愿意在乡内就业还是在乡外就业"？绝大多数农村居民都回答更愿意在乡内就业，这样照顾家人比较方便。但为什么很多人还要背井离乡去外地谋取生存呢？本次调查问卷设计了这样的问题，"你认为农民由农业职业向非农业职业转移的原因是什么?"结果显示，在被调查的 153 个人中，有 59 人认为当地劳动力市场发展缓慢，就业信息缺乏（见表5—3）。而且获取职业信息的渠道偏于传统，在 278 个被调查人数中，有 128 人是通过亲朋好友获取职业信息，占 45.2%，其他途径依次是网络、电视、广播、政府宣传（见表5—4）。当被问及"你们当地有没有提供什么就业指导、就业培训"时，282 个被调查者中有 136 人明确回答"没有"。70 个人回答"不清楚"。

表5—3　农民由原来的农业职业向非农职业转移的原因

原因	频数	百分比	有效百分比	累计百分比
户籍制度	5	1.8	3.3	3.3
本地乡镇企业发展缓慢	10	3.5	6.5	9.8
劳动力市场发展缓慢	32	11.3	20.9	30.7
有关就业的信息缺乏	27	9.5	17.6	48.4
对农民权益保护不够	64	22.6	41.8	90.2

原因	频数	百分比	有效百分比	累计百分比
不清楚	15	5.3	9.8	100.0
合计	153	54.1	100.0	

表5—4　获取职业信息的途径

途径	频数	百分比	有效百分比	累计百分比
亲朋好友	128	45.2	46.0	46.0
网络	64	22.6	23.0	69.1
广播	19	6.7	6.8	75.9
电视	56	19.8	20.1	96.0
政府宣传	8	2.8	2.9	98.9
报纸	1	0.4	0.4	99.3
其他	2	0.7	0.7	100.0
合计	278	98.2	100.0	

3. 西北地区农民文化水平偏低

统计调查表5—2显示,在278个被调查者、八大职业群体中,西北地区农民初中文化程度者有129人,占绝大多数,其次是高中(61人)。小学(41人)占人数比例较多,本科生只有15人,还有8人未上过学。显而易见,西北地区农民的文化水平整体偏低。这无论是从职业认知水平还是职业技能而言,都会严重制约农民的职业分化。当然,在被问及"你认为文化程度与职业的关系"问题时,282个被访问者中,有155人回答"非常大",91人回答"比较大",也就是说,绝大多数农村居民都认可文化程度与职业之间的高度相关性,这种判断无疑来自于他们的真实生活经历和感受。

4. 西北地区农民的收入偏低

与西北地区产业结构不合理、经济发展水平偏低、劳动力市场发展缓慢相伴随的一个现象必然是农民收入偏低。一般而言,农业劳动力比重与农民人均收入呈明显的反比例关系,农业劳动力比重越高的地区,农民的人均纯收入越低;农业劳动力比重越低的地区,农民的人均纯收入越高。这说明,农民的人均纯收入与农民的职业分化程度呈正比例关系。一个地区职业分化越高,该地区农民的纯收入越高;反之,农民的职业分化越低,反映该地区农民的纯收入越低。这一结论在本次调查中也得到了印证。多个个案访谈显示,相比中国发达农村地区的居民,西北地区农民的人均纯收入明显偏低,而且负担很重。

综括地说,近十多年来西北农民的职业分化无论频度还是广度都有了很大的发展,到外面的世界去闯荡,已经成为许多农村人的选择,越年轻这种愿望越强烈。现在的务工与集体所有制时期以及20世纪80年代初期存在着不小的差异,许多人不再是"半农半工",而是"全职型"。外出务工者,在许多方面向城市人看齐:服饰、饮食偏好、生活习惯、娱乐选择、语言表述、思维方式,等等。"变则通",时代洪流裹挟着他们向前奋争。职业分化重新编排了很多农村人的生存方式,也改变了他们的生活基础,其道德选择必然会作出相应的改变。

三、西北地区农民职业道德所面临的困境

通过调查,我们发现西北地区农民的职业分化程度远远低于全国水平,许多人从事的非农职业,存在着临时性和不稳定性,与农村社会仍然是若即若离的交互状态。在分析阻滞该地区农民职业分化的具

体客观因素的同时,我们也看到了影响西北地区农民职业分化水平的来自于农民自身的主观因素。而这一问题可以纳入职业道德的视野来考察和分析。职业道德,是同人们的职业活动紧密联系的、符合职业特点要求的道德准则、道德情操与道德品质的总和,它既是对本职人员在职业活动中的基本素质的要求,同时也反映该职业对社会所应负的道德责任和义务。职业道德是在每一个职业生成发展过程中历史地形成的约束该行业健康发展的一些基本信条。职业规定着人们的社会角色,职业道德则是这种角色所必须遵循的道德底线。恩格斯也说:"实际上,每一个阶级,甚至每一个行业,都各有各的道德。"①

(一)西北地区农民职业道德总体状况

虽然我国的"农民"概念不是一个单纯的职业概念,但经过职业分化后的他们俨然隶属于各种不同的职业群体,对于每一个职业所应坚守的职业操守,大多数人还是有自己的认知的。本课题组首先设计了两个有关职业道德的总体性的问题,考察西北地区农民对于职业目的及职业相关要素的认识,结果比较令人满意。

1. 关于工作目的的认知

问卷中设计了"你从事工作的目的是什么"这一问题,选择项包括"生存、赚钱、出人头地、发展自己、丰富生活、为社会做贡献。"统计结果显示:283 位被访者认为,从事工作的第一目的是生存,第二目的是赚钱和发展自己,第三目的是为社会作贡献和丰富生活。不难发现,大多数农村居民非常清楚职业对于一个人的重要意义:一则为解决生存问题,所谓谋生;二则为实现个体价值,所谓谋道。判断非常清晰合理,符合主流认知,值得称道。

---

① 《马克思恩格斯全集》(第 4 卷),人民出版社 1995 年版,第 240 页。

2. 关于影响工作的要素的认知

问卷中设计的另外一个问题的统计结果同样令人满意。当被问及"你认为在工作中最重要的是什么"这一问题时,选择项包括"金钱、地位、运气、关系网、诚实、健康、能力、知识、勤劳。"调查结果显示,283 个被访者中,认为工作中第一重要的是"诚实",第二重要的是"能力",第三重要的是"勤劳"。这一情况也非常符合主流认知。

通过以上的调查数据,我们可以作出这样的判断:西北农村地区农民的总体职业道德认知与全国主流的职业道德认知并不存在什么差异。虽然他们的职业分化程度低于东部地区,收入偏低,生活条件差,负担较重,但这丝毫不影响他们的基本道德判断。这一结论符合道德与经济的关联而非决定的相关关系。正如中国当前的经济状况虽不及西方发达国家,但绝不能断然认为,中国人的道德水准不及西方人,这是一个毋庸置疑的基本判断。早在 1935 年,著名哲学家贺麟就撰文指出:"于经济与道德,有下列四条不可否认的显明的事实:(1)经济富足可以使道德好(所谓衣食足知荣辱,仓廪实知礼节;有恒产即有恒心,即指此项事实)。(2)经济贫乏可以使道德好(所谓家贫出孝子,士穷见节义;无恒产而有恒心者,惟士为能,均指此项事实)。(3)经济富足可以使道德坏(所谓饱暖思淫欲,所谓经济即罪恶之渊薮,即指此项事实)。(4)经济贫乏可以使道德坏(所谓无恒产即无恒心,小人穷斯滥矣,或饥寒起盗心,均指此项事实)。……经济的贫乏与道德的好坏间无必然的函数关系。换言之:经济富的人未必道德好,经济贫的人未必道德坏;反之,经济富的人未必道德坏,经济贫的人未必道德好。这就是说,我们不能以经济的贫富作为道德好坏的标准,我们不能说经济的贫富必能决定道德的好坏。"①

---

① 贺麟:《文化与人生》,商务印书馆 2005 年版。

因此,本课题组在研究西北地区农民的职业道德问题时,调查研究之前,并不会预设"西北地区"、"农民"这样的地域和身份标签,从而预设一个研究结论。通常,从事同一个职业的人先前可能来自差别很大的地域,也曾有着不一样的身份,但这通常不会影响他们对于一个共同职业的基本道德认知。当然,在现实生活中,任何一个行业的整体从业人员中总有一些职业道德有缺陷的人。接下来我们将对西北地区几个主要农民职业群体中职业道德的一些缺陷与不足作出具体分析。

(二)西北地区农民职业道德的不足

本课题组在试图了解西北地区农民的职业道德状况时,也以农民职业分化的八大职业分层为基础,对每一个职业分层的相应道德状况展开统计分析。

1. 农业劳动者

在本次问卷调查中,对于农业劳动者的职业道德现状,设计了"农业劳动者最重要的职业道德是什么"这样的问题,统计结果显示,"热爱农业生产"、"珍爱土地"、"诚实守信"依次排在前三位。"崇尚科学"则排在最后一位(如图5—1所示)。这正好反映了农业劳动者群体的职业道德现状及不足。农业劳动是农民所从事的一个传统职业,绝大多数农民热爱农业生产、珍爱土地、诚实守信,这也反映了我国传统的农业劳动者的优秀的职业操守。但真正职业化的农业劳动者更应该懂得崇尚科学,这应是一个现代职业农民必备的素质。所以,未来的西北地区的农业劳动者还应当注意提升自己的科学素质,开阔视野,提高劳动效率和质量,高效快捷合理地为社会服务。

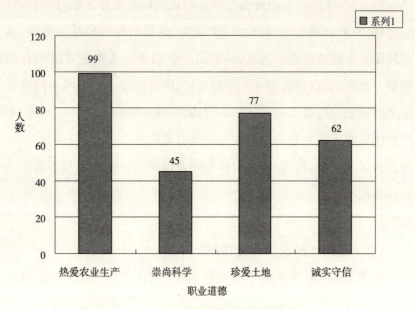

图5—1　农业劳动者最重要的职业道德是什么

2. 农民工人和农民雇工

关于农民工人和农民雇工的职业道德的具体情况的了解,调查问卷设计的问题是:"你知道农民工人和农民雇工存在以下问题吗?"列举的选择项包括:"私拿物品、随意中断合同、懒散、从事有损企业或雇主利益的行为、没有、不确定"。调查结果显示,30.4%的人认为不存在以上列举的四种不良行为;29.0%的人认为存在"随意中断合同的行为;18.4%的人认为农民工人和农民雇工存在懒散的现象;9.5%的人认为农民工人和农民雇工存在"从事有损企业和雇主利益的行为";6.0%的人认为农民工人和农民雇工有"私拿物品的行为"(如图5—2所示)。综合分析,可以作出这样的判断,多数农民工人和农民雇工的行为是好的,但在他们中间,也的确依次存在随意中断合同、懒散、损害企业和雇主利益、私拿物品的现象。农民工人和农民雇工是从农业生产领域中分离出来的从业人员,虽然他们从事着非农业职业,但由于他们的职业分化还不够稳定,一些人仍然保留着过去农业劳动者的角色意识和心理,比如,法律契约意识淡漠、行为自由随意、时间观念不强、贪恋小利等。这些人还没有成为成熟稳定的真正意义上的各种新型职业从业者,也就是说,他们对于自己所承担的新角色的基本认知还有待提高。

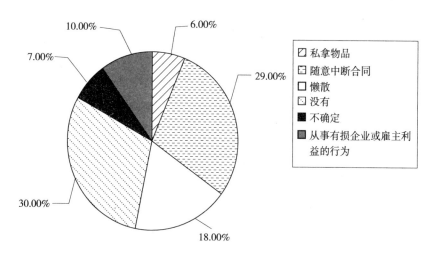

图5—2　你知道农民工人和农民雇工存在以下问题吗

3. 农民企业家和乡镇企业管理者

关于农民企业家和乡镇企业管理者的职业道德不足,我们主要设计了两个问题,前者是当地人对于这两个职业群体的满意度调查,而后者是为了了解存在于这两个职业群体中间的不良行为。第一个问题是"你对你们当地的农民企业家和乡镇企业管理者的素质是否满意?"调查结果显示,271个被调查对象中,106人明确表示不满意,占被调查人数的37.5%;140人表示比较满意;只有25人表示满意。由此可见,这两个职业群体获得的满意度比较低。相关的另一个问题是:"当地的农民企业家和乡镇企业管理者存在以下问题吗?"选择项包括："不依法经营,克扣职工工资,不尊重雇员,缺乏劳动保护,规定劳动时间过长。"结果显示,这些现象都不同程度地同时存在,比重差别并不大。254人中69人选择"缺乏劳动保护",55人选择"规定劳动时间过长",52人选择"不尊重员工",43人选择克扣职工工资,35人选择"不依法经营"(如图5—3所示)。由此可以认为,农民企业家和乡镇企业管理者这两类从农业劳动者群体中分离出来的职业群体获得的满意度很低,职业操守上存在的问题较多。这样的现状与前面了解到的这两个职业群体占有人数比例少,文化程度较低的调查结果是基本吻合的。

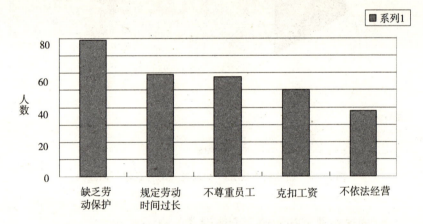

图5—3　你知道农民企业家或乡镇企业管理者存在以下问题吗

4. 农村知识分子

相较农民企业家和乡镇企业管理者而言,农村知识分子群体的工作态度和工作能力的受满意度非常高。从问卷中"你对你们村的知识分子的工作态度和工作能力满意吗"这一问题的回答看,在282个受访者中,200人回答"比较满意",30人回答"很满意",52人回答"不满意",比较满意以上人数占到81.3%。而对于农民企业家和乡镇企业管理者而言,其比较满意以上人数只占到58.3%。这与农村知识分子的整体素质较高的情况相吻合。但也不能忽视的是，一些农村知识分子的工作态度和工作能力还是不能令村民满意，仍需要提升自己的职业能力和职业素养。

5. 农村社会管理者

农村社会管理者的职业道德对于所有农民职业道德的构建具有非凡的意义。因为农村社会管理者是一个特殊的群体，在所有农民职业群体中，这个群体代表国家管理农村各项事务。因此，该群体的职业道德良好与否直接影响一个地区经济、社会、文化的发展态势。也会给一个地区的整个职业生态带来潜在的影响。所谓"政者，正也。子帅以正，孰敢不正？""其身正，不令则行；其身不正，虽令不从。""子为正，焉用杀，子欲善，而民善矣！"①在中国古代社会，官员的职业道德往往被提升到关系国家生死存亡的高度。在现代社会，这种要求即使普通的群众也非常清楚。在本次调查中，当问及对领导干部的期望是什么时，占绝对多数的村民回答"全心全意为人民服务"，占78.4%；其次，回答"无论有没有本事、出不出政绩，首先要尊重老百姓的人格、权利和意愿，依法办事"者占9.9%。可见，人们在农村社会管理者应该具备怎样的职业道德素养问题上，都有一个清晰的判断标准。但从收集的个案访谈资料来看，一些农村社会管理者的职业道德现状很令群众失望，需要不断改善推进。

6. 个体劳动者

个体劳动者在此次受访人群中，人数仅次于农业劳动者和农民工人，也就是说该职业群体在西北农民职业中占很大比重。对于该职业群体，本次问卷调查没有设计相关的问题。主要是通过个案访谈了解该职业群体的职业道德现状及不足。通过正面和侧面的了

①　《论语·子路》。

解,我们还是认为个体劳动者的主体是好的,比如甘肃陇南市武都县有个体户说:"我觉得首先要买卖公平,其次是货物的质量要保证,价钱要合理。其实最重要的还是要讲信用,不贩卖假货。"但也有人认为农村地区的一些个体劳动者存在职业瑕疵。比如,新疆维吾尔自治区阿克苏市阿瓦提县一个村主任说:"农产品是最安全、最纯洁的绿色食品,其生产过程没有剥削人,没有想着伤害人,只希望卖个好价钱就知足了。食品的安全问题是加工环节的问题,是商人、企业的问题,不是农民生产的问题。"

四、推动西北地区农民职业分化与职业道德建设的几个有效路径

(一)西北地区产业结构的调整与优化

1. 全国产业结构与就业结构的基本特征

"目前我国 GDP 居世界第二,但人均 GDP 低于世界平均水平。2008 年我国 GDP 总量为 314045 亿元。其中,第一产业增加值为 33702 亿元,第二产业增加值为 149003 亿元,第三产业增加值为 131340 亿元。人均 GDP 为 2940 美元,是世界平均水平 8613 美元的 34%,是美国人均 GDP 47580 美元的 6.2%。从产业结构看,2008 年我国三大产业结构构成为 10.7%、47.5%、41.8%,世界高收入国家的 GDP 构成为 1.4%、26.1%、72.5%(2006 年数据),世界中等收入国家的 GDP 构成是 3%、28%、69%(2006 年数据)。以上数据表明:第三产业增加值比重越高,则其经济发展水平也就越高。从人均 GDP 与产业结构看,我国仍属于中低发展中国家。近 30 年来我国产业发展的基本规律是第一产业所占比重逐步下降,第二产业缓慢增加,近年来维持在 48% 左右,第三产业逐年上升,近几年一直徘徊

在 40% 左右。2008 年我国从业人员 77480 万人,其中一、二、三产业从业人员比重分别为 39.6%、27.2%、33.2%。纵观我国就业结构的变动,呈现出从业人员向二、三产业转移的规律。"[1]

然而,"产业结构与就业结构具有很不相称的特点。尽管第一产业劳动力人数随着它的产值在 GDP 中的份额下降而快速下降,但第一产业的就业人员比重一直处于最高位,而占 GDP 的比重在1985 年之后就处于最低位置。第二产业的情况与第一产业的情况基本相反,在 GDP 中所占的比重一直处于最高位,在 45% 上下浮动,但其吸收劳动力的能力并不高,劳动力占其全部总量的比例不足 30%,并在 1994 年之后就业比重最低。第三产业在 1978—2009 年期间,从占劳动力总人数的比重最小到超过第二产业的就业人数比重,同时占 GDP 的比重从最低到超过第一产业的比重,促进就业及产业发展基本保持了同步提升,成为吸收劳动力的主要产业。"[2]

2. 西北地区产业结构与就业结构的基本特征

通过郭爱君对 2000—2007 年西北 5 省区的相关样本数据进行分析,可以看到西北地区的产业结构的基本特征。"西部大开发以来,西北地区经济总增长 8620.79 亿元,增幅达 190%,产业结构较上期有了较大改善。在此期间,西北地区经济增长加快,占全国分量高达 6165.25 亿元。第一、第二、第三产业发展态势良好,而第二产业与全国相比依然处于劣势,就竞争力分量来看,第二产业竞争力有了较大提升(1319.44 亿元);第一产业竞争力虽然有所提高,但水平偏

---

① 段敏芳:《对产业结构提升与就业关系的研究》,《调研世界》2011 年第3 期。

② 王艳娟:《浅析产业结构与就业结构的关系》,《统计与咨询》2011 年第2 期。

低;第三产业竞争力为负(-784.15亿元),发展水平亟待提高。"①

与此相适应,西北地区的就业结构的变动也首先呈现出从第一产业向二、三产业转移的特点。在此次问卷调查中,通过比对从业者现在的职业与过去的职业的变化,可以验证这一规律。在283个被访问者中,过去职业是农业劳动者的是196人,占总人数的69.3%,而现在职业为农业劳动者的是155人,占总人数的54.8%;与此同时,农民工人、农民雇工、农村知识分子、个体劳动者、农村社会管理者的人数从过去到现在都有所增加;还有一个明显的变化是农民企业家和乡镇企业管理者的从无到有,但人数比起其他职业群体而言,明显偏少。以上研究结果表明,西北地区的经济发展首先与全国相比有很大差距,其次,产业结构极不合理,这势必造成就业结构不合理。如前述分析,西北地区农民职业分化的现状是从事第一产业职业的人数依然远远超过从事第二产业和第三产业的人数之和。从事第三产业的人数略多于从事第二产业的人数。

3. 思考和建议

比对西北地区产业结构和就业结构与全国产业结构和就业结构的不同特点,我们发现,当前全国的产业结构格局是"三、二、一",全国的就业结构格局是"一、三、二"。西北地区整体产业结构的格局是"二、三、一",农民群体就业结构的格局是"一、三、二"。根据配第一克拉克定理,随着经济的发展,产业结构通常会呈现出如下的变动情况,第一产业对国民生产总值的贡献率和解决就业的能力,在国民经济中所占的比重会逐渐下降,第二产业在国民经济中的比重先下降,然后逐渐再趋于稳定,第三产业所占比重则会持续增长。也就

---

① 郭爱君、李惠茹:《西北地区产业结构经济增长的效应分析——基于偏离份额分析法》,《改革与战略》2009年第1期。

是说,产业结构和就业结构的分布格局的演变过程是从最初的"一、二、三"最终过渡到"三、二、一"。由此可以看出,我国全国的产业结构和就业结构发展的不同步性。这即是社会学学者所说的我国社会结构发展远远滞后于经济结构的发展,城市化的水平低于工业化的水平。较之于全国的产业结构和就业结构,从西北地区农民群体的就业结构表象看,其与全国的就业结构格局一致,但就业结构内部构成悬殊,质量反差很大。此次调查结果显示,西北地区农民劳动力在一、二、三产业的比重依次是54.8%、19.4%、23.7%。而在2008年,我国全国从业人员在一、二、三产业比重依次为39.6%、27.2%、33.2%。显而易见,西北地区农民群体在第一产业就业的比重远远高于全国水平,而在第二和第三产业就业的比重却低于全国水平。这种状况与西北地区经济发展水平低,产业结构分布仍然不合理相关,西北地区的产业结构是"二、三、一"格局,仍然处于从"一、二、三"到"三、二、一"的过渡阶段,这自然影响西北地区农民的职业分化水平,进而影响全国就业结构的格局。农民人口占我国人口的绝大多数,所以,农民群体的就业结构直接关系着我国整体就业结构的合理化程度,关系着我国社会结构是否趋于合理,关系着我国现代化和城市化的整体水平。为此,未来西北地区的产业结构要尽快作出调整。

具体而言,与全国相同的产业调整方向是,西北地区仍然需要大力发展第三产业,最终使得第三产业成为吸纳劳动力最多的产业。每个省从自己的实际情况出发,充分利用各自的优势资源,找准突破口,大力发展具有比较优势的某类产业,如金融、保险、运输、文化、物流、信息、通讯、旅游、餐饮等。其次,通过农业劳动的机械化和农业技术的进步,提高农业生产率,逐渐降低第一产业的就业人数,使第一产业的就业比重与其经济贡献率逐渐趋于一致。但是,不同于全国发达地区和城市的调整方向的是,西北地区仍然可以加快发展第二产业,使得第二产业快速成为吸纳劳动力的次要产业,因为西北地区第二产业份额仍低于全国平均水平,当东部地区致力于知识密集型产业时,西部地区则应积极发展劳动密集型产业。

(二)西北地区劳动力市场的当代转型

1. 全国劳动力市场亟待完善的迫切性

近几年,在我国频频出现的"民工荒"究竟是绝对数量的短缺还是信息的不对称? 是不是我国的劳动力过剩时代即将终结? 从全国就业结构来看,2008 年我国在第一产业就业的人数仍然占到39.6%,高于第三和第二产业比重。因此,"民工荒"表象地来看,暂时似乎并不是一个绝对数量短缺的问题,而更多源于信息的不对称。也就是说,这实质是一个如何针对新生代农民工特点化解目前劳动力市场供需失衡的问题。

蔡昉在研究我国劳动力过剩时代是否终结的问题时,明确提出建立一个全国统一的劳动力市场的紧迫性,他指出:"中国劳动力短缺和劳动力成本上升之间的矛盾日益尖锐,造成劳资双方的敌意也与日俱增。通过建立集体协商机制也只是缓解矛盾的权益之计,解决问题的根本之道在于建立一套成熟的劳动力市场制度。2000 年至 2007 年,中国制造业劳动力成本以平均每年 9.8% 的速度增长。与此同时,边际劳动生产率和平均劳动生产率分别增长 20.4% 和22.8%。不断完善的劳动力市场机制表明,生产力的提高必然伴随着劳动报酬的提高。对所有新兴经济体的用人单位而言,这是一次不可避免的'成长的阵痛'。只有利益相关各方都同意劳动者的工资应占据国民财富初次分配的较大份额,我们才能建立集体协商制度,才能发挥工会的作用。这是消除收入差距、改善企业效益和培养劳动者良好心态的正确顺序。历史事实表明,现在是中国政府奠定合理劳动力市场基础的黄金时期。这样做不仅可以帮助中国进行产业升级,还可以有效地释放社会压力。"①

2. 西北地区劳动力市场亟待完善的迫切性

本课题组调查研究发现,相比中国发达农村地区的居民而言,西北地区农民的收入明显偏低,而且负担很重。他们转换职业、继续分化的风险偏大,这与西北地区劳动力市场发展缓慢有很大的关系。具体而言,西北地区劳动力市场发展缓慢表现在:职业信息渠道单一,职业教育、职业培训缺乏,职业保护不足,职业流动不足,职业分化程度低。很多农民外出就业的信息大多仍然来自于亲朋好友,除了职业信息缺乏、获取职业信息的渠道不宽这个因素之外,农村劳动力在选择是否外出就业时,也表现出一种权衡外出就业的利益与风险的理性。在此次调查中,当被问及"从事非农业职业一定比农业职业好吗"这一问题时,282 个被访问者中高达 198 人回答"不一定",55 人回答"不清楚",只有 29 人回答"一定"。为什么会出现这样的结果?我们分析,一方面,或许一些农民收入甚少,又对于外界缺乏了解,第一次外出就业的成本抑制了他们外出就业的积极性,因而这部分人出于保守,对于外出就业心存疑虑;另一方面,还有一些富裕的农业劳动者看到了外出就业者所遭受的不公正的待遇,他们当然会认为从事非农业职业不一定比农业职业好。而非农业农民出外就业时所遭受的工资待遇的不平等正是劳动力市场的不完善的表现。

3. 思考和建议

如果说全国的劳动力市场亟待解决的问题是建立一个成熟的劳

---

① 蔡昉:《中国劳动力市场正经历"成长的烦恼"》,《中国日报》2010 年 11 月 30 日。

动力市场,破除劳动力市场的城乡分割,切实提高劳动力的报酬,应对劳动力由无限供给转向劳动力短缺的危机。那么,西北地区的劳动力市场亟待解决的问题则是建立一个覆盖全区域的较为均衡的网络式的劳动力市场。如果说全国的劳动力市场的成熟化仰赖现有制度的革新,比如造成劳动力市场城乡分割的户籍制度。那么,西北地区劳动力市场的发展还需要采取大量技术性的措施完善其服务水平。比如:建立更多的中间组织,负责连接、沟通剩余劳动力与用工单位,开展区域性劳务协作,逐步扩大地区间、城乡间劳动力的流动;开展多渠道的劳动力市场信息服务,为剩余劳动力和劳动力需求方提供精确而及时的供求信息,进而为农村劳动力的合理而有序地流动提供确实有效的帮助,减少盲目流动,为农民的非农化创造更多的机会。归根结底,西北地区农村居民的收入差距问题,就是中国的地区差距和城乡差距问题的代表性的体现,这个问题的初步解决要依靠西北地区良好的劳动力市场的推动,但问题的最终解决仍然要依靠一个全国统一的劳动力市场的形成,消除城乡分割,实现所有中国公民的公民待遇,其时,农村劳动力的收入必然会提升,城乡差距必然会缩小,地区差距变得不再明显。

(三)加大西北农村地区的人力资本投资

1. 全国人力资本投资的现状与不足

本课题的人力资本投资主要关注教育投资,我国政府从1989年开始向全社会公开发布教育经费占国内生产总值的比例执行情况。教育投资的情况从全国来看,根据财政部日前提供的最新数据,初步统计2010年财政性教育经费占GDP的比重达到3.69%,比2009年有所提高,但仍与4%尚有0.31%的差距。早在2004年,诺贝尔经济学奖得主美国芝加哥大学学者詹姆斯·海克曼看到了中国的人力资本投资问题。他指出："中国目前的教育现状欣欣向荣。但在过去 20 年教育投入是不够的。从 1991 年至 2002年,中国政府在教育上的投资比重从 2.5% 增长到 3.3%。但与其他国家相比,更多的资金投入到物质上。当前,中国教育资本投资的增长与世界其他各国相比较低,与中国的物质投资相比就更低,而且人力资本投资存在不平等现象,例如地域和城乡的差异。这种不平等导致了物质资本投资回报率低,回报收益受损。一个更加平衡的教育投资会促进经济发展,并会减少长期的经济发展不平衡。"①由詹姆斯·海克曼的分析,不难发现我国在人力资本投资上的现状是,人力资本投资的比重依然远远低于物质投资的比重,而且,人力资本投资存在不平等现象,地区之间、城乡之间的投资比重差距很大。

2. 西北农村地区人力资本投资的现状与不足

西北农村地区人力资本投资的现状与不足,恰好是全国人力资本投入较之于物质投入严重不足以及投入不平等特征的具体表现。西北地区农民的整体文化素质偏低正是西北地区人力资本投资不足的表现。在此次调查统计中,当被问及"农民工人和农民雇工仍然是农民吗"这一问题时,823 个受访者中,有 82 人明确回答"不是",有 66 人回答"不清楚"。这一统计结果反映了很多农民对于自身的新兴职业角色及其身份的认知很模糊。这样的统计结果与西北地区农民的整体文化水平又是相互吻合的。我们在以上西北地区农民职业分化的不足中已经看到,西北地区农民的文化水平整体偏低。尤其是一些新兴的职业群体,比如乡镇企业管理者和农民企业家,其文

---

①　［美］詹姆斯·海尔曼:《中国人力资本投资》,《哈尔滨日报》2004 年 8 月31 日。

化程度确实与其职业要求有很大的差距,此外,作为管理主体的农村社会管理者的整体文化水平也很难顺应未来农村社会发展的需求。除了农民本身文化水平偏低外,西北地区给予农民的相关培训和指导也极为缺乏。在282个受访者中,当被问及"你们当地有没有提供什么就业指导、就业培训"时,高达136人回答"没有",占48.1%;70人回答"不清楚";只有76人回答"有"。

3. 思考和建议

"中国的现代化在某种意义上就是农民的现代化,而这样的现代化至少有两个指向:一是变农民为非农民,提高城镇人口和非农业人口的比重,这是现代化的重要标志;二是不断将传统农民改造成为现代农民,也就是要不断提高有技能、有市场意识、崇尚文明、摈弃愚昧的农民在农民整体中的比重。"[①]不言而喻,加大西北农村地区的人力资本投资事关我国的城市化进程和现代化水平。从全国来看,我国人力资本投资的总体缺陷是,相对于物质资本投资,政府人力资本投资的比重仍然不足4%,而且投资极度不平衡。到了西北地区,物质投资比重远远多于人力资本投资比重的问题更加严重。一直以来,我国的教育投入主要依赖中央财政的支出。显然,中央财政对于教育的投入远远满足不了地方的需要。而地方政府往往在周期短见效快的物质投资和周期长见效慢的教育投资理念博弈中选择了前者,尤其像西北地区,与全国相比,其物质基础的落差很大,所以,人力资本的投资必然相对弱化。而且,社会对于西北地区教育的投资也很不够。2000年,一个随江苏高校代表团考察西北的学者就谈道:"发展是硬道理,但教育是发展的硬中之硬,后劲所在。实施西

---

① 彭干梓:《农民职业分化与农村职业教育的观念变革》,《中国农业教育》1992年第2期。

部大开发,是我们党面向新世纪作出的重大战略决策。东部和中部许多地区政府和企业已经积极行动起来,这是一件大好事。在大家看来西部到处都是黄金,于是乎,纷纷到西部去抢摊占地,希望占领西部开发的制高点。但很少有人去抢占西北教育这个制高点。一路上我们遇到了 10 多个企业考察团,但没有一个是教育考察团;碰上了 10 多个"交易会"、"洽谈会",没有一个与教育有关。"[1]依照经济增长理论,人均物资资本高则劳动生产率高,人均收入水平也高。尤其在经济发展初期,物质资本在生产中所起作用巨大,物质资本差异是导致收入差距的重要原因。但随着经济的进一步发展,物质资本的作用会逐渐降低,人力资本的作用会逐渐显现。所以,西北地区要走向和谐健康发展之路,在注重物质投资的同时,不应当忽视人力资本的投资。尤其是对于西北农村地区居民的教育和培训,应当得到各级政府及民间组织的关注。即使农民自己也认可,受教育程度与农民职业分化之间的高度相关性,受教育程度越高,知识技能越高,获取新信息、适应新工作更快,从事非农业职业的机会越大。我们以为,当前,西北农村地区的教育投入,应当着重在以下两方面加强。

第一,加大西北农村地区的基础教育投资。当前,我国教育不但每年投入的资金严重不足而且在有限的资金分配上合理性与科学性欠缺。(见表5—5)[2]

---

① 郑晋鸣:《如何做好教育这篇大文章——随江苏部分高校代表考察西北的思考》,2000 年 8 月 24 日,人民网吴德刚:《中国义务教育》,陕西人民教育出版社1992 年版,第 97—98 页。

② 张玉林:《经济大省的教育贫困——关于江苏省公共教育经费投入不足问题的实证分析》,《中国改革》2005 年第 7 期。

表5—5　各国教育资金的分配情况

国名	初等教育(%)	中等教育(%)	高等教育(%)
日本	42	45	13
英国	43	32	25
美国	50	38	10
法国	53	39	8
中国	31	30	33

　　《2004 中国教育不平等状况蓝皮书》进一步对我国的教育经费分配问题进行了描述,"在这种制度下,中央政府的财政教育经费的绝大部分投向了高等教育。在整个 90 年代,这一部分始终高达90% 左右,包括高中在内的中小学得到的比例始终未超过 1% ,而且这些有限的金额也主要是对'中央属'中小学的投入。"①显而易见,世界各国都把加强基础教育作为增强综合国力的一项基础工程来抓,而我国却本末倒置。基础教育乃是本源,是初始教育,是终身学习的起点,是提高全体国民素质的基石。所以,在分配西北地区的教育经费时,一定首先要关照到西北农村地区的基础教育的建设。在当前西北地区的一些贫困农村,九年制义务教育还没有普及,青壮年文盲依然存在,说明这里的基础教育还不完善。加之西北五省区又是少数民族较多的省份之一,因而,加大基础教育投入,关注西北地区的全体国民教育,乃是解决西北地区农业农民分化程度低、非农业农民职业道德提升的关键。对那些地处偏远地区的农民子女来说,能够平等地享受基础教育,本是他们的基本权利,接受起码的基础教育也是为他们打开了一扇认识更广阔世界的窗口。而他们的这一基

――――――――

　　① 参见张玉林:《经济大省的教育贫困——关于江苏省公共教育经费投入不足问题的实证分析》,《中国改革》2006 年第 7 期。

本权利的实现要依靠政府。

第二，加大西北农村地区的职业教育投资。世界上许多国家都十分重视农村职业教育，比如，"日本自明治维新以来，对教育，尤其是农业教育高度重视，采取社会教育和学校教育并举，灵活多样的办学方式，培养了众多高素质的人才。城乡劳动力机会不存在素质差距，对非农部门就业的适应并不逊色于城市劳动力。"[1]因而，我国作为一个农村人口仍然占绝对多数的国家，唯有加强农村职业教育以提升农民素质，从而为加快城市化的步伐准备软实力。西北地区原有的单一的农民群体已经分化成为八大职业群体，如果政府和社会忽视对于这些已经成长起来的职业群体的组织化的职业教育和职业培训，那么他们对于自己的新角色的体验只局限于自己朴素的判断，而缺乏深刻的认知，从而使他们的工作能力受限，造成职业道德上的缺陷。更进一步而言，如果八大农民职业群体曾经在选择职业之前，接受过一些职业教育，懂得一些职业规划的策略，这样他们的职业选择就会减少一些盲目性，多一些理性。也就是说，有针对性地开展农民职业教育，对于农民更好地形成职业角色的认知、职业道德的认同具有不可估量的价值。

（四）身份置换：农民职业分化与职业道德建设的内驱力

20世纪80年代以来，中国农民的非农化趋势已不可阻挡，他们或者在城市、或者在农村从事着丰富多彩的职业，也大多能够恪守自己所从事职业的道德要求。如果在世界上的其他国家，他们已经不再是农民，而在中国，他们所从事的非农职业却仍然无法抹去他们身上的"农民"标签。如前所述，20世纪中叶起，我国的农民概念演变

---

[1]　常伟：《日本近现代农村劳动力转移及启示》，《文史漫谈》2011年第4期。

成了一个复杂的身份概念,而非单纯的职业概念。依据 1958 年的《中华人民共和国户口登记条例》,凡是具有城镇户口的居民(无论其从事何种职业)都是城市居民,凡是具有农村户口的居民(无论其从事何种职业)都是农民。由此,"中国农民"的概念,因为一部法律而重新界定,他们不再是词典中那些"长期参加农业劳动的劳动者",而演变成为当代中国社会现实中的"农村居民",即指所有未获得城市户口的具有农民身份的一切农村人口。在现实生活中,无论他们从事农业生产,还是实际从事非农业生产,只因他们的户口被登记在农村,因而,他们初始的身份就是农民。这种人为的二元社会结构的产物牺牲了农民的公民待遇。

"当前,随着社会主义市场经济体制的逐步建立与完善,城乡居民的收入有了不同幅度的增长,人们的生活水平普遍得到提高,传统的城乡二元结构亦开始出现松动。但是,城市和农村之间的差距仍然巨大,在受教育和就业机会、收入和社会保障方面,农民与城市居民仍然处于不平等的地位。特别是在收入方面,城市居民人均可支配收入和农村居民人均纯收入的比例自 1987 年的 2.57:1 降至 1984 年的 1.84:1 之后,多年来不仅没有进一步缩小,反而上升到目前的 3.3:1。诸多事实表明,中国城乡二元结构的真正消解还有很长的路要走,今后的道路不会是平坦的,用任重道远形容之并不为过。"[1]

那种人为的对于农民的歧视本身不符合职业的基本内涵,农民作为一个个中国公民,他们以自己的智慧对我们这个国家和社会同样作出了贡献,我们一方面希望他们非农化,加快中国的城市化进

---

[1] 辛章平:《中国城乡二元结构的演变与应有的方向》,《黑龙江社会科学》2011 年第 2 期。

程,但另一方面又不给予他们应得到的公民待遇,剔除存在于他们身上的"农民"标签,这样的做法显然不利于农民群体整体的职业分化及其职业道德的认知。如果打算以公民道德培育公民素质,必须给予每个人他们应得的公民待遇。为农民进行身份正名,将是农民职业分化和职业道德的精神推动力。在当代中国,拥有十多亿农村户口的人群正在用智慧和汗水推动着社会建设运动的各个方面,所以完全能这么推论:没有中国农民的真正富裕,没有中国农村的崛起,就无法实现中华民族的伟大复兴。

第六章　西北农村地区环境
伦理的变迁与现状

环境伦理已逐渐成为学术界的显学。近年来关于环境伦理或者生态伦理的研究和学术成果比较丰富。1972 年,英国社会学家威廉斯在他的经典论文中写道:"自然的观念包含了大量的人类历史。对我而言,自然观念中备受争论的是'人'这一观念。这一点,不仅是普遍的和终极意义上的,同时还是社会中的人的观念,实际上就是社会的观念。"①这一见解,实在是中国传统的环境伦理观在西方的表述。儒家和道家思想正是其中最主要的构成。正如李约瑟所指出的那样:"儒家相信宇宙的道德秩序(天),他们使用'道'一词,如果不是唯一是指人类社会里的理想道路或秩序,也没有把社会人与整个自然界分开,可是他们向来主张,研究人类的唯一适用对象就是人。"②中国人思想的宏旨,在于求得平衡与和谐。传统的道家和儒家学说,均推测存在一个充满生气的、井然有序的、阴阳和合的宇宙体系。尽管女娲造人的神话在中国家喻户晓,但与西方传统的二元对立观相反,中国人的环境伦理观中,并不存在造物主与造物的对立。纵然有着各种巨大的灾难,人力在自然面前显得薄弱而渺小,通常只能俯首称臣,但与

----

① Raymond Williams, Problems in Materialism and Culture: Selected Essays, London: Verso, 1980, p.219.

② [英]李约瑟:《中国科学技术史》,科学出版社 1999 年版,第 21 页。

自然和谐相处,乃是传统中国人对于自然环境最高的理想。

一、传统农业社会的环境伦理观念沿革

(一)儒家关于环境伦理的主要表述

1. 天人合一与天人感应

天人合一是儒家对于人和自然关系最基本的信念,即把人类放在大自然生态环境中加以考虑,主张人与大自然息息相通,和谐一致,天、地、人一体化。孔子说:"大哉,尧之为君也,巍巍乎,唯天为大,唯尧则之。"[1]即是肯定了人与自然具有统一性。《中庸》里讲,"万物并育而不相害,道并行而不相悖",[2]就是把人与自然的发展变化看作是相辅相成的和谐、平衡运动,并非将天、地、人孤立起来,而是把三者放在一个大系统中作整体的把握,强调天人的和谐。

《左传·昭公三十二年》:"天生有三辰,地有五行"。[3] 这就表明古人已经认识到天与地、人是一种遥相对应的自然现象。"三辰"指日、月、星,"五行"指金、木、水、火、土。"三辰"和"五行"都是客观的无知形式。《国语·越语》说:"因阴阳之恒,顺天地之常,柔而不屈,僵而不刚。"[4]荀子则更加直白:"天行有常,不为尧存,不为桀亡,应之以治则吉,就之以乱则凶。"[5]

天人合一与天人感应表露出中国古人对自然的敬畏之心,认为人的行为与天密切相关,人生的讯号均来自于上天的指示,渴望能够

---

① 杨伯峻注:《论语·泰伯》,中华书局 2010 年版,第 54 页。
② 王国轩注:《大学·中庸》,中华书局 2006 年版。
③ 李梦生注:《左传(十三经译注)》,上海古籍出版社 2004 年版,第 112 页。
④ 《国语·越语》。
⑤ 《荀子·天论》。

与自然和谐共处。天人合一是从人的生活的整体性和联系性上展开伦理思维,表现为一种道德认知的特殊方式或思维图式,所以中国传统的自然观往往会陷入一种被世俗道德观遮蔽或利用的尴尬局面。① 即便如此,对自然规律与天道的遵循也是人类社会和谐发展的基本底色。而现代人却恰恰失去这份纯真的敬畏之心,以为人力无所不能,大肆破坏环境以满足一己之私欲,却让自己与环境都付出了惨重的代价。

2. 知天畏命与万物同体

在中国儒家先哲的眼中,世间万物是一体的,人类要以平等意识尊重自然万物的存在与个性。中庸提出"天命之为性",认为人性是天之命于人而为人所接受的东西,这就通过命而将天道与人性贯通为一。孔子提出"生生之为易",天地大德曰生,把天地看成一个生生不息的创造万物和人的一个流动程式,这个过程是持续不断地创生并使其成为一个有机和谐的生命整体过程。《中庸》说:"能尽人之性,则能尽物之性;能尽物之性,则可以赞天地之化育,可以赞天地之化育,则可以与天地参矣。"②张载在《西铭》里表达得很透彻:"乾称父,坤称母,予兹藐焉,乃浑然而中处。……民,吾同胞;物,吾与也。"③体现出了儒家博大的人道主义胸襟,是对人与自然的亲缘关系与和谐相处的最为深切的表达。程颐说,"人与天地一物也,仁者以天地万物为一体",④表现出万物同体,和谐共处的生态文明意识。

3. 成己成物与发育万物

儒家提倡"成己成物",孔子说,"钓而不网,弋不射宿"。⑤《中

---

① 参见李培超:《环境伦理》,作家出版社 1998 年版,第 133 页。
② 王国轩注:《大学·中庸》,中华书局 2006 年版。
③ 宣朝庆:《大家精要·张载》,云南教育出版社 2011 年版。
④ 郑苏淮:《宋代人学思想研究》,四川出版集团 2009 年版。
⑤ 杨伯峻注:《论语》,中华书局 2010 年版。

庸》里讲,"发育万物,峻极于天"。意思是若使万物生长,功德便有天那么高。"今夫山,一卷石之多,及其广大,草木生之,禽兽居之,宝藏兴焉。今夫水,一勺之多,及其不测,蛟龙、鱼鳖生焉,货财殖焉。"①孟子说:"苟得其养,无物不长,苟失其养,无物不消。不违农时,谷不可胜食也。数罟不入污池,鱼鳖不可胜食也。斧斤以时入山林,材木不可胜用也。五亩之宅,树之以桑,五十者可以衣帛也。鸡豚狗彘之食,无失其时,七十者可以食肉矣。百亩之田,勿夺其时,数口之家可以无饥矣。"②孟子讲发展农业,鲜明地体现出不破坏万物的生长以发育万物的思想。山林非时不升斧斤,以成草木之长;川泽非时不入网罟,以成鱼鳖之长。也即是说,只要发育万物,不但能满足人类生存的需要,也可以保持自然界的平衡。

为了使万物能够得到发育生长,必须要保护好它的生存环境。荀子说:"川渊者,龙鱼之居也;山林者,鸟兽之居也。"③河流渊池是鱼类生长的地方,山林是鸟兽生长的地方,所以,"积土成山,风雨兴焉;积水成渊,蛟龙生焉。""川渊深而鱼鳖归之,山林茂而禽兽归之,树成荫而众鸟息焉。"④山水、川渊、风雨是维持万物生长发育的必要条件,有了这些条件才有可能绿树成荫,鸟兽成群,水族繁衍。孔子说:"土地深之,而得甘泉焉,树之,而五谷蕃焉,草木殖焉,禽兽育焉;生则立焉,死则入焉,多其功而不德。"⑤土地是生态系统中最基本的要素,也是人类生存的基础,土地一旦遭到破坏,遭殃的不仅是万物,还有人类自己,"川渊枯则鱼龙去之,山林险则鸟兽去之,土敝

① 杨伯峻译注:《孟子译注》,中华书局 2008 年版。
② 杨伯峻译注:《孟子译注》,中华书局 2008 年版。
③ 杨伯峻译注:《孟子译注》,中华书局 2008 年版。
④ 《荀子·劝学》。
⑤ 杨伯峻注:《论语》,中华书局 2010 年版。

则草木不长,气衰则生物不遂。"①

(二)道家学派关于环境伦理的主要表述

道家思想主要与自然有关,其基本概念就是"道"。它指的是终极实在之道,也是自然之道。从伦理学的角度讲,它还是一个人应当遵循的生存之道。换言之,人们应使自己的生命适合于道的力量和韵律。人们应当与自然和谐相处。因为道无所不在,通过万物而流布又包举万物,从而消灭所有的冲突和争斗之缘。道家力图同作为自然与责任之源的基本范式和谐相处。

道家学者在"道"中发现了自然道德心。天地间万事万物无不有"道",如农耕社会,偃鼠饮河。"道"在西方一般译为"自然的"。冯友兰说过,道是构成宇宙的本原,是宇宙万物赖以生成的最一般规律。因为有道,万物有德,这是万物的核心品质。道存于人间,所以众人皆有德。通过没有主观故意的行为,即"无为",可以展示德。②主观故意的行为,道家称为"欲为",则会使一个人离道越来越远。道家倡导"虚其舟",而后遵循到的自然道德心而动。

老子、庄子是从人与自然的统一,人在自然中所获得的精神慰藉与解脱这一心境,去看待自然山水的。它作为一种理想的生命与审美状态,是古人回归大自然的精神渴望,同时,以一种鲜明而富有民族文化特征的形态顽强地延续着。

(三)传统农业社会环境伦理的日常化表达

"采菊东篱下,悠然见南山",或者"舟行水波上,坐看云起时",

---

① 杨伯峻注:《论语》,中华书局 2010 年版。
② 参见冯友兰:《中国哲学史》,中华书局 1961 年版。

是中国传统文明中对于人与自然关系的诗意表达。儒家和道家文化对于日常生活的影响往往互相交融。敬畏生命和自然成为农业社会崇尚的伦理形态。这些伦理关系在很多时候表达为某种道德形式。不杀生,爱护弱小,尊重生命个体的存在是农业文明重要的法则。比如,通常在一个村庄里,屠夫是不受尊敬的职业,虽然其收入可能会高于别人;孝顺长辈爱护幼小的人容易受到赞美,而那些对待长幼粗暴无礼的人则会受到一致的指责。一般情况下,农业社会仍然看重人们与土地的关系,勤于耕作并且有良好收成的人被认为是值得赞美的能力,而某些通过经商获利的人则会被怀疑来路不正。虽然农业社会的生活形态在城镇化和商业化的过程中逐渐发生变化,重义轻利仍然是大多数农村社会的道德追求。

草木茂盛、水源丰富、向阳平坦的地方是人们理想的栖息之地。在农村社会,迄今为止,风水先生仍然是受到尊敬的职业。除却迷信的成分,人们借助风水先生其实表达的是对于良好的居住生活环境的渴望。干净、新鲜和便于汲取的水源,视野开阔、光线明亮的地势,以及倚山临水的方位,是人们选择新居的重要条件。和风水职业相关的堪舆之学,其实正是考察传统社会人和环境之间关系的学问。上至帝王将相,下至平民百姓,在居住和生活环境诉求方面,都有着相同的愿望。道教和儒教名山古刹大多都在水草丰茂之地,那些得道成仙的道教名士或者普度众生的佛教神灵成为人们膜拜的偶像。所谓来生的景象也大多是美轮美奂的人间仙境。儒教的今世苦孽和乐善好施,道教的清静无为和炼丹修仙,其功利性动机也都是为了来世的繁华愉悦或者驾鹤成仙。

传统农村社会较之城市,尤其注重邻里之间的和谐关系。"远亲不如近邻",以及孟母三迁一类的传说都在强调有一个良好的邻居的重要性。在一个村庄里,有良好人际关系的人通常也是该村庄具有话语权的人。他能够成功组织某些集体活动并使大家的分歧归于统一。那些扰乱居住秩序的人则会受到一致的谴责,而最好的惩戒方式就是拒绝参加该人的婚丧嫁娶一类的活动,目的是让对方意识到群体生活中相互协作的重要性。在广大农村迈入城镇化改造和变迁的现代社会里,农村居民仍旧会对外来人口保持某种警惕。在我们所调查的西北农村地区,80%的农民对于城镇化进程中增加的人口保留了怀疑的态度,他们认为"外来人口会对村庄的生活构成威胁",对方能否处理好"邻里关系"是否具有"良好的品格",是否"可靠、踏实",有无"不良生活习惯"等成为人们关心的问题。人们大多数的担忧其实是属于道德层面的问题,但另一方面,道德上的考虑也就是伦理上的基本问题。良好的居住环境不仅仅是顺风顺水,更重要的是互相之间愉快的交往和遵守共同的传统准则,并因此带来安居乐业的愉悦。

现代文明对于农村生态的冲击无所不在。很多僻远乡村也都开始进入城镇化的改造与变革之中,人们的生活观念在逐渐发生变化,新的伦理困境不断出现。传统文明中的某些观念正在瓦解。不过相对于强大的农业文明,现代化进程破坏的仍然是某些细枝末节,就主体而言,道家和儒家文明的根柢仍旧牢不可破。无论是商业繁荣的南方乡镇,还是相对落后的西北农村,传统文明中的人与自然、社会的基本准则仍然存活,并且焕发出强大的力量。

二、西北农村地区的环境生态概况

(一)西北地区的特殊地理位置及人口分布概况

从文化地理学上讲,我国在划分西北地区与东南地区时所使用的标准基本上是依据黄仁宇先生在《中国大历史》一书中所提到的"15

英寸等雨线"(如图6—1所示)。图6—1中所呈现的一条弯曲的条状线东起黑龙江省黑河,南至云南省腾冲,从东北向西南更西而南延伸,将我国的版图划分成了西北和东南两大部分。线条以西的部分便是我们经常说到的我国西部地区的范围,在这一范围中大致上包括了蒙、陕、甘、宁、新疆、青海和西藏七个省份,总面积占我国国土面积的57%。线条以东的部分,年平均降雨量至少在15英寸左右,而这一数值则表示该地区的降雨量已经达到了一种常态,相反,线条以西的部分,年均降雨量则要低于15英寸,这也就是"15英寸等雨线"名称的由来。[①] 显而易见,我国西北农村地区地处"15英寸等雨线"以西,年

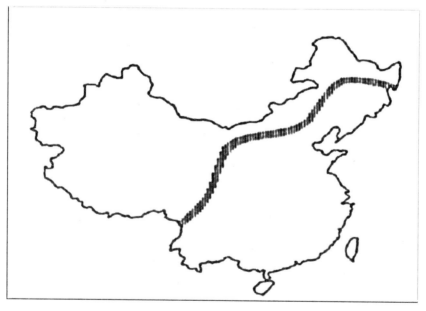

图6—1　中国 15 英寸等雨线

资料来源:黄仁宇:《中国大历史》,生活·读书·新知三联书店1997年版。

---

① 参见黄仁宇:《中国大历史》,生活·读书·新知三联书店1997年版。

均降雨量并没有达到一种常态,常年干旱、缺水始终制约着该地区各项事业的发展,这种状态也就意味着传统的农耕种植模式在西北广大高原具有典型性。相对于潮湿、平坦、温暖的东南地区来说,农耕加游牧的生产生活方式更适合西北农村地区的人们,也产生过蕴藏丰富的农业文明。

与此同时,我国人口的现实分布又赋予了"15 英寸等雨线"新的内涵。据我国相关部门的统计,在"15 英寸等雨线"以西居住的人口仅占我国人口总数的6%,而正是这6%的人口却分布在57%的国土面积上。资料显示,西北地区60%以上的人口聚集在经济比较发达的城市或城市周边的地区,而其他40%的人口则分散在偏远农村。西北大部分地区都处于一种了无人烟之境。

(二)西北地区的地形、地貌、气候概况

从"中国北纬32°地形剖面图"(如图6—2所示)来看,我国地形大体上从西向东可分为三个阶梯。图中 A 部分所表示的是我国的第一阶梯青藏高原,B 部分所表示的是我国的第二阶梯四川盆地,C 部分所表示的是我国第三阶梯长江中下游平原。而我国西北农村地区正好处于 A、B 两阶梯范围内,这也就意味着,我国西北农村地区的地形大致上是以高原、盆地、山地为主,平原的数量微乎其微。众所周知,我国960 万平方公里的领土面积处在东经73°40—135°5 之间,而图6—2 中所展示出来的经度值表明我国将近2/3 的领土是处于高海拔地区。西北地区海拔普遍较高,最高海拔可达7500 米,而最低海拔也达到了1500 米左右,其中85%的地区海拔都超过了4500 米,相当一部分地区根本就不适合人类的居住,各种农耕活动也都无法正常开展。

虽然西北地区海拔较高,整体上呈现出西高东低的态势,但是常年积压的冰雪在融化之后对西北地区的植被生长仍然会起到至关重

要的作用,所以,西北地区即使在降雨量极少的情况下,也不会出现缺水的现象,同时植被覆盖率也应该会很高,可是现实的情况为什么会与此相反呢? 首先,我们要清楚地认识到,西北地区的土地普遍呈现沙化,土质疏松容易流失,这种土质对于植物的生长来说并无利处。此外,根据"中国北纬42°地形剖面图"(如图6—3所示)所展示的地形分布图所示(A——荒漠、裸露荒漠地带;B——半荒漠、荒漠地带;C——草原带;D——森林草原带),我国西北地区几乎全部处于沙化地带,我国八大沙漠和四大沙地也基本上都在西北地区。另据相关资料显示,在全国森林覆盖率为15%的标准下,我国西北地区各省份的森林覆盖率平均只有4.87%左右,同时,西北地区的耕地主要以坡耕地为主,坡耕地占总耕地面积的65%以上。

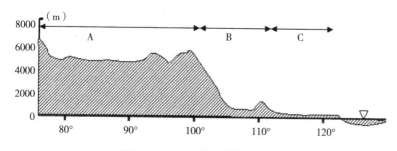

图6—2 中国北纬32°地形剖面图

资料来源:《中国自然地理图集》,地图出版社1984年版。

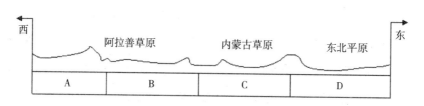

图6—3 中国北纬42°地形剖面图

资料来源:《中国自然地理图集》,地图出版社1984年版。

由于西北地区的独特地理位置和地形地貌,促使西北地区的气候类型更倾向于温带大陆性气候。这种气候的特点是干旱,降水量稀少,蒸发量大,大风多,冬冷夏热,年温差和日温差均很大。这就使得西北地区的农业生产在很大程度上受到了限制。

(三)个案:自然生态伦理的巨大变化与由此引发的环境问题

最著名的生态灾难是罗布泊的消失。罗布泊(LopNor),中国新疆维吾尔自治区东南部湖泊。位于若羌县境东北部,曾是我国第二大内陆咸水湖,现仅为大片盐壳。海拔780米,面积约2400—3000平方公里,是塔里木盆地最低处。蒙古语"罗布泊"即多水汇入之湖。古代称泑泽、盐泽、蒲昌海等。公元330年以前湖水较多,历史上,它曾是一个烟波浩渺的湖泊,物产丰富,景色秀美,养育了众多文明,包括楼兰、米兰、小河等,是丝绸之路的要冲,古代中西方文明交流、多民族交融的重要区域。今天的罗布泊已经彻底干涸,只剩下广袤无边的干涸湖盆,剧烈起伏的盐壳层、风成沉积物和沙漠,没有任何生命迹象,被称为"死亡之海",地球"旱极",是中国和亚洲大陆的干旱中心,塔里木盆地的积水积盐中心,其环境演变对于全球变化研究具有重要的指示性意义。

罗布泊的消亡与塔里木河有着直接关系。塔里木河全长1321公里,是中国第一、世界第二大内陆河。据《西域水道记》记载,20世纪20年代之前,塔里木河下游河水丰盈,碧波荡漾,岸边胡杨丛生,林木茁壮。[①] 1925年至1927年,国民党政府一声令下,塔里木河改道向北流入孔雀河汇入罗布泊,导致塔里木河下游干旱缺水,3个村庄的310户村民逃离家园,耕地废弃,沙化扩展。新中国成立后的1952年,塔里木河中游因修筑轮台大坝,又将塔里木河河道改了过来。塔里木

---

① 参见徐松:《西域水道记》,中华书局2005年版。

河下游生态环境得以好转,胡杨枝重吐绿叶,原来废弃的耕地长出了青草,这里变成牧场。新中国成立后,政府多次兴起开垦浪潮,大批内地人迁移西部组成建设兵团,开展土地平整运动。20世纪60年代开始,塔里木河两岸人口激增,水的需求也跟着增加。扩大后的耕地要用水,开采矿藏需要水,于是塔里木河的负担日益加重。几十年间塔里木河流域修筑水库130多座,任意掘堤修引水口138处,建抽水泵站400多处,有的泵站一天就要抽水1万多立方米。盲目增加耕地用水、盲目修建水库截水、盲目掘堤引水、盲目建泵站抽水(简称"四盲")使塔里木河320公里的河道干涸,长度由60年代的1321公里急剧萎缩到现在的不足1000公里,于是,罗布泊的水源补给断了。1942年测量时湖水面积达3000平方公里。1962年湖水减少到660平方公里。1970年以后干涸。从那时开始罗布泊成了一个死湖、干湖。罗布泊干涸后,周边生态环境迅即发生变化,草本植物全部枯死,防沙卫士胡杨树成片死亡,沙漠以每年3米至5米的速度向湖中推进。这个"多水汇入之湖"终于消失在广阔无边的大漠中。

另一个例子是若尔盖湿地。该湿地位于青藏高原的东部边缘,地跨川、甘两省,海拔3400—3900米,是中国特有的青藏高原湿地。总面积达250万亩,每年提供给黄河30%多的水量。素有黄河"蓄水池"之称,是母亲河水量的重要补给。同时也是国家一级保护动物黑颈鹤的主要繁殖栖息地,被誉为"高原的肾脏"。按拉姆萨尔公约,所谓湿地是指不问其天然或人工,长久或暂时性的沼泽地、泥炭地或水域地带,静止或流动、淡水、半咸水、咸水体,包括低潮时水深不超过6米的水域。若尔盖湿地的最重要意义在于稳定区域气候、减轻旱涝灾害、降解毒害物质、保障地下水供给、保护生物多样性。四川盆地湿润的气候直接受益于这片湿地,形成了气候稳定、土壤肥沃的"天府之国"。国际湿地权威、德国专家冯·勃利克对若尔盖湿地的考察评价是:位于青藏高原东南边缘的这块湿地是全世界最好的,如果遭到破坏,对全球气候的影响不可估量。

在全球气候变暖的大环境下,近年来为提高牧民收入,当地政府对湿地进行了人为地排干,向湿地要草场,使得当地湿地面积锐减。并且由于过度放牧,使得当地的草场承受力加大,牧草的更替程度跟不上牲畜的需求,所以当地草原的牧草高度和密度也随之下降,单位面积载畜量也随着下降,这和当地牧民希望提高载畜量以提高经济收入的要求是相悖的,于是就向更多的湿地要草场,从而形成恶性循环。同时,由于湿地的退化,湿地对当地小气候影响逐步降低,降雨量也随之降低,加之全球气候变暖的大环境对当地的影响日益加大,过度放牧以及对牧场的管理不到位,湿地出现了沙丘、沙地等沙化的现象,并因为独特的地理气候环境,恶化的速度非常快。若尔盖湿地中众多的"海子",很多已经干涸,还有一些严重萎缩或变成季节性湖泊,大量湖床出露,形成新的沙源。很多沼泽地表如今仅呈过湿状态,干涸、盐碱化已是普遍现象。局部地区的湿地功能甚至丧失,致使许多野生动植物处于濒绝状态,并直接影响整个若尔盖县及周边地区的生物多样性,对当地的生态环境、经济、社会的持续发展构成了极大的危害。截至 2003 年,若尔盖县草原沙化面积已达 70 万亩,尚有潜在沙化草地面积 91.5 万亩,分别占全县草原面积的 5.77% 和 7.55%。草原沙化主要分布于县境内黄河流域和黑河中、下游的麦溪乡、辖曼乡、嫩哇乡、阿西乡、黑河牧场及白河下游流域的唐克乡。沙化最快最严重的是辖曼乡沙区,其面积(包括固定沙地、半固定沙地、流沙、潜在沙化沙地)为 16.36 万亩。①

还有一个著名的例子是甘肃民勤县的沙漠化问题。这里被称为

---

① 参见田昆:《高原湿地保护区生态结构特征及功能分区研究与实践》,科学出版社 1999 年版。

中国的第二个罗布泊。民勤县地处甘肃省河西走廊东北部,南依武威,西毗镍都金昌,东北和西北面与内蒙古的左、右旗相接,总面积1.6万平方公里,总人口29万。民勤县西、北、东三面被腾格里沙漠和巴丹吉林沙漠包围,是中国北方地区沙尘暴四大策源地之一,年降水量仅110毫米,蒸发量却高达2646毫米,是全国乃至世界最干旱的地区。近6年来,民勤县尚未治理的风沙口流沙又向绿洲前移了15米至40米。目前,流沙正在以每年8至10米的速度吞噬绿洲腹地。全国最近一期沙化普查监测结果显示:5年间,拥有30万人口的民勤县,监测区内耕地的风蚀沙化面积增加了15万亩,荒漠化面积达2250万亩,占全县国土面积1.6万平方公里的94.5%,绿洲只剩5.5%。1950年以来,腾格里沙漠南侵50公里至70公里,巴丹吉林沙漠东移30公里至60公里,导致民勤县7000多亩耕地被迫弃耕,8万亩耕地不同程度沙化。近几年,民勤县约20万亩的天然林和人工防风固沙林,包括最耐旱的梭梭相继枯萎甚至干死。土地盐碱化面积由1970年的不足20万亩增加到目前的60万亩,其中重度盐碱化面积达40万亩。为了弥补地表水的不足,民勤县打了1.1万眼机井抽取地下水灌溉,由于多年超采,一般地下水位下降20米左右,在较为严重的地方,地下水位甚至下降到30米至50米。水位下降,水土矿化严重,地下水已经失去灌溉和饮用的功能,而且土地的矿化正从地下向地上发展。民勤全县的人口从20世纪50年代的10万人发展到现在的31万人,大大加速了土地开发,再加上石羊河流入民勤的水量锐减,加快了土地沙化进程。由于失去了基本生存环境,近10年来,民勤县已有3.2万人举家外迁,有的村庄已人去村空。① 不科学的生活方式和生产方式导致了民勤县发

① 参见张高峰等:《民勤县人为土地荒漠化的分析与评价》,《甘肃农业》2006年第6期。

生如此惨痛的生态灾难。其主要原因是:没有处理好水资源减少与人口不断增加之间的矛盾;没有处理好人口增多与无序开荒之间的矛盾;没有处理好地表水不足与过量提取地下水之间的矛盾;没有处理好生产生活用水量增大与生态用水量减少之间的矛盾。

三、西北农村地区人与自然之间
道德关系的现状与问题

(一)耕地、草场、林地保护的不均衡

正如前面所提到过的,西北农村地区的地理位置、地形地貌在我国是极为特殊的。在占我国总面积57%的土地上,高原和山地占据了73%以上,而在仅存27%左右的土地中耕地面积、草场面积、林地面积相对沙漠和半沙漠面积来说又是少之又少。西北农村地区的农民为了生存的需要必须对原有的林地和草场进行耕地化改造。实践证明,这种做法并没有达到人们预想的效果,在草地和林地日益减少的同时,耕地面积并没有显著增加,反而导致土地沙漠化程度急剧上升。原因是西北农村地区地处"15英寸等雨线以西",高原和山地比重较大,加之西高东低,植被生长所需要的水分得不到很好的保障,原有的草地和林地对西北农村地区的水资源还能够起到很好的控制作用,当人们将草地和林地改为耕地之后,这种平衡被打破,水资源的流失非常严重,其带来的直接后果就是土地沙漠化进程的速度加快。基于此种原因,人们开始认识到要使耕地的面积有所增加,草地和林地的面积必须得到保证,所以人们开始进行退耕还林和退耕还草的行动。根据对西北五个省区10个调查点中的17个村庄所发放的283份调查问卷所作的统计分析(见表6—1),我们可以了解到西北农村地区退耕还林和退耕还草的基本状况。

表6—1　你所在村庄的退耕还林或退耕还草面积是多少

退耕还林或退耕还草面积		频率	百分比（%）	有效百分比（%）	累计百分比（%）
有效	10	7	2.5	11.7	11.7
	12	1	0.4	1.7	13.3
	15	6	2.1	10.0	23.3
	20	10	3.5	16.7	40.0
	25	6	2.1	10.0	50.0
	30	1	0.4	1.7	51.7
	40	2	0.7	3.3	55.0
	50	5	1.8	8.3	63.3
	100	2	0.7	3.3	66.7
	150	7	2.5	11.7	78.3
	190	1	0.4	1.7	80.0
	200	3	1.1	5.0	85.0
	400	1	0.4	1.7	86.7
	500	1	0.4	1.7	88.3
	600	1	0.4	1.7	90.0
	800	1	0.4	1.7	91.7
	1000	4	1.4	6.7	98.3
	3400	1	0.4	1.7	100.0
	总计	60	21.2	100.0	—
缺失	系统	223	78.8	—	—
总计		283	100.0	—	—

根据表6—1的显示,在随机抽样形式下所进行的问卷调查中,当283个村民被问到"你所在村庄的退耕还林或退耕还草面积是多少"的时候,能够清楚地回答这个问题的农民只有60个。此外,根据表6—1所示,退耕还林或退耕还草面积在200亩以下的样本量多达51,占样本的85.1%,占总体的17.8%;退耕还林或退耕还草面积在

100 亩以下的样本量为 40,占样本的 66.7%,占总体的 14.2%;而退耕还林或退耕还草面积在 1000 亩以上的样本量为 5,占样本的 7.4%,占总体的 1.8%。在缺失值为 223 的情况下,我们无法确切地了解到西北农村地区在退耕还林或退耕还草的过程中耕地转化成林地或草地的具体亩数。但是,通过对相关数据的分析,我们可以了解到,退耕还林或退耕还草的亩数大体上都集中在 200 亩至 10 亩之间,而该数据段内 100 亩以下的数量又占 78.7% 左右,这也就从一个侧面说明了西北农村地区在耕地、草地、林地三者之间的取舍问题上仍旧偏向于对耕地的保护,而对于草地和林地的关注度则极为不足。

对于他们主要生活来源的资源库——耕地的保护又是一个怎样的状况呢?调查小组在该项调查问卷中设置相关的问题进行了实证性考察。表 6—2 就是关于该项问题的统计数据。

表 6—2　你所耕种的土地在使用化肥的过程中出现的结果是什么

	结果	频率	百分比（%）	有效百分比（%）	累计百分比（%）
有效值	产量增高	174	61.5	63.7	63.7
	种植品种增加	18	6.4	6.6	70.3
	生长周期缩短	28	9.9	10.3	80.6
	土地的盐碱化过程加快	29	10.2	10.6	91.2
	造成周围土地的污染	6	2.1	2.2	93.4
	原有土地上的动物和鸟类减少	18	6.4	6.6	100.0
	总计	273	96.5	100.0	—
缺失	系统	10	3.5	—	—
总计		283	100.0	—	—

当被问到"你所耕种的土地在使用化肥的过程中出现的结果是

什么"的时候,回答"通过使用化肥来提高产量"的人数为 174 人,占样本的 63.7%,占总体的 61.5%,而回答"耕地在使用化肥的过程中造成周围土地的污染"的人数仅为 6 人,占有效样本的 2.2%,占总体的 2.1%。两种百分比告诉我们,在西北农村地区人们为了能够获得更多的粮食,同时对耕地的危害性也处在急剧上升的态势,63.7% 的人们只考虑到粮食会不会有所增加,而对于耕地的保护关注不大,看似非常简单的数据,其背后却隐藏着耕地被无情破坏的现实。如果将表 6—2 中的 6 个问题依据好与坏的标准进行分类的话,我们大致可以划分为耕地需要保护和粮食产量需要增加两大类。在这两类问题中,粮食产量需要增加的有效比占 80.6%,耕地需要保护的有效比仅为 18.7%,显然,西北农村地区的人们在耕地的保护意识上远远低于他们对于粮食的需求欲望,这也就意味着,在该地区人们进行农耕的时候,为了获得更多的粮食产量,他们不惜以牺牲耕地的质量为代价,结果导致有效耕地数量的减少和土地环境的日益恶化。

然而,西北农村地区的人们对耕地进行无情破坏的同时,并没有认识到这样的行为会带来什么样的后果。对于自身行为所带来的消极后果缺乏反思,反而将问题出现的根源归结到其他方面。表 6—3 为我们展示的就是这一状况的实证数据。

当被问到"假如你种植的农作物收成不好,你认为可能的原因是什么"的时候,有 121 人回答"因为天气不好的原因导致农作物收成不好",有 79 人回答"因为化肥农药使用不当",有 28 人则回答"因为种子的问题导致农作物收成不好"。这三者的回答所占的有效比分别为 43.8%、28.6%、10.1%,而回答"整个生态环境受到破坏"的人数只有 40 人,所占的有效比为 14.5%,占总体的 14.1%,将表 6—3 中的第一项、第二项、第三项以及第五项回答所占的百分比相加,这四项所占的有效比为 85%,占总体的 83.1%。从 85% 与 14.5% 两个百分率上我们可以了解到,该地区的人们在农耕之时的确忽视了对耕地的有效保护。

表6—3　假如你种植的农作物收成不好,你认为可能的原因是什么

	原因	频率	百分比（%）	有效百分比（%）	累计百分比（%）
有效	天气不好	121	42.8	43.8	43.8
	化肥农药使用不当	79	27.9	28.6	72.5
	运气不好	7	2.5	2.5	75.0
	整个生态环境受到破坏	40	14.1	14.5	89.5
	种子问题	28	9.9	10.1	99.6
	其他	1	0.4	0.4	100.0
	总计	276	97.5	100.0	—
缺失	系统	7	2.5	—	—
总计		283	100.0	—	—

以下是两个具有代表性的个案:

个案一:甘肃省陇西县碧岩镇总面积 73870 余亩,其中生态植被面积共 3847.5 亩(其中树林 2482 亩,草地 1365.5 亩),占全镇总面积的 5.03% 左右。碧岩镇又因沿碧岩溪呈东西带状分布,在碧岩溪北岸山上以荒草地为主,河谷为树林地及耕地,南岸山坡以耕地为主。碧岩镇曾于 2003 年冬在万沟村等地进行了退耕还林。据镇政府负责人介绍,当时象征性的退耕还林面积为 1000 亩,由于后来当地农民的口粮问题无法解决,有800 亩的林地又被重新开垦为耕地。(资料来源:当地镇政府)

个案二:何寨镇皂张村,隶属于陕西省西安市临潼区,紧靠渭河,分为上岸和滩地两部分,村民居住在上岸,滩地主要是农

田,上岸和滩地之间隔着一堵崖,避免渭河涨水殃及村民。滩地一马平川,土地肥沃,农作物主要是麦子和玉米,一年两熟。偶尔种植经济作物,如芝麻、棉花、花生、西瓜、蔬菜。还有一部分人种植果树,如山楂树、枣树、桃树,都是抗洪能力较强的。二十年前的渭河,河水清澈见底,鱼儿在水中畅游,河边杨柳依依,芳草萋萋,一派碧水蓝天的景色。随着工业的发展,污水废水排入河中,加上树木遭砍伐,渭河失去了往日的青春和活力,不再可爱。

十年前,渭河边存在着一片树林,紧靠树林南面的还有一座大坝。春天槐花飘香。夏天红色的果实挂满了大桐树,坝上枸杞缀满了枝头。秋天,树上的叶子旋转着飘落下来,铺满了厚厚的一层。绵绵秋雨过后,树林的草地上铺满了绿色的地蕊,树根上长出了木耳,采回来晒干便是可口的食物。在荒野中,总住着一两户人家,贴近自然,远离世俗,割草、放羊,过着淳朴的田园生活。树林四季的更替,景物的变化,只有他们知道,也只有他们对一切的变迁如此敏感,也如此无奈,过去的生活再也留不住了!

随着经济利益的驱使,出现了"毁林开荒"、"毁坝开荒"的不计后果的行为。最后树林消失了,再也看不到几棵树,偶尔看到几只鸟,不过它们已无处栖身。坝已残缺不全,渭河附近生态环境遭破坏,没有了树木涵养水源,保持水土,渭河愤怒了,加紧了报复人类的步伐。1996年和1998年渭河流域发生特大洪水,南北两岸一片汪洋,农田全部被淹,给农村经济造成了巨大损失。渭河,是陕西人民的"母亲河",滋养着八百里秦川,孕育了五千年的文明。如今为何成为一条灾难之河?怎样才能让她恢复原貌,继续哺育渭河平原的儿女。2011年3月8日,陕西省启动了为期五年的渭河陕西段综合整治工作,投资巨款对渭河进行全面整治,沿岸各个区域同时展开整治工作,目前已经初显成效。

(二)对动植物保护的主观意识和客观行为之间缺乏协调一致性

表6—4 中所展示的是在剔除不相关因素之后所得出的相关数据,当被问到"有人砍伐村里的树木,宰杀野生动物,你的反应是什么"的时候,回答"对于这种现象要坚决制止"的占总数的38.1%。106 人回答"要向有关部门举报",该部分人群占总数的38.1%。持有漠然视之和不理会的人数共计66 人,共占总数的23.7%。我们通过这些数据可以了解到,持"坚决制止"和"向有关部门举报"两种观点的人数达到76.2%,该比例远远超过占总数23.7%的持"漠然视之"和"不理会"的人数,这说明西北农村地区的人们对于动植物的保护意识还是比较强的。

表6—4 有人砍伐村里的树木,宰杀野生动物,你的反应是什么

反应	人数	百分比(%)
坚决制止	106	38.1
漠然视之	32	11.5
向有关部门举报	106	38.1
不理会,认为不会对村庄的生活构成影响	34	12.2
总数	278	100

(三)水资源保护意识不强

前面,我们对西北农村地区自然生态环境作了整体上的分析,从

中我们了解到,由于该地区的特殊地理位置和特殊的地形地貌所致,西北农村地区的水资源是十分贫乏的。据我国 1956—1978 年长达 20 多年的统计显示,这一期间全国的平均年径流量为 28126 亿立方米,其中,陕西、甘肃、青海、宁夏、新疆的年平均径流量分别为 442 亿立方米、274 亿立方米、626 亿立方米、10 亿立方米、883 亿立方米,分别占全国的 1.57%、0.97%、2.23%、0.04%、3.14%,五者共计 7.95%,西北地区占我国国土总面积多达 57%。[①] 在如此广阔的西北地区上径流量只有 7.95%,可见,西北地区整体上缺水的状况是多么严重,而对于西北农村地区来说情况也不会好到哪里去。缺水的事实是客观存在的,可是西北农村地区的人们对此又是一种怎样的认知呢?

表6—5　村里修建的自来水供水系统,你理解的好处是什么

好处		频率	百分比 (%)	有效百分比 (%)	累计百分比 (%)
有效	使用方便	3	1.1	6.0	6.0
	水质干净	26	9.2	52.0	58.0
	可以节约用水	21	7.4	42.0	100.0
	总计	50	17.7	100.0	—
缺失	系统	233	82.3	—	—
总计		283	100.0	—	—

　　表6—5 所展示的就是调查人员对西北五省 10 个调查点 17 个村庄的 283 人进行问卷调查后所形成的分析数据。当被问到"村里修建的自来水供水系统,你理解的好处是什么"的时候,在预先设置的 6 个答案中,回答"使用方便"的人数为 3 人,回答"水质干净"的

---

① 参见周民良:《制造东南与水木西北》,《经济研究参考》2002 年第 83 期。

人数为 26 人,回答"可以节约用水"的人数为 21 人,回答"没有好处"、"其他"和"时髦"的人数为 233 人,这四大类所占的百分比分别为 1.1%、9.2%、7.4%、82.3%。简单的几个数据所表现出来的并不是数据本身的大小,其背后隐藏着很大的危机感。在西北农村地区安装自来水,一方面是给当地的农民带来方便,更重要的是通过这种集中供水的方式,减少人们对水资源的浪费,同时防止人们在生产生活过程中对水资源的污染。而在被调查的 283 人当中只有 7.4% 的人认识到这一点,92.6% 的人们或者只关心自身的需要,或者对此毫无关心,这不能不说明一个问题,那就是该地区的人们对于水资源的保护并没有纳入他们考虑的范围,保护意识极其淡薄。然而客观事实表明,西北农村地区缺水情况相当严重,有的地方甚至连饮用水都极度缺乏,更谈不上农耕用水了。就是在这样一个大的情势下,该地区占相当比例的人们对于水资源的保护仍旧处于茫然无知的状态,这不能不引起人们的深思。

(四)日常生活废弃物的处置状况

在西北农村,以前的垃圾主要是一些容易腐烂的菜叶、果核、瓜皮以及人畜粪便等,绝大部分是天然的有机肥料,生态趋于平衡,基本没有什么污染。随着消费的扩大和工业化进程的加快,现代的村庄低头可见废电池、碎玻璃片、橡胶疙瘩、塑料袋、残砖断瓦,等等,垃圾中的不可降解物所占的比例迅速增加,并日渐向"毒害化"发展。这些有毒垃圾的毒素正一点一滴渗入土地、渗入河流,侵蚀着土壤和农村人的生产和生活环境,也侵害着农村人的健康。

西北农村地区与经济比较发达的城市相比,当地人们在日常生活中所产生的废弃物从人均数量上来说略低,毕竟农村地区的生活水平并不是很高,人们的需求也不会有多大的改变,对于农耕作业所产生的麦秸等废弃物,人们可以通过其他的方法使其充分利用,而对于一些日常物质消耗之后所产生的废弃物人们又是如何处置的呢?基于这样的问题,调查组成员在实地调查中进行了一些了解。图6—4就是在收集调查数据之后对相关数据所做的分析图。

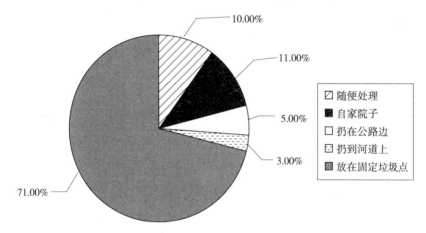

图6—4　你自己通常对生活垃圾的处理方式是什么

当被问及"你自己通常对生活垃圾的处理方式是什么"的时候,其中,71%的人是将垃圾堆放在固定的垃圾点,而选择其他地方堆放垃圾的人数共计19%,这部分人堆放垃圾的地方一般是自己家、路边、河道,剩下的10%的人则是随意丢弃,并没有固定的垃圾堆放点。单从这些数据来看,西北农村地区的人们对于生活垃圾的处理还是很值得称赞的,大部分的垃圾堆放在统一的地方,对当地的环境保护具有积极效果,这样可以减少垃圾所占的土地面积,同时对于当地的耕地、林地、草地也是一种保护。然而,当我们将以上数据重新进行归类分析时,就会发现,10%的人们对于垃圾是随便处理的,3%和5%的人是将垃圾随意扔弃在河道和公路边的,如果将三者加起来看,其所占的百分比就为18%,这也就说明三部分人群中大约有

1/5 的人对于垃圾的处理还是具有任意性的。单从调查数据所显示的结果来看,西北农村地区对于日常生活垃圾的处理还是良好的,但并不能因为这样就放松对环境保护的警惕性。

卫生部调查显示,目前农村每天每人产生的生活垃圾大约为0.86 公斤,全国农村每年产生的生活垃圾量近 3 亿吨。有统计数据表明,至少有85%的城市垃圾也被转移掩埋在了农村。这些数字,令人触目惊心,如何处置垃圾,应当引起政府和有识之士的足够重视。甘肃省陇西县碧岩镇的生活垃圾处理方式就具有相当的代表性。碧岩镇的环境污染问题以生活垃圾污染为主,并且主要集中于政府所在地碧岩镇街道地区。污染源之一为生活垃圾。据镇政府工作人员介绍,在沿碧岩镇的街道放置着 3 个容量为 9 立方米的大垃圾箱,大约每 10 天这三个垃圾箱就被垃圾填满。即每天的垃圾制造量为 2.7 立方米左右。垃圾主要为塑料袋和粉煤灰。此外,现正在碧岩溪的北岸即碧岩街的南区修建新农村生态移民住宅区,建成之后,碧岩镇生活垃圾的制造量将会更大。污染源之二是养猪场的垃圾。主要为猪的粪便及其气味,在夏天,数公里之外就可闻见气味,令人难以忍受。碧岩镇对于生活垃圾的处理,是直接倾倒在碧岩溪的河道里。对猪场的垃圾则无任何处理措施。而当地绝大部分村民认为当地的生态环境还可以,但是对倾倒在河道的大量生活垃圾的气味觉得难以接受。当被问及当地的环境如何时,当地村民的答案是统一的,认为"这里的环境比城里好多了"。

(五)农村城市化进程中农民对环境保护的认知状况

随着我国西部大开发战略的实施和城市化进程的深入,西北农村地区人们的生活水平得到了提高,人们对于自己的生活质量也提出了不同的要求。当该地区的人们在追求更高的生活质量的过程中,对于环境的保护又持一种什么态度呢? 带着这个问题,调查组成员进行了实地调研。

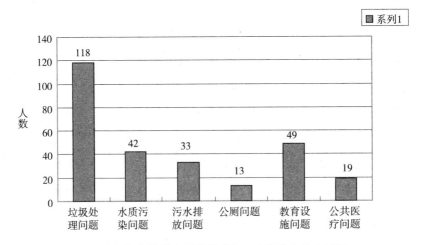

图6—5　假如你的村庄要建设成为一座现代化的小城镇,
你认为最需要解决的问题是什么

依据图6—5中所展示出来的数据,我们可以得知,当被问到"假如你的村庄要建设成为一座现代化的小城镇,你认为最需要解决的问题是什么"的时候,283人中有118人认为一旦将村庄改建成城镇的话,最让他们担心的是垃圾处理会是很大的问题。对于这样的回应,我们难免会怀疑,这部分人他们为什么会这样回答呢? 原因可能有两个方面:一方面是城镇化过程中垃圾处理的好坏影响到人们的生活质量;另一方面这会对环境造成巨大的影响。

四、西北农村地区环境伦理变迁的原因分析

(一)社会与政治:环境伦理恶化的可能原因

环境在我们生活中所起的作用,依赖于我们与环境发生的相互

联系。环境并不是一成不变的,因为是我们在赋予其意义。环境实际上依赖于我们想要如何利用它,依赖于我们把它看作什么。我们塑造环境,环境也在塑造我们。前文列举的调查数据和一些个案就足以证明这种观点。自然是物质现象,同样也是社会现象和政治现象,这是近年来许多环境社会学家所普遍认同的。随着工业化的推进,文明既侵害着自然,也侵害着人类自身。这种侵害或明显或潜在地呈现为许多形式。随着我们从拥挤不堪的城市搬迁到附近的农村并创建郊区,我们已越来越多地扫荡了自然环境,而代之以我们自己的环境。随着我们推平山丘以推进房屋发展,建立购物中心,创造其他"文明"设施,文明已使自然环境缩小,并将植物和动物物种逼入更加狭小的地域,以致它们往往由于自己的空间、天空、水和食物来源的消失而不再能生存下来。在乡村社会的城镇化进程中,同样也面临相似的对于自然生态的挤压和毁坏问题。显然,走出"人类中心主义"是当代环境伦理的基本立足点。长期以来,"人类中心主义"引导着人们的思维定式,认为只有人才应该得到道德的尊重和关怀,道德义务只是对人而言才应当承担,在人类生活之外并不存在道德关系,这显然是一个极大的误区。人类既是社会性的生物,也是自然性的生物,在存在权利上,所有的生物都是平等的。① 面对越来越严重的环境危机,人类必须从一次又一次的生态灾难中警醒,消除工业文明、城市化酿成的人类与自然的隔膜与敌视。

1. 地位与权力的差异所导致的社会不公平

社会不平等有其物质根源,即物质环境威胁的持久性。曾经,农村和农民为城市的正常运转提供着最基本的保证,大量的资源涌向城市,导致农村无论是生活水准还是经济发展,都与城市相去甚远。

---

① 参见李培超:《环境伦理》,作家出版社 1998 年版,第 139—153 页。

城市不断地向农村索取资源,以农民稀缺的金钱作为诱惑,尽管他们所得的报酬实在微乎其微。在生存与利益面前,环境往往不被纳入考虑的范围。为了短期内的经济发展,农村的生态被破坏殆尽:砍伐树木,挖取植被,建立各种重污染的工厂,结果是严重的水土流失,河流与空气污染。这样的结果是,农村社会和农民付出了惨重的代价。城乡差距越来越大,社会的不公平现象越来越严重。工业化和城市化在急剧扩张的同时,也带来了意想不到的环境问题及由此导致的巨大成本。环境的物质威胁与环境不公平的意识形态威胁始终纠缠在一起。这种物质威胁同不公平的道德威胁一道,是我们一直也必须面对的社会问题。地方政府不得不解决环境冲突。因为,政府一方面希望促进经济增长;另一方面,政府又希望监测和调控环境问题。这种不公平同时还存在意识形态根源。物质因素以不平等的方式塑造了我们的生活,使我们形成对世界的等级观念,就像意识形态因素催生出不平等物质结构并加以维持一样。贫困的农民无论是在经济上还是在社会地位上都处于底层,农村永远跟在城市的后面,无法相提并论,从而更加丧失话语权。在一切以经济为衡量杠杆的社会,没有财富和发展,其存在必然会被忽略。在不公平的社会里寻求公平,在贫富差距日益拉大的社会中寻求地位和权力,代价惨重,结果只能是竹篮打水一场空。

2. 过分依赖并夸大科学的力量则会受到自然的惩戒

中国西北的农村,由于自然条件的限制,许多地方长期处于"靠天吃饭"的状态。收成的好坏大多决定于天气的优劣、雨水的多少,人力在自然面前显得渺小而卑微。西方似乎利用科学技术改变了这一局面,实质并非这样,他们仅仅让问题滞缓下来,也更隐性。从另一个角度说,环境问题是全局性的,存在着连带性,比如温室效应、大气污染、全球变暖,等等,这显然不是哪个国家、哪个地区能独自处置的。而发达国家往往将有害物质向欠发达国家倾倒与埋藏,将危害化转移,对别的地方的人群和环境造成很大伤害。西方文化以其各个方面的先进,特别是科学技术,强力渗入世界各地。我们由新中国成立初期的迷信人力转向了迷信科学,以为科学可以解决所有的问题。从 20 世纪 70 年代开始,各地展开兴修各种水库、水坝和提灌工程,利与弊都存在着。那时节全国号召"学大寨、赶昔阳",农村处处可见的标语是"劈山开渠道,引水灌良田",一些水利设施确实为当地经济社会发展带来了巨大的利益,有些也造成了当地生态环境的破坏。20 世纪 80 年代初,为了增加粮食产量,农村大量地使用化肥、农药,农业取得丰收的同时,也带来了不良后果。由于化肥、农药的不合理施用,给人们的生活带来了种种危害,环境日益恶化,食品安全越来越成为人们的心头重患。我们正沿着西方所走过的"污染——治理"的老路向前发展,蕾切尔·卡逊在她著名的生态文学著作《寂静的春天》里所描述的因滥用农药杀虫剂而导致的生态崩溃的状态,①正出现在我们的土地上,而那是美国 20 世纪 60 年代的情况。我们已然比西方晚了几十年,却还在用落后的科技和方法,危害着本来就极其脆弱的自然环境,苦果只能是自己承担。另一个很大的误区是,人们常常根据技术的高低来评判现代文明的水准。如今是技术无处不在的时代,技术进步引起了生产工具的变革,引起农村社会结构的变革,也引起了农村生产生活方式的变化,给人们带来很多便利的同时,技术反过来又异化人、控制人,将人们的生活趣味和快感一点点抽走。十分看重亲情和传统的农村,人情越来越淡薄,对自然也显得冷漠,人们更加注重物质享受,幸福感却渐渐疏离,缺

---

① 参见[美]雷切尔·卡逊:《寂静的春天》,吕瑞兰、李长生译,上海译文出版社 2011 年版。

乏积极向上、乐观进取的精神追求。

3. 人口压力及带来的生存与社会问题

更多的人口意味着更多的消耗,生存是人类最基本的问题,西北农村以传统农业为主,人口压力是刺激人们采取更高产农业生产方式的一个主要因素。但高产并非意味着合理。更多密集型生产经常会通过增加资源利用的总体水平,而不是提高资源利用率来继续进行生产。大多数时候,资源利用率甚至还会比先前降低,导致土壤侵蚀、土壤退化、水资源稀缺、土地肥力下降、农作物害虫更加猖獗。密集的生产方式会要求更多的劳动力和更多的现金支出,但农民自身困境致使他们无力作出改变。人们想尽一切办法生存下去,结果就是环境为此付出了沉重的代价。环境的代价就是人的代价,环境的恶化意味着人的生存出现了严重的问题,究其根本,是人类自身的原因。越穷越挖,越挖越穷,恶性循环不止,生态环境也更加脆弱和恶劣。

以西北民族地区为例,少数民族的人口平均增长高于全国。国家对少数民族地区有政策的优惠,推行计划生育政策较晚,允许少数民族妇女生两胎。多生以保持少数民族人口的兴旺也是人口自然增长率高居不下的原因。有些少数民族居住的地区比较艰苦,女孩会出嫁,只有生养男孩才能从事劳动,维持生存,支撑门户,为父母养老送终。西北少数民族自治地方人均占有耕地的区域性差别极大,人口密度分布严重不均。西北民族自治地方的许多土地属沙漠、沙滩、戈壁、盐碱、干旱或阴湿地带,严重缺水,很难开发利用。人口快速增长,直接影响着经济收入的增加和生活质量的彻底改善。

快速的人口增长会耗尽强化生产所必需的经济资源和社会资源,政府将会不断陷入忙乱中,为增加的人口提供教育、医疗保健、扶贫、基础设施改善。快速人口增长也导致了学龄儿童和入托儿童的高比例,进而与稀缺资金和成年劳动力竞争。事实上,西北地区的贫困导致政府根本无力负担人口增长的社会支出,多出生的人口只能由农民自己承担,这就导致一个问题,即只有人口数量,没有人口质量。多出生的人口没能为家庭作出改变,反而使家庭陷入了更深的困境之中。与此同时,薄弱的生态也不堪重负,人口与环境可能同时深陷危机的泥淖。

(二)缺乏有效的政府作为

环境生态的恶化与政府生态意识的淡漠和无效的管理模式有关。近代以来,中国的生态灾难大部分情形都由此引发。比如"人定胜天"的理念导致了大量原生土地形态的破坏。很多地方的生态一旦遭到破坏,几十年甚至数百年间都很难恢复。甘肃民勤县严重的沙漠化问题,在很大程度上就是由于政府的管理不当所引起的。滥伐草木,退草还田,破坏地下水源,缺乏长远发展和规划意识,导致该地区成为可怕的不毛之地。甘肃河西境内的沙尘暴愈演愈烈,甚至波及西北内陆的兰州、银川和西安。当下西北很多农村地区还面临着城镇化改造问题。但很多地方政府只关注经济发展,在修筑房屋、建造工厂和招商引资、发展地方产业之时,很少考虑当地生态环境问题,由此导致的水质污染、乱砍滥伐以及工业废气排放严重超标现象处处皆是。城镇化农村中,很少有地方政府专门设置垃圾排放点及污水处理设施等。由此导致了相当严重的环境污染。在甘肃、青海、新疆、宁夏地区,几乎没有地方政府的地方建设规划中注意到环境问题,只有陕西榆林等少数的地方政府考虑到垃圾和废水处理问题。事实上,很多地方的基层管理者缺乏环境意识,生态理念需要有较高的文化理念才可能提升到行动层面。在西北部分牧区,由于生态环境的恶化,牧区草场逐渐沙漠化,政府在对当地牧民安置的过程中,只是单纯的以生活津贴的方式给予牧民经济上的支持,并采取简单化的移民政策,这些移民在离开原来的文化生态环境以后,失去了本民族传统上赖以生存的生活方式,精神生活十分空虚,心理失衡,引发了许多新的社会问题。从某种意义上说,强化和培训基层管理者的政策水平是当下西北农村地区的迫切需要。

(三)环境伦理意识淡漠及环境保护意识不强

如果缺乏合理的管理和引导,西北农村社会的环境问题可能会越来越严重。更主要的问题则在于当地村民们对于环境污染问题的漠视,他们中的很多人甚至很难认识到环境生态恶化会带来严重的后果。淡漠的环境意识使得村民对于当地的生态环境也采取一种漠视的态度。事实上,许多环境问题已对西北农村人造成了极大的伤害,比如铅中毒、镉超标,还有许多在水泥厂、铅锌厂、煤矿等处的打工者染上了尘肺病。甘肃省天祝县出现的尘肺病感染事件,经"北京厨子"等人在网络上呼吁引起了社会各界的关注,其实这仅仅是很少的一部分人,还有更多的环境受害者痛苦地挣扎在西北农村的各个角落里,挣扎在中国农村的各个角落里。另外,自身环境的恶劣,使得村民很难认识到何为生态环境,加之生存的压力,环境问题就变得无足轻重了。对城市缺乏了解,对工业文明的破坏性缺乏了解,也使得村民们对环境盲目乐观。

五、西北农村地区环境伦理问题的
应对策略及模式探讨

人类的生存问题总是客观而具体的,不同的时代、不同的民族和不同的地域,人们的生存空间、生存方式、生存要求都会呈现出很大差异,这也必然导致人们生存意识的差异。但人类的自我发展、自我完善,不仅仅是人与人之间、人与社会之间,更需要人与自然之间的和谐。寻求这种境地,人类首先要善待自然、尊重自然、热爱自然,走向"物我一体"。莱昂波尔德在《沙郡年鉴》中所倡导的"大地伦理"精神,正是当今时代享受着丰厚的物质文明的人们必须牢记的。农村里大地更近,或者说真正在大地的怀抱里,更应贴近与感知大地的温暖与厚爱。如何思考和拯救我们赖以寄存身体和心灵的家园,尤为迫切。

(一)环境伦理观念的改变:态度和行为分裂模式与社会重构

意识乃行为的前导,能感受到环境恶化正是环境意识真正合理的一个重要因素。也就是说,环境意识变化的产生根源于社会物质条件的改变。据《中国省域生态文明建设评价报告》(ECI2010)相关数据,西北地区在环境监测、森林覆盖率、饮用水监测、废气排放、农用化肥使用、生活垃圾处理等多方面严重滞后于东南沿海地区,[①]有关部门也正在努力解决这些问题。但环境伦理的对策还需要政治和社会层面的共同努力才能够付诸实施。西方发达国家治理环境问题的经验和有关学者的研究成果可以成为应对环境伦理问题的借鉴。由态度和行为的分裂转变为态度与行为的对话或者统一,是实现环境协调的重要途径。在西北乡村地区,虽然有很多民众对于新时期出现的环境问题采取了某种漠视和放任的行为,但并不表示其在观念与态度上的支持,很大程度上是缺乏良好的应对措施,这一点,从我们的调查中就可以明显感知。在关于改善乡村居住环境或者是否喜欢绿色食物的问题上,大部分村民也都表达了改善的愿望。对于

---

① 参见《中国省城生态文明建设评价报告》,中国社会科学出版社 2010 年版。

垃圾排放、土地因为过度使用化肥而带来的退化,以及乱砍滥伐而造成的自然灾害,也都有比较清醒的意识。在日常生活中,他们事实上也在身体力行,试图通过自己的努力而改变这种状况。

(二)民间与政府的生态对话

经济、社会和环境,这三个方面既相互依赖又相互影响,如何保持经济增长与自然资源的永续利用相协调,推动社会可持续发展,是当今时代每个国家和地区都殚精竭虑的大事情。2005 年,英国政府发布主题为"保证未来"的可持续发展战略,其目标很明确:"让全世界的人民在不影响子孙后代生活质量的前提下,满足他们基本的需求并享有更高的生活质量。"①对于生态问题,政府和民间既有许多同一的地方,也存在着不同的声音,主要是缺乏沟通与相互理解。我们生活中社会和环境状况的有效改变有个顶也有个底:草根阶层与统治我们日常生活的政府、经济、技术和其他社会结构之间的交互作用,是生态对话的另一种表现,让我们称其为"顶"和"底"的对话。②当地农村社会和村民自治组织更多地代表对话中理念的一方,贡献的是信仰和价值观,而社会统治结构则更多地代表物质的一方。事实上,在现今西北农村社会,政府阶层和普通百姓之间的互相对话的渠道还远不通畅。在很多地方发展的举措出台之际,很少听取民众的建议和意见,而某些管理者只考虑物质利益和经济指标,实际上忽略了环境伦理层面的问题。在这一层面,很需要借鉴西方城镇化过程里很多有益的举措与经验。

①　http//www. defra gov. uk/suslainable/government/publications/uk – strategy/index htn.

②　参见［美］迈克尔·贝尔:《环境社会学的邀请》,昌敦虎译,北京大学出版社 2010 年版。

（三）参与式管理

对环境的保护,既要有科学的制度设计,更在于人群自觉与自为的心理和行动。显然,命令控制型的环境主义并不会让我们走向真正的环境主义。西北农村地区年复一年偷猎濒危动物的案件、午夜偷倒垃圾的案件、屡禁不止的乱砍滥伐以及其他很多问题都在向我们证明着这一点。有一个得到广泛认同的观点是,管理生态社会需要的不仅仅是政府工作,这里的工作指狭义的工作。管理生态社会也需要西北农村人参与进来。将当地人作为参与者和领导者包括在援助项目之内,可以培养农村人对项目的拥有感,从而使人们从情感上意识到自身与项目之间的联系。这样一种方法也保证了项目会更有可能去做当地人所希望的那些事,使得项目能够符合当地人的利益。参与式发展的本质并不是要完全依靠当地人。参与式发展的本质是让当地人和环境科学家之间的对话开展起来,让当地知识与专家知识之间的对话开展起来。这样的对话鼓励相互尊重,促使双方考虑对方所在意的,随着彼此间的逐渐了解,双方甚至可能会发展出一段真挚的友谊、利益和情感联盟。所以参与式发展是一种对话式发展。正如社会学家耶利所指出的那样,公众参与有助于在知识和政策之间搭起一座沟通的桥梁。更好的参与意味着更好的科学,更好的科学带来更好的管理,而更好的管理反过来又意味着更好的参与。

（四）文化教育的普及及生态社会动员

要使环境问题得到全社会的普遍重视,最古老也最有效的办法就是进行社会教育,要将民间力量真正调动起来。从世界范围看,这些年来环境运动在推进环境教育上付出了极大的努力。甘肃省民勤县民间治理沙漠的"拯救民勤"组织长期以来集合 NGO、网络力量、当地人群,在吉林巴丹沙漠边缘植树造林,与越来越恶劣的生态环境相抗争。环境与每个人的生存与发展息息相关,对环境的治理需要动员社会各方面的力量。如果我们想要一种建立在真正的而非表面的信任之上的人性化的、自由的环境教育,主要途径应当是巴西教育学家保罗·弗莱雷的觉悟启蒙——不是建立点头协议,而是建立在世界对话时的批判意识。点头协议会导致讨论机会的丧失。批判意识则会带来一种视野宽阔的创造力。对话型教育以及一种对话型知识培养并不强调说服。相反,这样的教育方式注重发展人们的批判能力并会对人们的不同和观点的不一致表示欢迎,将其看作人们成长和共同成长的途径。通过对西北农村人环境知识的培养,我们带着情感建立起对生存原则和信念的认同感。通过这些知识的培养,可以使农村人认识到我们的生存意义与生存危机所在。无论是利益还是情感,都不是生而有之,而是在我们的生活中,在我们与彼此、与世界产生相互作用中被创造出来的,并被重新创造着。说到底,环境问题是人与自然的关系问题。人类既要发展,也要更加注重环境的承载力和环境的保护。环境恶化了,人类将在哪里生存?"皮之不存,毛将焉附?"可持续发展是个永恒的概念。

结语：寻求农村社会道德
秩序的创造与超越

    道德的力量在于唤醒人群。中国农村社会正处于迈向现代化社会的大发展时期，经济转型、社会转轨、观念转变，人们已习惯于欣赏"经济表情"，GDP 的炫目数字往往会遮蔽潜在的生存危机。在此情势下，如何面对儒家传统伦理道德与社会生活分化这样的现实境遇，如何使传统与现代化相互批判又相互为用，沿乡土走向完美的结合，这是历史赋予我们的使命。在新的社会条件下，要完成这一历史使命，就必须建立起符合时代要求的农村社会道德新秩序。建立这种新秩序，需要多元动力的助推，只有从继承中创新，才能在创造中超越。

一、文化动力：纵向汲取，横向移植，引发
当代农村社会道德精神的内生力

（一）丰富和发展中华民族道德传统中的优良因子

    道德的实质，在于它是一种文化精神。中国文化里蕴藏着丰赡而优良的道德传统，经过几千年历史的锻造与淬火，构成了我们厚重、博大的民族精神，渗透到整个民族的心理之中。中国道德在跌宕、翻转的社会演变中遗存着一个丰富而又庞大的观念形态的理论

274

体系,而且像血液一样渗流在中国人的生活样态、行为方式、思想观念之中,是我们的祖先留存给今人的一份丰厚的文化遗产与财富。历史事实表明,一种道德思想之所以能够世代沿传,并沉积为传统,必然在一定程度上包含了对阶段性、具体性的创生与超越。当今时代,继承、创新和弘扬中华民族优秀的道德传统,就是要在这种意义上继承,在这个基础上弘扬,形成新的道德生态。也就是说,它不仅不是中国社会走向现代化的精神包袱,而且是中国追求社会主义现代化不容忽视的文化背景和历史前提。

前不久召开的党的十七届六中全会指出:"要用社会主义核心价值体系引领社会思潮,在全党、全社会形成统一指导思想、共同理想信念、强大精神力量、基本道德规范。"①要达到这个目标,最关键的地方就在于寻找核心价值体系与大众文化的契合点。中华民族的传统文化资源是社会主义市场经济伦理价值体系之源。在社会主义市场经济条件下,中国农村道德秩序的重构必须建立在本国传统文化资源的基础上。中国传统文化是中华民族几千年来发展与沉淀的智慧结晶,它早已在每一个中国人的性格上打下了深深的烙印。我们应该看到,西北农村人群中秉持着淳朴的道德风尚和优秀的道德传统,为人类的道德进步提供了各种原初的道德生态风范。查尔斯·拉莫尔说,我们对绝对道德的推理能力根植于我们对一种生产形式的忠诚。② 他正是在道德理性与传统的关联中寻求解决之道。

毋庸讳言,中国传统文化中存在着一些缺憾和糟粕,但我们应当

---

① 参见《中共中央关于深化文化体制改革推动社会主义文化大发展大繁荣若干重大问题的决定》,《人民日报》2011 年 10 月 25 日。

② 参见[美]查尔斯·拉莫尔:《现代性的教训》,刘擎、应奇译,东方出版社2010 年版。

清醒地认识到,传统文化中那些穿越历史时空沉淀下来的宝贵思想精华,如宽厚、忠恕、勤劳、仁爱、惜时、节俭、贤孝等等。这些优良德性,在西北农村地区俯拾皆是,飞速发展的现代社会需要的正是这种温暖。任何时候,这些伦理价值都是推动人类社会向前发展的精神动力。新加坡和中国台湾地区的经济正是切中了现代文明发展的节点,在传统文化精神的润化下得以腾飞。实践证明,中华民族的传统文化并非像韦伯所说的严重阻碍了经济的发展,相反,我们的传统文化中仍然有许多可以被当代社会主义市场经济所依托和化用的资源。对于传统,继承是根性的,是"有我"之本,而创新是传统留存并发展的唯一路径。因此,在重塑中国农村社会道德体系的过程中,必须以传统文化为思想母体,挖掘其中的合理内核,积极促进传统伦理观念的现代转型。

(二)借鉴多元文化的优秀道德成果

中国是一个农业大国,长期以来,其社会是以农村为本的社会,其文化是以农村为本的文化。梁漱溟认为,中国文化的老根分"有形"和"无形"两部分,"有形"的根是农村,"无形"的根是中国人讲的老道理。① 西方文化大多是都市为本的文化,与中国异源。随着全球化进程的日益加快和信息化时代的到来,各种文明、各种思潮的深度交接与碰撞不可避免。创新中国农村社会优秀道德传统,就必须认真研究和借鉴世界各国、各民族的一切优秀道德成果,为我所用,善于从中汲取营养,发展自身。三十多年来,现代化已演变成一个世界性运动,道德观念的现代化也成为一个世界性话题。世界上

---

① 参见梁漱溟:《乡村建设大意》,《梁漱溟全集》(第 1 卷),山东人民出版社 2005 年版,第 613 页。

一些国家和民族形成的文化精神,曾有力地推动着这些国家和民族顺畅实现了现代化:"美利坚精神"、"大和意识"、"法兰西精神"等等,这些都很值得我们借鉴和研究。一切优秀的道德传统,是全人类共有的宝贵精神财富,是灵魂的"氧吧"。如何对待外来文化,既反映着一个国家、一个民族、一个地区的文化自信力的高低,也反映着一个国家、一个民族、一个地区文化自觉意识的强弱。农村社会也是一样,面对多元文化和多元价值观,面对城市文明,要有鉴别、有取舍,吸纳有度,不能盲目排斥,也不能兼收并蓄,坚守和护持中华民族创建的"道德家园"及其道德传统,自觉地与世界不同的文明传统进行对话,使民族的道德传统在交流与碰撞中理性地融于人类文明的海洋。玛雅文明的消亡是众所周知的历史事实。流水不腐,户枢不蠹。在现代社会变迁的历史维度上,我们只有善于吸纳和借鉴,汲取有益的养分,不断丰富、发展和创新中华民族的道德传统,使其永远是活态的、有生命力的,才能对世界文明的发展做出独特的贡献。

(三)构筑适应时代发展的农村社会"文化场"

按照费迪南·滕尼斯的说法,传统乡土是存在于人类社会的一个天然共同体,既是农村人的生产空间,也是农村人的生活空间。在这个以自然经济为背景的共同体内,人与人、人与自然、人与社会的长期互动和相互统一形成了独特的农村文化,以独特的秩序意义维系、规范和约束着人们的生产秩序和生活秩序,维护着社会的稳定。农村文化是农村百姓的生活智慧,是农村共同体内的一个"精神家园",它自然、淳朴的文化品格,蕴藏着历代人们的精神原点。①

---

① 参见赵霞:《传统乡村文化的秩序危机与价值重建》,《中国农村观察》2011年第 3 期。

西北地区的农村人长期以来生活在艰苦的环境里，以自给自足的小农经济为基础，拥有勤劳、乐观、坚韧、宽厚等传统的人格优势。在农村文化中，既有"天人合一"的自然主义情绪，也有"趋福避祸"的民间信仰；既有"乌鸦反哺，羔羊跪乳"的慈孝道德观，也有"出入相友，守望相助，疾病相扶"的良善交往原则。同时我们也看到，农村人的生存很大程度上仍然以血缘家族为纽带，并受以政治伦理为核心、以宗法家族为本位的儒家伦理文化影响，形成了封闭、依附和保守等人格缺陷。在城市化进程中，农村社会也不可避免地充斥着商业价值、功利主义、物欲主义、消费主义和享乐主义，这些观念也逐渐渗入乡土社会，引致农村道德的评价标准趋于混乱。由于传统道德的权威在农村社会日渐衰落，道德舆论控制渐渐失去作用，加之现代农村社会存在着多元道德观念，农民陷入了主流道德文化和多元道德观念尖锐冲突的两难境地。[①] 毋庸置疑，城市化是一把"双刃剑"，在给农村带来便捷、活力、先进和富裕的同时，也以强势力量改造和解构着农村社会的文化价值，冲击着农民的精神世界，带来了深刻的文化冲突。生活在农村社会的人们，在享受现代城市文化带来的富足、文明与进步的同时，其内心也承受着文化冲突与价值冲突带来的不确定性和不安全感。原有生活空间被注入了大量新的元素，守与变之间，农村人努力调整着自己的心理和姿态：有省察、有失落、有疑惑、有迷茫，也有亢奋、自足和盲从。因此，当代农村既需要保持乡村文明淳朴、勤俭、和善、平实的特质，又需要引入包容、创新、进取的时代精神，在交流与碰撞中多体相融，形成新型的农村"文化场"。

---

① 参见赵霞：《传统乡村文化的秩序危机与价值重建》，《中国农村观察》2011年第3期。

另一方面,当今社会文化体系中的城市文化与农村文化明显处于不平等的地位,农村逐渐陷入被工业文明、城市文化和精英文化等强势文化形态所殖民和改造的境地。长期以来,农村为城市提供着生产生活资料,是城市存活的营养源泉,反过来,城市向农村输出种类繁多的商品和文化,文化输出从来都是以强大的经济力量为前提的。实践证明,城市文化通过各种方式和途径不断向农村社会灌输自己的文化理念与精神,改变着农村文化的价值理念与存在状况。农民原有的生活方式、思维方式、居住状态、人际关系甚至语言习惯都在潜移默化地发生变化。在城市化的大规模推进中,城市文化一波又一波冲击着农村,被动状态下,农村社会逐渐失去了文化的独立性、自主性、内生性,丧失了原有的语言表达、文化自信和文化自觉,从而失去了文化认同的基础。与此同时,从农村进入城市的人群,在文化的交汇与融通中,显露出一定的局促与惊悚,这主要表现在语言障碍、文化差异、习俗不适、礼仪有别等几个方面,需要用心去调适、应对和跟进。

在当代中国,城乡二元结构将长期存在,传统农业文明和现代城市文明之间的冲突,是当今社会矛盾的一个重要焦点,城市文化与农村文化相互碰撞与交流、相互吸收与借鉴的态势将长期存在。必须清醒的是,城市的高楼广厦使我们的眼睛离天空更近,离大地更远,但这并不是忽略或背离文明根底的理由。农村,是人类的出发地,是灵魂的故乡,只有城市文化与农村文化的共同存在、共同繁荣,才能促动社会的整体发展。因此,必须建立起农村文化与城市文化的对接、"互哺"机制,以农村原有文化为基点,营造具有自主性、时代性的文化新环境,拓展开放性的农村文化空间,涵养出新的农村文化个性,以此来引发农村道德秩序的重塑。

二、经济动力：农村社会道德秩序重构的基石

马克思说："物质生活的生产方式制约着整个社会生活、政治生活和精神生活的过程。"①人类是以生存为前提的，显而易见，经济是道德发展的基础，道德是经济发展的精神指向。离开经济发展谈道德，是缘木求鱼。管子说："仓廪实而知礼节，衣食足而知荣辱。"②经济与道德的发展虽然不成正比例关系，但存在着深刻的内在关联性，既不能因为讲求道德而忽视经济发展，也不能因为追逐经济利益而导致道德沦丧。孔子说："不义而富且贵，于我如浮云。"③经济环境是道德建设的必要条件，只有良好的经济环境才能造就出良好的道德氛围。道德建设是经济发展的内在驱动力，道德的健康与否直接关系着经济体制的良好与否。

我们应当清醒地看到，在农村人口仍占大多数的当代中国，存在着三个不平衡：一个是城乡之间不平衡，一个是地区之间农村的发展不平衡，一个是农村内部的发展不平衡。

先说城乡之间的不平衡。近些年来，我国的经济快速发展，经济总量已跃居世界第二，但人均国内生产总值还排在世界 100 位左右，特别是还有一个庞大的贫困人口群体，并集中在农村，尤其是西北农村地区。按照人均年收入 1274 元的贫困人口标准线，我国农村贫困人口仍有 2688 万④，与甘肃省的人口相当。2010 年 8 月，前来中国

---

① 《马克思恩格斯选集》（第 2 卷），人民出版社 1995 年版，第 32 页。
② 《管子·牧民》。
③ 《论语·子罕》，上海古籍出版社 1999 年版。
④ 参见《从怎么看到怎么办——理论热点面对面·2011》，《人民日报》2011年 8 月 16 日。

参加首次中欧战略对话的欧盟外交与安全政策高级代表凯瑟琳·阿什顿在贵州考察后,感觉中国农村的真实情况让她大吃一惊。这位刚刚参加完上海世博会的欧盟官员既见识了中国的繁荣,又认识到这个大国发展的不平衡性。她由衷地说:"中国还要做许多事才能确保真正的发展。"①这些年,中国的城市与农村之间的反差很大,城市发展迅速,农村发展缓慢,尤其是城乡之间基础设施建设方面存在着很大的差距,而户籍制度在城乡之间划出一道难以逾越的鸿沟。经济上的落后和生存环境的恶劣,使许多农村人在心理上产生着巨大的失落感和自卑感,即使进城务工者,也觉得身份低于城里人一等,是异乡人,所有这些,势必导致农村人价值判断上的偏差。从熟人社会走出来的农村人,在城市陌生人群中遭遇着情感的冷落与疏离,他们从自身的生存境况出发开始怀疑优良道德传统的正确性。显然,当代社会道德所倡导的平等、公平、正义等原则并没有显现出来,城与乡之间仍然在许多方面悬存着差异,身份的别样处处造成利益分配的多寡。因此,必须打破城乡二元结构,推动城乡经济的均衡发展,使城乡文明行走在同一个路途上。

再说地区之间农村的发展不平衡。这主要是自然条件造成的,当然还有制度的因素、政策的因素。中东部的农村与西部尤其是西北地区的农村在经济上存在着很大的差距。不可否认,道德建设是以经济力量为支撑的,社会文明也是以经济发展为前提的。建设社会主义的目的是全体人民的共同富裕,社会走向共同文明。正如费孝通先生所说的:"各美其美,美人之美,美美与共,天下大同。"我们的奋斗目标是:在本世纪上半叶,我们党要团结带领人民完成两个宏

---

① 参见《领航中国扬帆奋进——献给中国共产党 90 华诞》,《光明日报》2011年7月1日。

伟目标：这就是中国共产党成立 100 年时建成惠及十几亿人口的更高水平的小康社会；到新中国成立 100 年时建成富强民主文明和谐的社会主义现代化国家。实现这一宏伟目标，首先要立足于经济发展，更重要的在于经济的公平发展。我们要清醒地看到，中国的利益关系严重失衡，必须建立一套市场经济条件下的利益均衡机制，全国一盘棋，形成公平有序的利益博弈。可以这么说，没有西北农村的小康，就没有中国农村的小康；没有中国农村的小康，就没有中国整体意义上的小康，也就没有中国整体意义上的道德文明。没有农业的现代化，就没有中国的现代化，也就没有中国的富强、民主和文明。

然后说农村内部经济发展的不平衡。从我们调查的情况看，西北农村地区低收入家庭的经济收入增长长期停滞不前，而同时高收入家庭的增长速度则在加快，收入的巨大差别使农村逐渐形成了不同的阶层与利益群体。有的村干部眼睛向"上"看，向"钱"看，对低收入农户熟视无睹，不闻不问，权利、机会、规则、分配严重不公平地向优势群体倾斜，导致利益冲突增加，社会矛盾激化。"平均"不是社会主义，但"贫富悬殊"也不是社会主义。经济上差距过大必然会引起农村人群的心理失衡，价值观产生分化。道德是社会层面的律令，是人性的通则。我们要求每个社会成员去遵守，社会就有责任调适公平、公正的利益分配机制。这样的氛围里，社会成员才会共同去追寻正义、光明的社会正道。

从另一方面看，传统的伦理价值有许多不适应当代中国经济社会发展的地方。随着社会主义市场经济的建立和发展，传统道德规范赖以发挥作用的物质基础发生了巨大变化，社会转型期人们的价值追求和道德观念面临着选择和调整。经济是道德生成和发展的有机土壤，要重构农村社会的道德秩序，首先必须夯实农村的经济基础。对于广大西北农村地区来说，既要坚持发展传统产业，又要积极调整、优化农业结构,改善粮食品种,增加高产、优质的粮食生产,因地制宜发展特种养殖,推动农村经济向产业化方向发展。与此同时,要大力发展农村专业合作经济组织和中介组织,不断提高农民进入市场组织化程度,增强农村的经济活力。国家要适时调整国民收入分配结构、新增财政支出和固定资产投资,最大限度地向西部尤其是西北地区的农业、农村、农民倾斜,逐步建立稳定的农业投入增长机制,用经济发展来推动农村社会的道德建设,提升农民的精神力量,用道德思想来规范农村经济活动,实现中国农村社会的可持续发展。

三、政治动力:国家力量与乡土
秩序协奏的交响曲

在中国农村社会的治理上,自古以来存在着两种力量:官制秩序和乡土秩序,道德精神就是黏合剂。

(一)国家在农村社会道德秩序构建中的导向性

国家是以行政科层体制对农村社会进行控制与整合,这种力量松弛和微弱,传统的农村社会往往游离于政治体系之外。自20世纪50年代初大规模的社会主义改造运动开始,国家力量对农村社会的控制日益强化,农村秩序在被动态势中重构。20世纪80年代初的农村改革,对乡土秩序进行了又一次频度极大的解构与重建,中国社会的一只脚终于迈进了现代化的门槛。当今社会,文化形态和社会意识日益多样化,农村人原有的价值判断受到了极大的冲击。正因为这样,重构农村道德秩序就必须强调和坚持指导思想与主导价值的协调一致,以共同富裕为价值理想,以为社会贡献为人生追求,以集体主义为行为准则,对当下农村社会多元价值观的无序状态进行有机整合与体系重构。要在农村社会倡导、落实和践行社会主义核心价值体系,真正确立葛兰西所说的国家"文化领导权",引导农村人突破非理性思维方式和保守心态,帮助他们向具有独立性、开放性、平等性和创新特征的现代人格转型。在此基础上,不断提高农村人的政治参与热情,鼓励他们积极、主动、有序地参与国家和地方的政治事务,维护和行使他们的政治权利。① 传统道德精神是增强民族凝聚力的共同心理基础,要以此为依托振奋民族精神,团结一致实现中华民族的伟大复兴。

(二)基层组织是农村社会道德秩序构建中的桥梁

农村社会道德的实质性发展最终还要凭借农村自身的内生力。在当代中国农村,尽管已经出现多种社会力量,但基层组织仍然是农村最具权威、最具组织力和影响力的社会组织。因此,要提升基层组织的整合能力,强化其社会整合、政治动员、思想教育等基本功能,这样才能有效地发挥其在农村社会道德建设中的引导作用。上面千条线,下面一根针,基层组织上接下联,是国家和群众之间的桥梁,社会主流思想就是通过这里走向广大农村。正是基层组织的这种特殊地位,决定了它必须在农村社会的道德建构中发挥引导作用,这主要体现在三个方面:道德价值导向性、道德活动的主导性、道德实践的典范性。毋庸置疑,农民群众是农村社会道德建设的主体,基层组织只有在疏通、引导、劝勉、树立典范等方面下工夫,这是最有效的工作方法。

(三)重视乡规民约的时代内涵与当代价值

黑格尔说:"中国文化的特质是家族精神。"②马克斯·韦伯认

---

① 参见罗文章:《新农村道德建设研究》,当代中国出版社 2008 年版,第 206 页。
② [德]黑格尔:《历史哲学》,王造时译,上海书店 2008 年版,第 18 页。

为：中国社会是"家族结构式的"①。而与这种家族主义、家庭精神形成密切相关的就是中国传统的家训文化。西北农村人很注重族系的亲情聚合，一些大姓大户人家至今还留存有家谱，随同树形家谱流传的往往还有族规家训。从某种意义上说，家训文化在一定程度上左右着中国传统伦理文化发展的走向，对于维系传统的家庭道德秩序有其不可小视的作用。乡规民约是我国传统道德文化的重要组成部分，网织在深厚的乡土里，起着维护农村文化传承和乡土社会秩序的"习惯法"作用。遵守规则是对个体的一种约束，更是个体适应社会的一种能力，这也是个体成长发展的必要条件。传统的家训通过各种形式的道德教化，把当时社会一些基本的为人处世、修身齐家的规则传给家庭成员并监督践行，这是难能可贵的。维系乡土社会的民间力量，主要是通过乡规、民约和家训来实现的②。即使是当今时代，我们要改造农村社会道德秩序，必须倚重这些力量。随着社会的变迁、时代的进步，现代村规民约的内容也在日益丰富，涉及包括经济发展、市场公平、社会稳定等在内的诸多关涉农村和谐的内容。在农村设立基层群众性自治组织后，村规民约获得了新生命，成为村民委员会实行自治职能的一种重要手段。作为农村道德规范的村规民约，不仅要整合、梳理全体村民的生活需求和价值取向，而且要找准社会发展的节点，强化社会主流道德价值的导向作用。重构村规民约，必须注重反映和体现时代精神，增强它的时代内涵和时代特征。

---

① 转引自费正清：《美国与中国》，张理京译，世界知识出版社 1999 年版，第 24 页。

② 参见罗文章：《新农村道德建设研究》，当代中国出版社 2008 年版，第 229 页。

（四）倚借传统节日在农村社会开展道德教育

在西北农村地区,有许多传统民众节日,这些节日里包容着丰富多彩的民间习俗和民间教化,如春节、元宵节、清明节、端午节、中秋节、重阳节、香浪节、古尔邦节、那达慕等。民间传统节日的本质,就是对自然变化和时光流逝的一种纪念,是农村社会特殊的记忆方式。"只有那种与种族记忆和对生命时间体验有着深刻关联的传统乡土节日,才能让人们恢复对时间的感知和体验,重新恢复体验自然生命的价值和意义的能力。"[①]这些从先民遗存至今的传统节日,根植于文化系统中,是个性化生活的集中宣示。蕴藏着独特的民族文化内涵,融会成民族精神,并内化为集体意识渗入人们的血液里,潜移默化地规范着人们的心理和行为,是道德教育的宝贵资源。传统节日是民族生活的典礼和仪式,是活态的传统文化,是人们情感的黏合剂,其中包含着人类亲情、敬祖意识、寻根心理,以及人们团结向上、乐观进取的精神,能够唤起对民族文化的记忆和对民族精神的认同,具有很强的规范功能、凝聚功能、引导功能和心理调适功能。从另一方面看,我国农村地区受外来文化的冲击相对来说较少,仍然保持着对许多传统的记忆与依赖,创新、丰富传统节日是进行道德教育的有效途径。近些年来,西北农村地区这类活动开展得比较活跃,过大节时人们总要耍社火、跑旱船、舞狮子、扭秧歌等,同时伴有劝善、劝孝的唱词和道白,极具感染力,但其道德教化功能还没有得到充分发挥,应多视角、多层面考虑创新其负载内容与形式,把娱乐性、时代性与文化内涵恰当地结合起来,守中求变,使之与现代社会生活方式、生活节奏相适应,从而成为展示、传播和演绎优秀民族道德文化的良好载体。

---

① 张柠:《土地的黄昏》,东方出版社 2005 年版,第 32 页。

四、社会动力:构筑以农村人的全面
发展为目标的"人心工程"

道德,是人类群居所需要的最基本的秩序,无论社会怎样演变,总能以不同的变异形态留存于社会肌体里,发挥着稳定社会的功能。道德滑坡,说明人心病了。用西北农村人的话说:"心病还要心药医。"重构农村社会的道德秩序,就是要抚慰因时代变化而引致的动荡、摇晃的人心,规范人和社会未来发展的路径,也可以说是一项"人心工程"。

(一)重建农村社会信任结构

诚信是道德的底线。中国社会现阶段的信任危机已经非常明显:人与人之间、不同行业之间、不同的社会群体之间、干部群众之间、体制内外,等等,互不信任,相互猜疑,整个社会的信用链条相当脆弱。如果一个社会的信任结构面临崩解,那么各种社会活动的交易成本就会大大提高,相应地,社会矛盾与冲突便频频发生。客观地说,农村社会的信任结构相比城市要更加牢固和完整,但失信行为也长期存在着,并有蔓延趋势。孔子说:"人而无信,不知其可也。"①孟子说:"诚者,天之道也;思诚者,人之道也。"②追求诚信是做人的基本规范。随着农村社会与市场经济的对接,原有的信任体系必然要扩展。农村人既要在熟人之间打交道,也要与陌生领域的陌生人打交道。亚当·斯密在《道德情操论》中强调:"人不但是自然的人,也

---

① 《论语·为政》,上海古籍出版社1999年版。
② 《孟子·离娄上》,上海古籍出版社1999年版。

是结成一定社会关系群体的社会人。"①农村社会传统的以人情为主要纽带的交往原则在市场经济条件下就显得单一,也缺乏理性依据。契约必须介入农村社会的人际交往与商品交换中,这既有利于保护自身的权益,以能制约和激励每个人遵纪守法,恪守承诺,使讲信用成为人们的自觉意识。如今是网络化、信息化越来越发达的时代,信用的作用将更加突出。农村是社会征信建设的重要方面,要把个人诚信、人情、社会征信体系联结起来,才能走向开放、和谐、富强的未来。

(二)培育农村人的社会公德意识

整体而言,中国人的公德观是比较薄弱的,这与多年来中国以家庭为主要生产单元的小农经济有关联,小农经济很容易局限在一家一人的利益追求上。儒家关于公德也有较好的阐述,但都是从"己"出发,以德心和德性为本原根据,推己及人。王阳明的观点是"大人者,以天地万物为一体者也,其视天下犹一家,中国犹一人焉"②,顾炎武说"天下兴亡,匹夫有责"③,孙中山提倡"天下为公",这些论述确实有精深之处,但都以政治意识为主。从20世纪80年中后期开始,中国公共生活领域逐步拓展,讲求公德已经成为现代人生活的一个重要方面。西北农村社会多以私人空间为主,公共的东西很少,传统的公共设施是看得见的那几样:戏台、学校、仓库、打麦场、水坝、庙宇、守院等。农村人的生活样式也多在亲戚与熟人之间展开。随着市场经济的日益发展,传统的熟人社会向陌生人社会转变,农村人开

---

① [英]亚当·斯密:《道德情操论》,蒋自强、钦北愚等译,商务印书馆1997年版。
② 《王阳明全集》卷一《大学问》,上海古籍出版社1992年版。
③ 顾炎武:《日知录》卷十三《正始》。

始和越来越多的陌生人打交道。尤其是走向城市的农村人,必须面对的社会生活现实是公共空间扩大、公共生活更加丰富。公德与私德是紧密相连的,你中有我,我中有你,并在一定的条件下相互转化。从根性上说,都是一种德性体现,每一个人都需要自我认识,自我省察,自我修为。社会是许多个体交织在一起的统一体,个体是社会的,万千个体活动构成社会。这种情状下,农村人如何真正变成"社会人"就是关键之处。农村人既有责任把勤奋、善良、淳朴、节俭、厚道的精神带入城市社会,彰显农村人的道德风范,也要调整生活姿态和心理自觉地走向城市社会,把道德自律与道德他律结合起来,为社会公共生活提供道德服务。

(三)构筑农村社会道德新秩序必须以农村人的全面发展为目标

长期以来,我国农村文化建设一直没有很好地解决目标定位问题。20 世纪 30 年代,中国知识界的一些先觉者意识到改造中国必须改造中国的农村文化,他们先后发起了农村文化建设运动,为世人瞩目。如陶行知的"晓庄试验"、黄炎培的"农村改进试验"、晏阳初的"定县平民教育实验"、梁漱溟的"乡村建设运动"等,试图通过文化寻求农村道德秩序的重构。不可否认的是,这些农村建设活动或多或少有着其历史局限性。多少个世代,农村人仅仅是为生存奋斗着,没有机会也没有制度谋求全面发展。随着农村社会的裂变式转型,农村人已不再拘囿于财富的创造与增生,慢慢将触角伸向现代社会的各个方面:生活方式、思想观念和道德选择等在发生着变化。我国的改革首先是从广大农村开始的,但城市的一系列改革反过来又为深化农村改革提供了有利机遇和条件。重构农村社会的道德秩序,必须以农村人的全面发展为切入点。

一是转变农村人的传统生产观念，由传统粗放式耕作方式向现代农业生产方式转型，提高他们的农业科技创新能力，建立面向市场需求的农民技能培训机制，推进农产品及其加工制品向多元化、优质化方向发展。

二是对农村人的价值观、生活方式和思维方式进行合理引导，使他们逐步适应现代化的转型。农村是传统观念积淀最深厚的地方，长期以来，传统农业文明独立发展，农村人在政治、经济、文化等方面的观念相对比较保守。因此，增强农村人对现代社会适应性就显得尤为迫切。要达到这一点，"农民自觉"是关键。梁漱溟强调："农民自觉，乡村自救，乡村的事情才有办法；所以我们说，乡村建设顶要紧的第一点便是农民自觉。"①

三是保障农村人的民主权利，使他们平等地参与社会和政治。众所周知，人大代表名额并不是按人数的比例分配的，没有几个真正是农民身份的人参与进去。政府和一些学者对这个问题已经开始关注，但真正意义上的变化还需要多方面的努力。

四是把分化后的农民阶层纳入社会整个文明结构发展系统工程，从战略高度全方位去把握。农民阶层的分化是一个宏观变化的社会化过程，是传统农业领域向工业、商业等其他社会领域的重组深化过程，有鲜明的时代特征，是整个社会的进步。分化后的农民阶层人数众多，既需要法律制度的保障，也需要社会各个方面的认同，关乎我国整体社会的稳定与发展。

五是提升农村人的现代公民意识。公民意识是社会意识中的个体意识，也是一种现代主体精神。由于历史原因，我国长期实行城乡

---

① 梁漱溟：《乡村建设大意》，《梁漱溟全集》（第 1 卷），山东人民出版社 2005 年版，第 618 页。

二元结构的社会管理制度,这种户籍制度不仅极大地阻隔了合理的社会流动,也使农村人因身份的制度贬抑而自觉低人一等。另一方面,农村社会无论是政治上、经济上、文化上还是社会保障上一直处于边缘化地带,虽然在国家中的作用重要,但地位上处于弱势。重构农村社会道德秩序,必须确立农村人的现代主体意识。农村人是社会建设运动的重要分子,是国家的主人,在伟大的社会变革中,农村人要有探索精神、创新精神,要有担当意识、社会责任意识,是未来的创造者。

农村社会道德建设的出发点和归宿点就是农村人的全面发展。当代农村道德建设就是要寻求农村人心灵的解放、思想的升华,以造就全面发展的一代新农民为根本目的,这势必要建立农村社会新的道德评价标准:确立什么样的理想,追求什么样的生活,拥有什么样的德性,农村社会通过怎样的努力才能实现一种有价值、有意义的发展,怎样的发展才符合社会潮流、客观规律以及人的本性,从而使农村人拥有美好幸福的生活。[①]

五、寻求中国农村社会道德秩序的创造与超越

中国文化有着优良的道德传统,这个传统是中华民族一代代人对民族基本精神的创造与沿传。每一代人都从前辈那里继承既定的文化传统,又在自己的生活实践中进行改造、补充,并将之传给下一代。所以,传统是一种流变、一种革新、一种创造和超越,而并不意味着守旧。当代中国人在对待传统文化上肩负着一个重要的历史使

---

① 参见杨信礼:《发展伦理学:引导人类生活向上的伦理学》,《伦理学研究》2010 年第 6 期。

命,那就是对道德传统进行更新、创造和超越。现代人的任务既不是粗暴或幼稚地遗弃传统,也不是简单地恢复传统,而是在继承中创造和更新传统,从体悟、反思中与流变的社会生活实际结合起来,准确把握时代发展的脉搏,创设有中国特色的道德思想体系,形成我们自己的价值观念和新传统。社会主义道德体系的建立,标志着传统道德的现代转型已经完成,前者历史地取代后者而成为中国社会生活的指导思想和人们普遍的价值观念。与此同时,我们必须警惕道德传统中优秀因子在当今时代的流失所引致的对整个社会道德生态的破坏,必须警惕潜藏的双重人格演绎出的社会意识与人生价值的分裂,必须警惕崇高理想与世俗社会生活之间存在的偏差,只有在清醒认识的牵引下,才能营造出具有普遍性、包容性、当代性、开放性和多样性的社会价值体系,使人民利益、国家利益、政党利益有机地凝聚在一起。

道德的流变既是客观现象又有主观原因,其中经济、宗教、阶层、主体需要等因素对道德流变的影响较大,必须站在"中观"立场,辩证地考量与推究,才能得出趋近于真理性的结论。这是一个日趋程式化的时代,城市化、网络化、制度化从时间和空间上把现代人的精神层面切分成格子状碎片,需要每个人保持清醒和警觉。我们既要承认契约的规范性、安全度、约束力,也要认识到它对于社会生活缺乏温暖感。人情更适宜在熟人社会流通,随着社会交往逐步向陌生人社会过渡,应当看到人情的背面潜藏着保守、风险和利益磨损。虽然,在道德的封闭性与开放性问题上,落脚点应是开放性,但如何达致两者兼得,需要现实为人性再做证明。这是因为,长期以来,西北农村地区处于落后与封闭性的状态,农村人对道德的接受也一直处于被动态势,而外在的冲击与扰动从没有停歇过,加之西北农村地区的道德传统是根植于封闭性封建小农经济的,这与西方的道德传统是根植于宗教和三四百年历史之久的开放性市场经济截然不同,现时的问题恰恰是我们必须构建与现代市场经济体制相适应的道德文明。

当今世上人们很难找到一个单一文化环境的社会,同一社会里不同代际之间、不同社会阶层之间会出现越来越多"我们"和"他们"的差异。即使是在西北农村地区,由于人口、商品、信息等流动的加速,也变得日益多元化了,这也加速了文化的碰撞与交流,文化交流的过程是:接近、交流、碰撞、冲突和融合。文化交流本质上是文化心理不断成熟的过程,是以"我"为主的交流。历史已经证实,不同文化要得以长存,最重要的条件就是它是否能在人类文化发展的进程中作出自己特有的贡献而有益于其他文化。如果一个区域的人们以封闭求生存,只追求回复自身固有的模式,而无视如何将自身独特的文化发展为当今世界文化发展的有益资源,从而参与未来世界文化的建设,那就难免被所遗忘。① 传统道德文化的复兴是当今与同样值得人们关注的社会文化实践。两种实践是共存的、互动的。因此,在继承传统的基础上,我们要以开放的心态对待现代道德传统,保持良好的主位意识,守护、借鉴、整合各类积极道德因子,多体共融,形成符合当代中国社会健康发展的道德体系。

我们对西北农村地区道德传统时代价值的研判,放置于世界多元化文明的大格局下,重新体认了传统文化的原动力,并自觉反思和探寻其精神指向在社会运行中的重要契合点,通过伦理学、社会学、人类学等方法,再现与还原了一个涌动于底层民众之中的真实的道德生态图景和发展态势。道德生态与自然生态有着极其相似之处,

---

① 参见刘建荣:《和而不同——全球化情境下伦理文化发展的黄金定律》,《伦理学研究》2005 年第 7 期。

都需要不遗余力地去养护、修缮,以及"润物细无声"的植入,

这也正是本课题最原初、最朴素的想法。只有科学地把握农村社会复杂的道德现象,才能辩证地去认识道德的流变,充分解析道德意志的现实作用与实践意义。构建当代中国农村社会的道德体系,只能以当代中国农村社会的现实与发展为本。

附录:调查问卷

《西北农村地区道德生态的
变迁与现状解析》项目调查问卷

尊敬的西北地区农牧民朋友:你们好!

我们承担的国家社科基金项目,专门对西北地区农村道德问题进行全方位的调查,包括农村经济伦理、政治伦理、宗教伦理、家庭伦理等问题进行问卷调查,希望尽可能地了解到你们的真实情况、想法以及存在的问题。关于调查的结果,我们将以研究报告的形式向国家社科基金委上报,争取国家相关部门对西北农村地区发展的支持。问卷以匿名方式进行,不公开,不披露个人信息,请您积极配合,让我们共同努力寻找发展的对策。

《西北农村地区道德生态的变迁与现状解析》课题组

2011 年 7 月 7 日

访问员承诺:

我清楚本人的访问质量对研究结果的影响,保证遵循访问程序的约束。我保证本问卷所填各项内容都是对真实情况的记录,绝无欺骗行为;若发现一份问卷有假,本人同意本人访问的所有问卷作废卷处理并赔偿损失。

访问员签名：

调查日期：

填答说明

1. 请在每一题选中的选项的序号前画圈，如①。

2. 如选项中的答案没有合适的，可在"其他_____"选项中直接填写。

3. 如遇到可选两项或三项的答案，请按先后次序排序。

请填答您个人的一些基本情况：

A1　您的性别:0 男　1 女　　　　　　　　　A1[　]

A2　您的出生_____年_____月　　　A2[　][　]

A3　您的民族:_____族　用文字直接填写　A3[　]

A4　您的婚姻状况:　　　　　　　　　　　　A4[　]

(1)未婚　　(2)已婚　　(3)离异　　(4)其他

A5　您的文化程度:　　　　　　　　　　　　A5[　]

(1)未上过学　　(2)小学　　(3)初中　　(4)高中

(5)中专　　(6)专科　　(7)本科　　(8)研究生

A6　你们家有几口人:_____人　　　　　A6[　]

A7　你们家住几辈:　　　　　　　　　　　　A7[　]

(1)一代　　(2)两代　　(3)三代　　(4)四代以上

A8　您现在有几个孩子:_____个　　　　A8[　]

下面的问题与乡村经济伦理有关：

B1　你们家一年的经济收入大概是多少?_____　B1[　]

B2　你们家的经济来源主要靠什么?

最多选三项并按收益大小排序

(1)种植业　　(2)养殖业　　(3)外出务工　　(4)经商

(5)服务加工　　(6)工资　　(7)其他_____

第一_____　　第二_____　　第三_____　　B2[　][　][　]

B3　你们家种植的经济作物主要有哪些?

最多选两项并按收益大小排序

(1)果树　　(2)蔬菜　　(3)花卉　　(4)其他_____

第一_____　　第二_____　　　　　　B3[　][　]

B4　你们家饲养的牲畜主要有哪些?数量大概是多少?_____

(1)羊____只　　(2)牛____头　　(3)鸡____只

(4)其他_____　　　　　　B4[　][　][　][　]

B5　您外出打工都干什么?

最多选三项并按收益大小排序

(1)当保安　　(2)摘棉花　　(3)挖虫草　　(4)当保姆

(5)建筑工人　　(6)餐馆服务人员　　(7)修理行业工人

(8)商业服务人员　　(9)其他_____

第一_____　　第二_____　　第三_____

　　　　　　　　　　B5[　][　][　]

B6　您掌握的主要技术有:

最多选三项并按实用性程度排序　　B6[　][　][　]

(1)科学养殖　　(2)科学种植　　(3)烹饪　　(4)医疗技术

(5)缝纫技术　　(6)机械修理　　(7)其他_____

第一_____　　第二_____　　第三_____

B7　你外出打工时,你们家的土地谁来耕种?

最多选三项并按实用性程度排序   B7[   ][   ][   ]

(1)父母   (2)妻子   (3)子女

(4)亲戚朋友   (5)邻居   (6)外地人

B8　如果你的土地租赁给别人耕种时,一般采取什么方式? B8[   ]

(1)口头约定   (2)口头约定,但要人作证

(3)书面协议,找熟人担保   (4)签订合同,到国家主管部门认证

B9　一年的租费如何计算?   B9[   ]

(1)返还粮食   (2)给现金

a.一年一亩地返还多少斤粮食?＿＿＿＿   B9a[   ]

b.一年一亩地返还多少钱?＿＿＿＿   B9b[   ]

B10　你们村的土地被政府或开发商征用时,每亩地给多少补偿?

＿＿＿＿   B10[   ]

B11　对这种补偿你满意吗?   B11[   ]

(1)满意   (2)比较满意   (3)不满意   (4)不好说

B12　如果不满意,你希望每亩地补偿多少?＿＿＿＿   B12[   ]

B13　你们家做生意吗?   B13[   ]

(1)有   (2)没有   跳答 B14

a.如果做生意,主要经营什么?＿＿＿＿   B13a[   ]

b.谁在经营?＿＿＿＿   B13b[   ]

B14　农村土地分配方式:

a.你们村的耕地是如何分配的?   B14a[   ]

(1)按人头分配   (2)按劳动力分配   (3)不清楚

b.你们村的林地是如何处置的?   B14b[   ]

(1)集体管理   (2)个体承包   (3)按人或按户分配

B15　你觉得土地承包年限多长最合适?   B15[   ]

(1)30 年 　　(2)70 年 　　(3)永久使有

B16 　你们村有土地流转现象吗? 　　　　　　　B16[　]

(1)有 　　(2)没有 　　(3)不知道

B17 　据你所知,你们村的土地主要有哪些流转方式? 　B17[　]

(1)转包 　　(2)租赁 　　(3)互换 　　(4)转让 　　(5)股份合作

B18 　如果您去买东西,您认为下列哪几项较重要?

最多选三项并按您的喜好排序

(1)价格便宜 　　(2)质量好 　　(3)牌子亮

(4)价格高 　　(5)无所谓

第一_____ 　　第二_____ 　　第三_____ 　B18[　][　][　]

B19 　你平时与熟人买卖东西时,讨价还价吗? 　　　B19[　]

(1)讨价还价 　　(2)不讨价还价 　跳答 b

a. 如果讨价还价,其原因是什么? 　　　　　　　B19a[　]

(1)熟人之间也存在应该平等交换

(2)熟人之间交换也不一定有信誉保障

(3)不好说

b. 如果你不讨价还价,其原因是什么?

最多选两项 　　　　　　　　　　　　B19b[　][　]

(1)熟人之间义重于利 　　(2)熟人之间交换有信誉保障

(3)怕伤面子 　　(4)熟人关系好处 　　(5)不好说

B20 　你认为熟人之间的交换最注重的是什么?

最多选三项 　　　　　　　　　　　B20[　][　][　]

(1)重义轻利 　　(2)血缘亲情 　　(3)身份等级 　　(4)人格信用

(5)重情面 　　(6)平等交换 　　(7)互惠互利 　　(8)公平合理

(9)诚实信用 　　(10)不好说

B21　你在市场上与陌生人买卖东西时,讨价还价吗?　　　B21[ ]

(1)讨价还价　　　(2)不讨价还价 跳答 b

a. 如果讨价还价,其原因是什么?

最多选两项　　　　　　　　　　　　　　　　　B21a[ ][ ]

(1)陌生人之间相互平等　　　(2)陌生人之间交换没有信誉保障

(3)陌生人关系不好处　　　(4)不好说

b. 如果你不讨价还价,其原因是什么? 最多选两项 B21b[ ][ ]

(1)陌生人之间相互平等　　　(2)陌生人之间交换有信誉保障

(3)与陌生人关系更好处　　　(4)不好说

B22　你认为陌生人之间的交换最注重的是什么?

最多选两项　　　　　　　　　　　　B22[ ][ ][ ]

(1)重义轻利　　(2)血缘亲情　　(3)身份等级　　(4)人格信用

(5)重情面　　(6)平等交换　　(7)互惠互利　　(8)公平合理

(9)诚实信用　　(10)不好说

B23　如果有人和你借一笔钱,你会借吗?　　　B23[ ]

(1)无论如何都不借　　　(2)借,但必须要打欠条

(3)借,但必须要到公证处公证

(4)借,但必须要打欠条,而且要找熟人担保

(5)看借给谁

(6)说不清

B24　如果有人借了你的钱赖着不还,你会怎么办?　　　B24[ ]

(1)忍了算了　　　(2)找村委会或村党支部解决

(3)通过打官司解决　　　(4)托熟人解决

(5)带上一帮人来硬的　　　(6)反复追讨　　　(7)其他_____

B25　如果你们村有人不择手段获取钱财,你怎么看待?　　　B25[ ]

(1)没良心　　(2)不牵涉我的利益就可以

(3)只要能得到钱,就算人家有本事

(4)向他学习,想方设法获取钱财

(5)如发现手段不正当,立即举报　　(6)其他_____

B26　据你所观察,你们村很多人有钱了主要做什么?

最多选三项并按重要性排序

(1)存入银行赚利息,买金融产品　　(2)买保险　　(3)做生意

(4)去买家里需要的东西(包括农具、家电)

(5)吃喝玩乐,享受人生

(6)帮助乡亲做点好事

第一_____　　第二_____　　第三_____　　B26[　][　][　]

B27　您对家庭支出的态度是怎样的?　　　　　　　　B27[　]

(1)尽可能地少花　　(2)赚得多,花得多;赚得少,花得少

(3)该花的花,不该花的不花　　(4)有多少花多少,享受最重要

(5)其他_____

B28　你认为,你们村人们的消费观念发生变化了吗?　　B28[　]

(1)没有变　　(2)有点变化　　(3)变化很大　　(4)不好说

B29　在你看来,你们村有排场消费的现象吗?　　　　B29[　]

(1)有,很普遍　　(2)有,就一部分人

(3)没有　　(4)说不准

B30　在你看来,排场消费的现象主要出现在哪些方面?　B30[　]

(1)婚丧嫁娶　　(2)儿女升学　　(3)升官发财

(4)追求时尚　　(5)过节

B31　你怎么看待你们村排场消费的现象?　　　　　　B31[　]

(1)很赞同,这是必需的　　(2)比较赞同,大家都这样

(3)赞同,亲朋好友聚一下,增进感情　　(4)不赞同,节约点好

下面的问题与农村政治伦理有关:

C1 常说人民是国家的主人,您觉得自己是国家的主人吗? C1[ ]

(1)应该是主人,实际上也是   (2)应该是主人,实际上不是

(3)应该不是主人,实际上也不是   (4)没想过   (5)不清楚

C2 人民、群众、公民是不是一样?   C2[ ]

(1)一样   (2)人民就是群众,也就是我们大家

(3)人民是好人,群众是没有组织的随便一些人,不好也不坏

(4)公民是公家的人   (5)公民是有一定权利和义务的人

(6)不清楚

C3 作为公民,您觉得自己和过去皇帝的臣民有区别吗?   C3[ ]

(1)区别很大   (2)应该有区别   (3)没想过   (4)不清楚

C4 您觉得政府及其领导和人民的关系是: C4[ ]

(1)政府及其领导应该高高在上

(2)政府及其领导应该管理人民,人民应该服从并服务政府及其
领导

(3)政府的权力来自人民,所以领导应该服务人民,人民有权监督
领导

C5 您觉得自己与城里人相比: C5[ ]

(1)应该平等   (2)城里人地位比自己高,生活也比我们好

(3)城里普通人现在也跟自己差不多   (4)自己比城里人过得好

C6 您以及自己家里的事更愿意自己独立做主,还是希望政府指导帮
助?   C6[ ]

(1)生活生产都由自己独立做主

(2)生活上自己做主,生产上希望政府指导帮助

(3)各方面都希望得到政府的指导帮助,但最后自己说了算

C7　您觉得自己的生活和生产主要靠:

最多选三项并按重要性排序　　　　　　　　　C7[　][　][　]

(1)自己的能力和勤奋　　(2)国家的法律和政策

(3)中央领导干部　　(4)基层领导干部

(5)亲戚朋友　　(6)银行　　(7)运气　　(8)不清楚

C8 您觉得怎样才算是一个合格的公民?

最多选三项　　　　　　　　　C8[　][　][　]

(1)爱国、爱党,拥护社会主义制度　　(2)听党的话,服从领导

(3)遵纪守法尽义务　　(4)有公德

(5)关心政治,积极参与选举

(6)关心自己周围涉及大家利害的事

C9　您希望自己成为一个什么样的人?　　　C9[　]

(1)诚实、正直受欢迎的好人

(2)有才有德,对社会有贡献,因而受人尊重的人

(3)成功、富有、被人嫉妒的人

(4)有权有势,宁可当面畏惧巴结而背后怨恨咒骂的人

C10　作为一个中国人,什么令您感到自豪? 最多选三项

C10[　][　][　]

(1)辽阔的土地,美丽的山河　　(2)悠久的历史,灿烂的文化

(3)优越的制度,杰出的领导　　(4)高速增长的经济

(5)在国际上作为大国强国的形象

(6)人民崇高的地位和幸福的生活

C11　您认为入党的理由有哪些?　　　C11[　]

(1)光荣　　(2)为人民服务　　(3)为了当官发财

(4)为了得到各种好　　(5)其他_____

C12　您信任党和政府吗？　　　　　　　　　　　C12[　]

(1)完全信任　　(2)不信任

(3)信任中央,但不太信任地方党和政府

(4)信任党和政府,但不信任某些领导干部　　(5)说不清楚

C13　您对民主怎么看？ 最多选两项 　　　　C13[　][　]

(1)民主就是人民当家做主

(2)民主就是老百姓可以自由地发表意见建议

(3)民主就是领导干部能接受群众的监督批评

(4)民主的关键在于公民有权选举权

(5)民主并不重要,重要的是领导干部真正能为百姓谋福利

(6)其他_____

C14　您对领导干部有什么期望？　　　　　　　C14[　]

(1)全心全意为人民服务

(2)敢想敢干,作风霸道,但有办法使地方经济发展,政绩突出

(3)遵纪守法,本分老实,尊重别人,但作为不大,政绩不突出

(4)无论有没有本事、出不出政绩,首先要尊重老百姓的人格、权利和意愿,依法办事

C15　你希望领导干部具有什么样的道德品质？　　C15[　]

(1)办事公道　　(2)勤勉　　　(3)廉洁　　　(4)有责任心

(5)说话算数　　(6)其他_____

C16　您是否关注国家政策和事务？　　　　　　C16[　]

(1)关注　　(2)只关注与自己有关的事

(3)只关注热点焦点问题

(4)喜欢关注正面的宣传报道

(5)喜欢关注实事求是的揭露批评

(6)喜欢关注各种小道消息

C17 您认为普通老百姓对国家的方针政策有发言权吗? C17[ ]

(1)有发言权 (2)有发言权,但不知道到哪儿去发言

(3)说是可以说,但说了也是白说

(4)那是当官人的事,普通百姓不必管,也管不了

C18 如果您对某项政策或某个领导强烈不满,您会怎么办?

C18[ ]

(1)向上级部门写信反映 (2)到地方政府上访

(3)去北京上访 (4)向人大代表反映

(5)向媒体和网络反映

(6)串联亲朋邻居等进行有组织的抗议活动

(7)啥办法都没用,还是默默忍受

C19 您对村民自治怎么看? 最多选两项 C19[ ][ ]

(1)是实现基层民主的好办法 (2)只是上面搞的形式

(3)村民选举能选出大家信得过的人

(4)只会选出有钱有势的人

(5)选举只是走过场,上面早就定好了人

C20 您参加选举吗? C20[ ]

(1)每次都参加 (2)有时参加 (3)没参加过 (4)不参加

C21 您参加投票时心里是怎么想的? C21[ ]

(1)这是尽我的义务 (2)这是行使我的权利

(3)别人来投,所以我也来投 (4)相信我的一票很重要

(5)投的一票无所谓,只是走走过场而已

下面的问题与农村职业分化与职业道德有关:

D1 你过去的职业是: D1[ ]

(1)农业劳动者(以农业劳动和农业收入为主要生存方式)

(2)农民工人(在城市第二、第三产业和乡镇集体企业中从事非农业劳动)

(3)农民雇工(以受雇于私营企业主、个体工商户而获得收入者)

(4)农村知识分子(从事农村教育、科技、文化、医疗卫生等智能型工作者)

(5)个体劳动者(以自有生产资料或资金从事农产品加工、运输、商业、饮食服务等)

(6)农民企业家(以雇用劳动为基础的营利性经济组织的经营者)

(7)乡镇企业管理者(乡、村集体企业的厂、经理、会计、主要科室负责人及供销人员等)

(8)农村社会管理者(村民委员会成员、村党支部成员及村民小组长)

(9)其他_____

D2　你现在的职业是：　　　　　　　　　　　　D2[　]

(1)农业劳动者　　(2)农民工人　　(3)农民雇工

(4)农村知识分子　　(5)个体劳动者　　(6)农民企业家

(7)乡镇企业管理者　　(8)农村社会管理者　　(9)其他_____

D3　在八类职业群体中,你认为哪个职业群体收入最低、最辛苦、社会地位最低?　　　　　　D3[　]

(1)农业劳动者　　(2)农民工人　　(3)农民雇工

(4)农村知识分子　　(5)个体劳动者　　(6)农民企业家

(7)乡镇企业管理者　　(8)农村社会管理者

D4　你对你现在的职业满意吗?　　　　　　　D4[　]

(1)很满意　　(2)比较满意　　(3)不满意

D5　如果你对自己现在的职业不满意,主要原因是什么?　D5[　]

(1)收入低　　(2)工作环境差　　(3)辛苦　　(4)不愉快

(5)不受尊重　　　(6)工资不能按时发放　　　(7)没前途

D6　你认为文化程度与职业的关系?　　　　　　　　D6[　　]

(1)非常大　　　(2)比较大　　　(3)一般　　　(4)没关系

D7　你认为性别与职业的关系?　　　　　　　　　　D7[　　]

(1)非常大　　　(2)比较大　　　(3)一般　　　(4)没关系

D8　你认为年龄与职业的关系?　　　　　　　　　　D8[　　]

(1)非常大　　　(2)比较大　　　(3)一般　　　(4)没关系

D9　你通过什么方式获取职业信息?　最多选三项

D9[　　][　　][　　]

(1)亲朋好友　　　(2)网络　　　(3)广播　　　(4)电视

(5)政府宣传　　　(6)报纸　　　(7)其他_____

D10　你从事工作的根本目的是什么?

最多选三项并按重要性排序

(1)生存　　　(2)赚钱　　　(3)出人头地

(4)发展自己　　　(5)丰富生活　　　(6)为社会做贡献

第一_____　　第二_____　　第三_____　　D10[　　][　　][　　]

D11　你认为在工作中,什么是最重要的?

最多选三项并按重要性排序

(1)金钱　　　(2)地位　　　(3)运气　　　(4)关系网　　　(5)诚实

(6)健康　　　(7)能力　　　(8)知识　　　(9)勤劳　　　(10)天资

第一_____　　　第二_____　　　第三_____

D11[　　][　　][　　]

D12　农业劳动者最重要的职业道德是:　　　　D12[　　]

(1)热爱农业生产　　　(2)崇尚科学　　　(3)珍爱土地

(4)诚实守信

D13　从事非农业职业一定比农业职业好吗？　　　D13[　]

(1)一定　　(2)不一定　　(3)不清楚

D14　你对你们村的知识分子(从事农村教育、科技、文化、医疗卫生

等职业)的工作态度和工作能力满意吗？　　D14[　]

(1)很满意　　(2)比较满意　　(3)不满意

D15　你对你们当地的农民企业家和乡镇企业管理者的素质是否满

意？　　　　　　　　　　　　　　　　　D15[　]

(1)很满意　　(2)比较满意　　(3)不满意

D16　当地的农民企业家和乡镇企业管理者存在的问题有：D16[　]

(1)不依法经营　　(2)克扣职工工资　　(3)不尊重雇员

(4)缺乏劳动保护　　(5)规定劳动时间过长

D17　你知道农民工人和农民雇工存在以下问题吗？　　D17[　]

(1)私拿物品　　(2)随意中断合同　　(3)懒散

(4)从事有损企业或雇主利益的行为　　(5)没有

D18　农民工人和农民雇工仍然是农民吗？　　D18[　]

(1)是　　(2)不是　　(3)不清楚

D19　你们当地有没有提供什么就业指导、就业培训？　D19[　]

(1)有　　(2)没有　　(3)不清楚

D20　如果附近有学费便宜的职业学校，你愿意选择上吗？D20[　]

(1)愿意　　(2)不愿意　　(3)不清楚

D21　你认为农民由原来的农业职业向非农业职业转移的原因有哪

些？ 最多选两项

(1)户籍制度　　(2)本地乡镇企业发展缓慢

(3)劳动力市场发展缓慢　　(4)有关就业的信息缺乏

(5)对农民权益保护不够　　(6)不清楚　　　D21[　][　]

下面的问题与家庭伦理有关:

E1　您结婚后选择哪种居住形式:　　　　　　　　E1[　　]

(1)和父母同住　　(2)和兄弟同住　　(3)和父母兄弟同住

(4)和妻子或丈夫单独住　　(5)其他(请注明)_____

E2　您的初次婚姻的途径是:　　　　　　　　　　E2[　　]

(1)父母或亲戚介绍　　(2)朋友或他人介绍

(3)自己认识　　(4)父母包办

E3　在选择结婚对象时,您最看重对方的是什么?

最多选三项并按你的意愿排序

(1)人品　　(2)家庭背景　　(3)经济收入　　(4)社会地位

(5)外表　　(6)学历　　(7)职业　　(8)其他(请注明)_____

第一_____　　第二_____　　第三_____　　E3[　][　][　]

E4　您对不同民族间通婚的态度是:　　　　　　　E4[　　]

(1)认可　　(2)不认可　　(3)无所谓　　(4)不很认可

(5)很不认可

E5　您对婚前性行为怎么看?　　　　　　　　　　E5[　　]

(1)不道德,坚决反对　　(2)如果是真心相爱,无须指责

(3)可以理解　　(4)属于个人隐私　　(5)无所谓

E6　您认为夫妻在家庭中的角色应当怎样?　　　　E6[　　]

(1)男主女从　　(2)谁有本事谁主内外

(3)男女共同主内外　　(4)女主男从

E7　您认为影响夫妻感情的最主要因素是什么?

最多选三项并按你的意愿排序

(1)相互的理解和信任　　(2)孝敬父母　　(3)经济收入

(4)性生活　　(5)爱情　　(6)孩子　　(7)社会地位

(8)其他(请注明)_____

第一_____　　　第二_____　　　第三_____

E7[　][　][　]

E8　您对离婚问题怎么看？　　　　　　　　　　　　　E8[　]

(1)感情不和的夫妻解脱的一种方式　　(2)不光彩的事

(3)离婚会给孩子带来精神痛苦　　(4)视情况而定

E9　如果和夫妻感情破裂,您是否会离婚？　　　　　E9[　]

(1)会　　(2)不会　　(3)说不清

E10　您是否更喜欢男孩？　　　　　　　　　　　　　E10[　]

(1)是　　(2)否

E11　您对"多子多福"的观念怎么看？　　　　　　　E11[　]

(1)赞同　　(2)比较赞同　　(3)不太赞同　　(4)不赞同

(5)无所谓

E12　您认为生育几个孩子最为理想？　　　　　　　　E12[　]

(1)一孩　　(2)二孩　　(3)三孩　　(4)四孩以上

E13　您对于子女接受教育方面的期望是:　　　　　E13[　]

(1)希望上大学　　(2)随孩子,读不下去就算了

(3)上学没用,早点打工赚钱　　(4)其他(请注明)_____

E14　您希望子女以后从事哪一项工作？　　　　　　E14[　]

(1)国家/社会管理者　　(2)企业管理人员　　(3)私营企业主

(4)专业技术人员　　(5)商业、服务业人员　　(6)产业工人

(7)自营劳动者　　(8)农业劳动者

E15　您认为最理想的养老方式是:　　　　　　　　　E15[　]

(1)靠子女或直系亲属养老　　(2)靠自己存钱养老

(3)参加社会养老保险　　(4)到敬老院或托老所

下面的问题与农村人际交往伦理有关:

F1　您觉得和他人交往应当看重的是什么?　　　　　F1[　]

(1)人品　　(2)缘分　　(3)金钱　　(4)权利　　(5)地位

(6)说不清

F2　你认为家庭收入的多少对人际交往有什么影响?　　F2[　]

(1)有影响　　(2)没影响　　(3)收入多的与收入少的不太交往

(4)其他_____

F3　您认为目前提高自己收入的主要困难是:　　　　F3[　]

(1)文化水平低　　(2)缺乏途径,不知该如何提高收入

(3)信息来源少,消息闭塞

F4　您平时劳动之余在闲暇时间主要做什么?　　　　F4[　]

(1)看电视　　(2)看书报杂志　　(3)打牌、打麻将

(4)学习、钻研技术　　(5)其他活动_____

F5　据你所观察,村里有宗教信仰的人多吗?　　　　F5[　]

(1)大部分人都有　　(2)有一部分人有　　(3)很少,个别人有

(4)不清楚

F6　您经常参加各种民间宗教活动么?　　　　　　　F6[　]

(1)经常　　(2)偶尔　　(3)不参加

F7　参加宗教活动对人际交往有什么影响?　　　　　F7[　]

(1)联络感情　　(2)增进互信　　(3)扩大交往范围

(4)获得信息途径　　(5)其他_____

F8　你们村里的社会风气如何?　　　　　　　　　　F8[　]

(1)风气很好,没有不和谐现象

(2)风气比较好,但有个别不和谐现象

(3)风气比较差

F9　如果社会风气不和谐,主要体现在那些方面?

最多选两项　　　　　　　　　　　　　　　　　　F9[　][　]

(1)赌博　　(2)盗窃　　(3)村民暴力解决纠纷　　(4)迷信活动

F10　您认为你们村的公共服务设施是否完善?　　　　　F10

	很好	比较好	一般	差	
交通条件	1	2	3	4	A[　]
水电供给	1	2	3	4	B[　]
环境卫生	1	2	3	4	C[　]
环境卫生	1	2	3	4	D[　]
医疗保健	1	2	3	4	E[　]
文化教育	1	2	3	4	F[　]

F11　农忙时节,您所在的村子农作物的收获主要是采取什么形式?

F11[　]

(1)主要依靠家里劳力　　(2)依靠家里劳力与亲戚帮助

(3)依靠本村劳力之间相互帮助　　(4)付钱雇用劳力

(5)其他形式_____

F12　如果村里有红白喜事,您一般怎样处理?　　F12[　]

(1)只干些力所能及的事　　(2)只搭礼就行了

(3)搭礼同时干些能力所及的事　　(4)其他_____

a. 如果搭礼,你一般搭礼多少?　　F12a[　]

(1)50元　　(2)100元　　(3)多于100元

b. 比较以前有什么变化?　　F12b[　]

(1)以前只是一般物品随礼　　(2)现在更多的是钱

(3)与城市的人际交往模式靠近

F13　平时您与村里的人交往,是怎样增进感情的?　　F13[　]

(1)通过娱乐活动,如打麻将、喝酒等　　(2)互相帮助

(3)其他形式_____

F14　如果您与村里人发生矛盾,怎么处理?　　　　　F14[　]

(1)自己处理　　(2)通过村委会调解

(3)让村里有威望的人处理　　(4)其他_____

F15　您与自己不同的民族怎么交往?　　　　　　　F15[　]

(1)有选择的交往　　(2)避免交往

(3)与同民族交往一样　　(4)其他_____

F16　您与陌生人会怎么交往?　　　　　　　　　　F16[　]

(1)热情招呼　　(2)不理睬　　(3)提防　　(4)其他_____

下面的问题与环境伦理有关

G1　假如你在村里有一块地,现有两种使用土地的方案,一是建砖瓦厂,但会给你一些经济补偿,二是建一座小型的公园,但要你出资,这两种方案,你的选择是:　　　　　　　　　　　　　G1[　]

(1)同意建砖瓦厂　　(2)同意建公园

(3)建别的设施　　(4)无所谓

G2　你自己通常对生活垃圾的处理方式是:　　　　　G2[　]

(1)随意处理　　(2)放到固定的垃圾点　　(3)自家院子的角落

(4)扔到公路边　　(5)扔到河道边

G3　村里修建的自来水供水系统,你理解的好处在于:　G3[　]

(1)使用方便　　(2)水质干净　　(3)时髦

(4)可以节约用水　　(5)没有好处　　(6)其他_____

G4　蔬菜大棚的蔬菜与自然生长的蔬菜,其区别在于:　G4[　]

(1)更有营养　　(2)好吃　　(3)干净

(4)便宜　　(5)正好相反　　(6)没想过

313

G5　如果要在你们村里修建一些公共服务设施,你希望的设施有:

G5[　]

(1)社区医院　　(2)电影院　　(3)学校　　(4)养老院

(5)文化馆　　(6)健身公园　　(7)其他_____

G6　当你生病之后,你可能的选择是:　　G6[　]

(1)去医院治疗　　(2)到小门诊找大夫诊断

(3)自己根据情况吃药

(4)祈求神灵保佑　　(5)先不管,看情况再说

G7　你所在村庄的退耕还林或者退耕还面积是_____亩 G7[　]

G8　你所耕种的土地,在使用化肥的过程中,出现的结果是:

G8[　]

(1)产量增高　　(2)种植品种增加　　(3)生长周期缩短

(4)土地的盐碱化过程加快　　(5)造成周围土地的污染

(6)原有土地上的动物和鸟类减少　　(7)其他_____

G9　有人砍伐村里的树木,捕杀野生动物,你的反应是:　 G9[　]

(1)坚决制止　　(2)漠然视之　　(3)向有关部门举报

(4)不理会,认为不会对村庄的生活构成影响

G10　假如你种植的农作物收成不好,你认为可能的原因是:

G10[　]

(1)天气不好　　(2)化肥农药使用不当　　(3)运气不好

(4)整个生态环境受到破坏　　(5)种子问题　　(6)其他_____

G11　假如你的村庄要建设成为一座现代化的小城镇,你认为最需要解决的问题是:　　G11[　]

(1)垃圾处理问题　　(2)水质污染问题　　(3)污水排放问题

(4)公厕问题　　(5)教育设施问题　　(6)公共医疗问题

(7)其他_____

G12 假设有一个未来人口将要在你的村庄安家落户,你最关心的

问题是: G12[ ]

(1)人品问题 (2)是否能够和睦相处,会不会影响村庄的正常

生活

(3)他对于生活垃圾和污水的处理方式

(4)是否有其他的缺点或性格问题

(5)安全问题,是否会带来不好的生活方式

(6)无所谓

G13 假如你们村有濒危的野生动物出没,皮毛和肉都非常值钱,你

对它们的态度是: G13[ ]

(1)捕杀卖钱 (2)呼吁有关部门保护 (3)捉一只圈养

(4)赶走,它们会危及人的安全 (5)无所谓

(6)其他_____

主要参考文献

【著作类】

1. ［英］安德鲁·海伍德:《政治学核心概念》,吴勇译,天津人民出版社 2008 年版。

2. ［美］彼德·S. 温茨:《现代环境伦理》,宋玉波、朱丹琼译,上海人民出版社 2007 年版。

3. ［美］戴斯·贾丁斯:《环境伦理学导论》,林官明、杨爱民译,北京大学出版社 2002 年版。

4. 费孝通:《乡土中国生育制度》,北京大学出版社 1998 年版。

5. ［英］弗里德曼:《中国东南的宗族组织》,刘晓春译,上海人民出版社 2000 年版。

6. 郭于华:《代际关系中的公平逻辑及其变迁——对河北农村养老事件的分析》,商务印书馆 2001 年版。

7. ［德］哈贝马斯:《交往行动理论》,洪佩郁、蔺青译,重庆出版社 1994 年版。

8. 胡海鸥:《道德行为的经济分析》,复旦大学出版社 2003 年版。

9. 黄光国:《人情与面子:中国人的权力游戏》,巨流图书公司 1988 年版。

10. ［瑞士］克里斯托弗·司徒博:《环境与发展:一种社会伦理

学的考量》,邓安庆译,人民出版社 2007 年版。

11.《道德经》,中华书局 2001 年版。

12. 李慧英主编:《社会性别与公共政策》,当代中国出版社 2002 年版。

13. 李玉琴:《经济诚信论》,江苏人民出版社 2005 年版。

14. 李育红等:《西北少数民族地区社会结构转型研究》,民族出版社 2008 年版。

15. 梁漱溟:《中国人:社会与人生——梁漱溟文选》,中国文联出版公司 1996 年版。

16. 林耀华:《金翼:中国家族制度的社会学研究》,生活·读书·新知三联书店 2000 年版。

17. 刘祖云:《从传统到现代——当代中国社会转型研究》,湖北人民出版社 2010 年版。

18. [美]罗尔斯:《正义论》,何怀宏译,中国社会科学出版社 1988 年版。

19. 罗国杰主编:《伦理学》,人民出版社 1989 年版。

20.《资本论》(第 1 卷),人民出版社 1972 年版。

21. [德]马克思,恩格斯:《马克思恩格斯选集》(第 1 卷),人民出版社 1995 年版。

22. [德]马克斯·韦伯:《儒教与道教》,洪天富译,江苏人民出版社 2003 年版。

23. [德]马克斯·韦伯:《新教伦理与资本主义精神》,于晓、陈维纲等译,生活·读书·新知三联书店 1987 年版。

24. [美]迈克尔·贝尔:《环境社会学的邀请》,昌敦虎译,北京大学出版社 2010 年版。

25. [英]麦金太尔:《追寻美德》,宋继杰译,译林出版社 2003

年版。

26. 茅于轼:《中国人的道德前景》(第二版),暨南大学出版社 2003 年版。

27. 彭定光:《政治伦理的现代建构》,山东人民出版社 2007 年版。

28. 施惠玲:《制度伦理研究论纲》,北京师范大学出版社 2003 年版。

29. 田文富:《环境伦理和社会和谐》,郑州大学出版社 2010 年版。

30. 王荣有:《当代中国经济伦理论》,人民出版社 2004 年版。

31. 王宗礼、刘建兰、贾应生:《中国西北农牧民政治行为研究》,甘肃人民出版社 1995 年版。

32. 魏英敏:《当代中国伦理与道德》,昆仑出版社 2001 年版。

33. 吴灿新:《辩证道德论——道德流变的立体图式》,中国社会科学出版社 2004 年版。

34. [英]亚当·斯密:《国富论》,谢宗林译,中央编译出版社 2010 年版。

35. 阎云翔:《私人生活的变革:一个中国村庄里的爱情、家庭和亲密关系(1949—1999)》,龚小下译,上海书店 2006 年版。

36. 杨森、李育红、雷龙乾、王琴梅、姜宗强:《西北少数民族地区社会形态跨越实践》,兰州大学出版社 2000 年版。

37. 杨善华:《家庭社会学》,高等教育出版社 2006 年版。

38. 姚和霞:《当代我国家庭和谐的伦理审视》,河北师范大学出版社 2007 年版。

39. 赵骏河:《东方伦理道德》,吉林人民出版社 2004 年版。

40. 赵孟营:《新家庭社会学》,华中理工大学出版社 2000 年版。

41. 周建国:《紧缩圈层结构论——中国人际关系的结构与功能分析》,三联书店 2005 年版。

42. 朱贻庭主编:《中国传统伦理思想史》(增订本),华东师范大学出版社 2004 年版。

43.《南华经》,中华书局 2001 年版。

44. 中国省域生态文明建设评价报告(ECI2010),中国社会科学出版社 2010 年版。

45. 中国省域生态文明建设评价报告(ECI2010),中国社会科学出版社 2010 年版。

46. 李萍:《公民日常行为的道德分析》,人民出版社 2004 年版。

47. 赵树凯:《农民的政治》,商务印书馆 2011 年版。

48. [英]德里克·希特:《何谓公民身份》,郭忠华译,吉林出版集团 2007 年版。

49. 张柠:《土地的黄昏》,东方出版社 2005 年版。

【论文类】

50. 戴木才:《政治伦理的现代建构》,《伦理学研究》2003 年第 6 期。

51. 戴木才:《政治伦理的现代视阈》,《哲学动态》2004 年第 1 期。

52. 高乐田:《传统、现代、后现代:当代中国家庭伦理的三重视野》,《哲学研究》2005 年第 9 期。

53. 黄济:《中国伦理道德传统述要》,《中国教育学刊》2005 年第 7 期。

54. 贾红莲:《中国传统政治伦理思想的架构及现代价值》,《中国哲学史》2004 年第 2 期。

55. 姜冬正:《论社会诚信》,《山东师范大学学报》2002 年第 3 期。

56. 焦国成:《关于诚信的伦理学思考》,《中国人民大学学报》2002 年第 5 期。

57. 景海峰:《儒家伦理的形而上追寻》,《学术月刊》2006 年第 9 期。

58. 李伟民:《论人情——关于中国人社会交往的分析和探讨》,《中山大学学报》1996 年第 2 期。

59. 罗国杰:《坚持集体主义还是"提倡个人主义"》,《求是》1996 年第 14 期。

60. 聂佃忠、拜琦瑞:《社会道德水平优化与测度》,《商业时代》2006 年第 10 期。

61. 吴俊、郭志民:《家庭伦理传统的嬗变——第四届海峡两岸伦理学研讨会综述》,《伦理学研究》2005 年第 1 期。

62. 阎云翔:《差序格局与中国文化的等级观》,《社会学研究》2006 年第 4 期。

63. 杨明:《中华道德传统及其在当代道德建设中的价值》,《齐鲁学刊》2002 年第 5 期。

64. 杨善华:《30 年乡土中国的家庭变》,《决策与信息》2009 年第 3 期。

65. 翟学伟:《中国人际关系的特质——本土的概念及其模式》,《社会学研究》1993 年第 3 期。

66. 陆学艺:《发展变化中中国的农业、农村与农民》,《中国社会科学院研究生院学报》2006 年第 4 期。

67. 陆学艺:《当前中国社会生活的主要矛盾和和谐社会建设》,《探索》2010 年第 5 期。

68. 彭干梓:《农民职业分化与农民职业教育的观念变革》,《中国农业教育》1992 年第 2 期。

69. 陆学艺:《中国社会阶级阶层结构变迁 60 年》,《中国人口资源与环境》2010 年第 7 期。

70. 常伟:《日本近现代农村劳动力转移及启示》,《文史漫谈》2011 年第 4 期。

71. 刘奇、周霄:《让农民不当农民 让农民当好农民 让农民兼当农民——引导农民找准自己的职业定位的思考》,《中国发展观察》2008 年第 1 期。

72. 蔡昉:《"民工荒现象":成因及政策含义分析》,《开放导报》2010 年第 2 期。

73. 蔡昉:《中国"三农"政策的 60 年经验与教训》,《广东社会科学》2009 年第 6 期。

74. 张玉林:《经济大省的教育贫困——关于江苏省公共教育经费投入不足问题的实证分析》,《中国改革》2005 年第 7 期。

75. 杨信礼:《发展伦理学:引导人类生活向上的伦理学》,《伦理学研究》2010 年第 6 期。

后　记

　　道德,是社会的魂魄,召唤着人类历史的列车向远方前行。

　　这些年来,人们把智性和力量倾注到财富的创造上,习惯于欣赏"经济表情",而疏于思考社会整体意义上的和谐建构。当代中国,传统伦理道德与社会生活分化的现实境遇,在拷问每一个醒着的人。通过怎样的路径才能找寻到安放心灵的精神家园,这是现代人应当而且必须沉思的问题,也是政府和学术界十分焦虑的问题。对这个课题进行较为深入的探究,缘于2009年侥幸获得国家社会科学基金项目,有很大的偶然性,因为多年来我从事的是文学批评,而非伦理学。当然,我对道德问题确实一直心存思虑。

　　经过近三年时间的努力,终于有了眼前这份粗陋的成果,这既是非完成不可的任务,也是心灵的一种自我释放。西北地区由于远离中原腹地的地理位置和多民族、多宗教的特点,决定了该区域道德现象的多边性、丰富性和复杂性。尽管我们研究的展开是宏观、中观、微观三者的结合,但对许多问题的判断与解析基本上站在中观立场,以调查问卷和个案访谈为支撑点。我们试图以考察改革开放三十年来西北农村地区道德流变中独具特色的轨迹为进路,全方位梳理这一特定时段内道德现象的丰蕴状貌,将道德考量与西北农村地区的社会文化发展联结起来,将道德考量与农村人的全面发展和生活的幸福质量联结起来,作出从局部到全局的拓展式研究,以道德的考释

322

来体察民风、国风,希冀对当前的中国社会建设运动有所助益。

这份研究成果,确实是所有课题参与者集体智慧的结晶。具体工作分担如下:

引论:符晓波;

第一章:李育红;

第二章:张林祥;

第三章:马莉;

第四章:何瀚;

第五章:王宏英;

第六章:张哲;

结语:符晓波。

于维才、罗杰群、田杜国等人在田野调查、数据采集和图表设计方面付出了辛勤的劳动。课题组成员之间多次交流,对研究报告反复修改,最后定稿。统稿工作由符晓波完成。

研究过程中,我们借鉴了一些专家、学者的成果,已从注释和参考文献中列示,在此深表谢意。若有遗缺,诚请海涵。中共甘肃省委党校常务副校长王渊同志、副校长王福生同志对该课题十分关注,多次垂询研究状况;又承蒙吴继平同志抬爱,将这本小册子列入人民出版社的出版计划,在此一并表示感谢! 由于时间仓促,研究经验欠缺,在问卷设计、论证方法和问题思考方面都存在着许多不足之处。匆忙之间,纰漏与舛误在所难免,唯望学界前辈和同人不吝赐教,以求来日之进步。

符晓波

2012 年 3 月 6 日于兰州

责任编辑:吴继平

装帧设计:周方亚

图书在版编目(CIP)数据

西北农村道德观察书/符晓波 等著. -北京:人民出版社,2012.10

ISBN 978－7－01－011076－9

Ⅰ.①西…　Ⅱ.①符…　Ⅲ.①农村-道德建设-研究-西北地区

Ⅳ.①D422.62

中国版本图书馆 CIP 数据核字(2012)第 172186 号

西北农村道德观察书

XIBEI NONGCUN DAODE GUANCHA SHU

符晓波　等著

人民出版社 出版发行

(100706　北京市东城区隆福寺街 99 号)

北京市文林印务有限公司印刷　新华书店经销

2012 年 10 月第 1 版　2012 年 10 月北京第 1 次印刷

开本:710 毫米×1000 毫米 1/16　印张:21

字数:253 千字　印数:0,001-3,000 册

ISBN 978－7－01－011076－9　定价:45.00 元

邮购地址 100706　北京市东城区隆福寺街 99 号

人民东方图书销售中心　电话 (010)65250042　65289539